Die Heiliggeistkirche in Heidelberg im Wandel der Zeiten

Schriften zum

STAATSKIRCHENRECHT

Herausgegeben von
Axel Frhr. von Campenhausen
und Christoph Link

Band 11

PETER LANG
Frankfurt am Main · Berlin · Bern · Bruxelles · New York · Oxford · Wien

Matthias Schwara

Die Heiliggeistkirche in Heidelberg im Wandel der Zeiten

Ein Beitrag zur Rechtsgeschichte Südwestdeutschlands

PETER LANG
Europäischer Verlag der Wissenschaften

Bibliografische Information Der Deutschen Bibliothek
Die Deutsche Bibliothek verzeichnet diese Publikation in der Deutschen Nationalbibliografie; detaillierte bibliografische Daten sind im Internet über <http://dnb.ddb.de> abrufbar.

Zugl.: Freiburg (Breisgau), Univ., Diss., 2002

D 25
ISSN 1437-3149
ISBN 3-631-50630-9

www.peterlang.de

Heiliggeistkirche vor dem Heidelberger Schloss, 1954
Bildnachweis: Foto Lossen Heidelberg

Inhaltsverzeichnis

Abkürzungsverzeichnis

Abs.	Absatz
a. F.	alte Fassung
altkath.	altkatholisch
Art.	Artikel
betr.	betreffend
bezw.	beziehungsweise
BGB	Bürgerliches Gesetzbuch
c.	canon
cic	corpus iuris canonici
cpo	Civilprozessordnung
d. J.	des Jahres
d. M.	des Monats
Erz.	Erzbischöfliches
Ev.	evangelisch
evangel.	evangelisch
EGBGB	Einführungsgesetz zum Bürgerlichen Gesetzbuch
f.	folgende
ff.	fortfolgende
Geistl.	Geistlicher
GO	Gemeindeordnung
GOBW	Gemeindeordnung Baden-Württemberg
gr.	großherzoglich
großh.	großherzoglich
HBA	Hochbauamt
HM	herrschende Meinung
i.H.v.	in Höhe von
IPO	instrumentum pacis osnabrugensis
IPM	instrumentum pacis monasteriensis
i.S.d.	im Sinne des
i.S. v.	im Sinne von
i.V.m.	in Verbindung mit
Jhd.	Jahrhundert
kath.	katholisch
kathol.	katholisch

KBO	Kirchenbauordnung
LRS	Landrechtssatz
m.A.	meiner Auffassung
Nr.	Nummer
OKStG	Ortskirchensteuergesetz
OLG	Oberlandesgericht
PFV	Positive Forderungsverletzung
PolStrGB	Polizeistrafgesetzbuch
RDH	Reichsdeputationshauptschluss
RG	Reichsgericht
RM	Reichsmark
Röm.	römisch
sog.	sogenannt
u.a.	unter anderem
VerwG	Verwaltungsgesetz
VerRPflG	Verwaltungsrechtspflegegesetz
Vgl.	vergleiche
VwVfG	Verwaltungsverfahrensgesetz
WRV	Weimarer Reichsverfassung
Ziff.	Ziffer

Literaturverzeichnis

Sekundärliteratur

Albrecht, Alfred: Staatliche Simultaneen, Handbuch des Staatskirchenrechts der Bundesrepublik Deutschland, Zweiter Band, 2. Auflage, Berlin 1995, 69 ff. (zitiert: Albrecht, HdbStKirchR Band 2)

Aurach, Phil. Samuel: Die kirchlichen Simultanverhältnisse in der Pfalz am Rhein, Mannheim 1866

Baldus, Manfred: Zur Baulast der politischen Gemeinde an Kirchengebäuden in Nordrhein-Westfalen, JR 1970, S. 52

Bauer, Heinrich: Die Religionsdeklaration Max Josephs vom 9. Mai 1799, in Studien der evangelisch-protestantischen Geistlichen des Großherzogtums Baden, 1. Jahrgang, 3. Quartalheft, Karlsruhe 1875, S. 147 ff.

Baumeister, Peter: Das Rechtswidrigwerden von Normen – Eine rechtsdogmatische Untersuchung zu den Grenzen der Wirksamkeit und Anwendbarkeit von Normen – Probleme des Spannungsverhältnisses von Recht und Zeit, Berlin 1996

Beck, Dietrich: Die kirchlichen Simultanverhältnisse in der Rheinprovinz unter besonderer Berücksichtigung des Ryswicker Friedens, Theologische Arbeiten aus dem Rheinischen Wissenschaftlichen Predigerverein, Dritte Folge/Erstes Heft, 1934

Benz, Richard: Heidelberg, Schicksal und Geist, Konstanz 1961

Böttcher, Hartmut: Baulast an Kirchengebäuden, Handbuch des Staatskirchenrechts der Bundesrepublik Deutschland, Zweiter Band, 2. Auflage, Berlin 1995, 19 ff. (zitiert: Böttcher, HdbStKirchR Band 2)

Böttcher, Hartmut: Art und Rechtsgrund kommunaler Kirchenbaulasten, in Bartlsperger, Richard/Ehlers, Dirk/Hofmann, Werner/Pirson, Dietrich (Hrsg.), Rechtsstaat – Kirche – Sinnverantwortung, Festschrift für Klaus Obermayer, München 1986, S. 155 ff. (zitiert: Böttcher, FS Obermayer)

Bonk, Heinz Joachim: Kommentierung § 60 VwVfG, in Stelkens, Paul/Bonk, Heinz Joachim/Sachs, Michael, Verwaltungsverfahrensgesetz. Kommentar, 6. Auflage, München 2001

Borgmann, Karl: Der deutsche Religionsstreit der Jahre 1719/1720, Berlin 1937

Brunn, Hermann: Wirtschaftsgeschichte der Universität Heidelberg von 1558 bis zum Ende des 17. Jahrhunderts, Diss. Heidelberg, 1950

Campenhausen, Axel Freiherr von: Staatskirchenrecht, 3. Auflage, München 1996

Campenhausen, Axel Freiherr von: Kommentierung Art. 138 WRV in Mangoldt, Hermann v./Klein, Friedrich/Starck, Christian, Das Bonner Grundgesetz, Kommentar, Band 3: Artikel 79-146, 4. Auflage, München 2001

Classen, Peter/Wolgast, Eike: Kleine Geschichte der Universität Heidelberg, Berlin Heidelberg 1983

Danckelmann, Eberhard Freiherr von: Kirchenpolitik Friedrichs III. von Brandenburg und Johann Wilhelms von Kurpfalz bis zum Ryswicker Frieden, Düsseldorfer Jahrbuch 1916, 28. Band, Düsseldorf 1916, S. 105 ff.

Dickmann, Fritz: Der Westfälische Friede, Münster 1992

Dietrich, Anselm: Die Verwaltung des katholischen Kirchenvermögens im Großherzogtum Baden bis zur Errichtung des katholischen Oberstiftungsrates (1803-1860), Diss. Freiburg, 1966

Dilcher, Hermann: Kommentierung §§ 94, 97 BGB, in Staudinger, Kommentar zum Bürgerlichen Gesetzbuch, Erstes Buch, Allgemeiner Teil, §§ 21-103, Dreizehnte Bearbeitung, Berlin 1995

Dorner, E.: Das Badische Ausführungsgesetz zum Bürgerlichen Gesetzbuch mit Erläuterungen, Karlsruhe 1902 (zitiert: Dorner, Ausführungsgesetz)

Dorner, E./Seng A.: Badisches Landesprivatrecht, Halle a.S. 1906

Droysen, Joh. Gust.: Friedrich Wilhelm I. – König von Preußen, Erster Band, Leipzig 1869

Emmerich, Volker: Kommentierung § 571 BGB, in Staudinger, Kommentar zum Bürgerlichen Gesetzbuch, Zweites Buch, Recht der Schuldverhältnisse, §§ 564-580a, Berlin 1997

Esser, Johannes: Orgeln und Heiliggeist, in Die neue große Chororgel der Heiliggeistkirche Heidelberg, Heidelberg 1980, S. 30 ff.

Evangelischer Kirchengemeinderat (Hrsg.): Die Verhandlungen über den Ankauf der Heiliggeistkirche, Jahreschronik der evangelischen Gemeinde Heidelberg, 1893, S. 12 ff. (zitiert Jahreschronik 1893)

Faber, Anton(ius) (Fabro Antonio): Europäischer Staats- Cantzley Sechs- und zwanzigster Theil, 1716 und Sieben- und zwanzigster Theil 1717

Feine, Hans Erich: Reich und Kirche, Aalen 1966

Forsthoff, Ernst: Res sacrae, Archiv des öffentlichen Rechts, Neue Folge 31. Band, Tübingen 1940, S. 14 ff.

Freiburger Katholisches Kirchenblatt: Sechsunddreißigster Jahrgang, Freiburg 1892

Friedberg, Emil: Der Staat und die katholische Kirche im Großherzogtum Baden seit dem Jahre 1860, Leipzig, 1871

Friedrich, Otto: Einführung in das Kirchenrecht, 2. Auflage, Göttingen 1978 (zitiert: Friedrich, Kirchenrecht)

Friedrich, Otto: Der Erwerb der Heiliggeistchorkirche für die Evangelische Kirchengemeinde Heidelbergs, in Zahn, Eberhard, Die Heiliggeistkirche zu Heidelberg, Geschichte und Gestalt, Karlsruhe 1960, S. 169 ff. (zitiert: Friedrich in Zahn)

Frisch, Michael: Das Restitutionsedikt Kaiser Ferdinands II. vom 6. März 1629, Tübingen 1993

Frisch, Michael: Zur Beteiligung der bürgerlichen Gemeinden an den Kosten der Instandhaltung von Kirchtürmen in Württemberg, VBlBW 1996, S. 249 ff.

Frisch, Michael: Kirchenbaulasten und Geltungsverlust von Rechtsnormen, ZevKR 44 (1999), S. 244 ff.

Gercke, Hans: Gestaltung des Lichts – Schreiters Heidelberger Fensterentwürfe, Johannes Schreiter, Brandcollagen, Zeichnungen, Heidelberger Fensterentwürfe, Heidelberg 1987, S. 113 ff.

Gern, Alfons: Kommunalrecht Baden-Württemberg, 8. Auflage, Baden-Baden 2001

Goeters, J. F. G./Sehling, Emil (Hrsg): Die evangelischen Kirchenordnungen des XVI. Jahrhunderts, 14. Band, Kurpfalz, Tübingen 1969 (zitiert: Goeters/Sehling)

Gröpper, Hans: Gewohnheitsrecht, Obervanz, Herkommen und Unvordenkliche Verjährung, DVBl 1969, S. 945 ff.

Günter, Heinrich: Das Restitutionsedikt von 1629 und die katholische Restauration Altwirtembergs, Stuttgart 1901

Hägele, Kurt: Die Chamoische Liste – ihre Bedeutung für die Pfalz und ihre Auswirkungen in der kurpfälzischen Religionsdeklaration von 1705, Diss. Phil. München 1932

Hans, Alfred: Die Kurpfälzische Religionsdeklaration von 1705, Mainz, 1973

Hartwich, Wolfgang: Die militärische Besetzung der Pfalz durch Frankreich unter König Ludwig XIV. (1688-1697) in Alter, Willi (Hrsg.), Pfalzatlas, Textband III, Speyer 1981, S. 1414 ff.

Hauß, Fritz/Zier, Hans Georg (Hrsg.): Die Kirchenordnungen von 1556 in der Kurpfalz und in der Markgrafschaft Baden-Durlach, Veröffentlichungen des Vereins für Kirchengeschichte in der evang. Landeskirche Badens, Karlsruhe 1956 (zitiert: Hauß/Zier, Kirchenordnungen)

Hauß, Fritz: Ottheinrich und seine Kirchenordnungen, S. 115 ff., in Hauß, Fritz/ Zier, Hans Georg (Hrsg.), Die Kirchenordnungen von 1556 in der Kurpfalz und in der Markgrafschaft Baden-Durlach, Veröffentlichungen des Vereins für Kirchengeschichte in der evang. Landeskirche Badens, Karlsruhe 1956, S. 115 ff. (zitiert: Hauß, Ottheinrich)

Hauß, Martin: Die Glocken der Heiliggeistkirche in Keller, Werner (Hrsg.), Die Heiliggeistkirche zu Heidelberg, 1398 – 1998, Heidelberg 1999, S. 145 ff. (zitiert: Hauß, M., Heiliggeistkirche)

Häusser, Ludwig: Geschichte der rheinischen Pfalz, Zweite Ausgabe, Erster Band/Zweiter Band, Heidelberg 1856

Hautz, Johann Friedrich: Geschichte der Universität Heidelberg, Erster Band, Mannheim 1862; Zweiter Band, Mannheim 1864

Hecht, Gustav: Gebürtige Pfälzer als Träger der preussischen Kirchenpolitik im Streite um die Heiliggeistkirche in Heidelberg, Zeitschrift für die Geschichte des Oberrheins, Neue Folge Band XLI Heft 1, Karlsruhe 1927, S. 173 ff

Heckel, Martin: Das Restitutionsedikt Kaiser Ferdinands II. vom 6. März 1629 – eine verlorene Alternative der Reichskirchenverfassung, Köbler, in Gerhard/ Nehlsen, Hermann (Hrsg.), Wirkungen europäischer Rechtskultur, Festschrift für Karl Kroeschell zum 70. Geburtstag, München 1997, S. 352 ff. (zitiert: Heckel, Restitutionsedikt)

Heckel, Martin: Zur Entwicklung des deutschen Staatskirchenrechts von der Reformation bis zur Schwelle der Weimarer Verfassung, Gesammelte Schriften, Band 1, Tübingen 1989, S. 366 (zitiert: Heckel, Gesammelte Schriften, Band 1)

Heckel, Martin: Die Krise der Religionsverfassung des Reiches und die Anfänge des Dreißigjährigen Krieges, in Gesammelte Schriften, Band 2, Tübingen, 1989, S. 970 ff. (zitiert: Heckel, Gesammelte Schriften, Band 2)

Heckmann, Dirk: Geltungskraft und Geltungsverlust von Rechtsnormen – Elemente einer Theorie der autoritativen Normgeltungsbeendigung, Tübingen 1997

Hepp, Frieder: Religion und Herrschaft in der Kurpfalz, – Aus der Sicht des Heidelberger Kirchenrates Dr. Marcus zum Lamm (1544-1606) –, Diss. Heidelberg 1992

Heß, Hans: Französische Expansionskriege unter Ludwig XIV. und die Pfalz, in Geiger, Michael/Preuß, Günter/Rothenberger, Karl-Heinz (Hrsg.), Pfälzische Landeskunde, Band 3, Landau 1981, S. 137 ff.

Hilsenbeck, Adolf: Johann Wilhelm, Kurfürst von der Pfalz, vom Ryswicker Frieden bis zum spanischen Erbfolgekrieg 1698-1701, Diss. phil. München 1905

Hinschius, Paul: System des Katholischen Kirchenrechts, Vierter Band, Berlin 1888

Hirschel, Joh. J.: Die rechtlichen Verhältnisse bezüglich der Simultankirchen, Archiv für katholisches Kirchenrecht, 46. Band, Neue Folge 40. Band, 1881, S. 329-392 (zitiert: Hirschel, Simultankirchen)

Hirschel, Joh. J.: Die Rechtsverhältnisse bei Simultankirchen, -Ein Rechtsfall-, Archiv für katholisches Kirchenrecht, 25. Band, Neue Folge 19. Band, Mainz 1871, S. 1-88 (zitiert: Hirschel: Rechtsfall)

Hirschel, Joh. J.: Die Ansprüche der „Altkatholiken" auf Überlassung von Kirchen und Kirchengut, Archiv für katholisches Kirchenrecht, 35. Band, Neue Folge 29. Band, Mainz 1876, S. 38 ff (zitiert: Hirschel: Altkatholiken)

Hönig, W.: Die Wiederaufrichtung der Scheidemauer in der Heiliggeistkirche zu Heidelberg, Protestantische Kirchenzeitung für das evangelische Deutschland, 1894, Sp. 672 ff.

Hönle, Joseph: Kommentierung Art. 181 EGBGB, in Staudinger, Kommentar zum Bürgerlichen Gesetzbuch, Art. 1, 2, 50-218 EGBGB, Dreizehnte Bearbeitung, Berlin 1998

Hofmann, Werner: Ablösung oder Anpassung der Kultusbaulast des Staates?, ZevKR 10 (1963), S. 369 ff.

Hoke, Rudolf: Österreichische und deutsche Rechtsgeschichte, 2. Auflage, Wien 1996

Holch, Georg: Kommentierung § 97 BGB, in Münchener Kommentar zum Bürgerlichen Gesetzbuch, Band 1, Allgemeiner Teil, §§ 1-240/AGB-Gesetz, 4. Auflage, München 2001

Hollerbach, Alexander: Rechtsbeziehungen zwischen kirchlicher und politischer Gemeinde, in Leisching, P./Pototschnig, F./Potz, R., Ex aequo et bono, Willibald M. Plöchl zum 70. Geburtstag, Innsbruck, 1977, S. 511 ff.

Huber, Ernst Rudolf/Huber, Wolfgang: Staat und Kirche im 19. und 20. Jahrhundert, Band I, Berlin 1973

Hymmen, Hans v.: Der erste preussische König und die Gegenreformation in der Pfalz, Diss. Phil. Göttingen 1904, mündl. 1903

Isensee, Josef: Staatsleistungen an die Kirchen und Religionsgemeinschaften, in Handbuch des Staatskirchenrechts der Bundesrepublik Deutschland, Erster Band, 2. Auflage, Berlin 1994, S. 1009 ff.

Jung, Hans Reinhard: Baulast und Patronat an der katholischen Pfarrkirche St. Pankratius in Odenthal, Zum Gegenwartsbezug rechtshistorischer Fragen im Bereich zwischen kirchlichem und weltlichem Recht, Diss. iur. Köln 1986

Kästner, Karl-Hermann: Die Verfassungsgarantie des kirchlichen Vermögens, in Handbuch des Staatskirchenrechts der Bundesrepublik Deutschland, Erster Band, 2. Auflage, Berlin 1994, S.891 ff.

Kahl, Wilhelm: Lehrsystem des Kirchenrechts und der Kirchenpolitik, Erste Hälfte, Einleitung und allgemeiner Teil, Freiburg i.B. und Leipzig 1894

Keller, Werner: 300. Jahrestag der Zerstörung Heidelbergs. Zerstörung der Heiliggeistkirche am 22. Mai 1693, in Keller, Werner (Hrsg.), Die Heiliggeistkirche zu Heidelberg, 1398 – 1998, Heidelberg 1999, S. 48 ff.

Kessler, Ewald: Johann Friedrich (1836-1917), Ein Beitrag zur Geschichte des Altkatholizismus, München 1975

Keunecke, Hans Otto: Maximilian von Bayern und die Entführung der Bibliotheca Palatina nach Rom in Archiv für Geschichte des Buchwesens, Band 19, 1978, Sp. 1401 ff.

Köbler, Ralf: Die „clausula rebus sic stantibus" als allgemeiner Rechtsgrundsatz, Tübingen 1991

Köhler, Karl: Die Simultankirchen im Großherzogtum Hessen, ihre Geschichte und ihre Rechtsverhältnisse, Darmstadt 1889

Korte: Handbuch der Beurkundung von Grundstücksgeschäften, München, 1990

Krais, Wilhelm: Kirchliche Simultanverhältnisse insbesondere nach bayerischem Recht, Würzburg 1890

Kramer, Otto: Kirchliche Simultanverhältnisse, Rechtsgeschichtliche Untersuchung mit besonderer Berücksichtigung der württembergischen Kirchensimultaneen, Diss. iur Tübingen 1968

Krisinger, Josef: Religionspolitik des Kurfürsten Johann Wilhelm von der Pfalz, Düsseldorfer Jahrbuch , 47. Band, Düsseldorf 1955, S. 42 ff.

Kuhn, Josef: Die Rechtsverhältnisse in Betreff Thurm und Glocken der St. Remigiuskirche zu Nieder-Ingelheim, Mainz 1893

Kuhr, Günther: Die kirchliche Baupflicht nach badischem Recht -Unter besonderer Berücksichtigung der Rechtsverhältnisse an der Heiliggeist-Chor-Kirche zu Heidelberg-, Eine kirchen- und verwaltungsrechtliche Studie, Diss. Heidelberg 1925, (StAHD AA 210, 23), (zitiert: Kuhr, Baupflicht)

Kuhr, Günther: Rechtsgutachten die Baupflicht an der Heiliggeistkirche betr. – erstellt der Stadtgemeinde Heidelberg – vom 22.11.1925, (StAHD 210/22), (zitiert: Kuhr, Gutachten)

Küry, Urs: Die Altkatholische Kirche, Stuttgart 1966

Lang, Heinrich: Die Heiliggeistkirche in ihrer Beziehung zu dem Jubelfest der Universität, s.l., 1887

Lauer, Hermann: Geschichte der katholischen Kirche im Großherzogtum Baden, Freiburg im Breisgau 1908

Lauter, Thedor: Die Entstehung der kirchlichen Simultaneen, Würzburg, 1894

Lecheler, Helmut: Der Gegenstand der staatlichen Kirchenbaulast nach dem gemeinen Recht in Bartlsperger, Richard/Ehlers, Dirk/Hofmann, Werner/Pirson, Dietrich (Hrsg.), Rechtsstaat – Kirche – Sinnverantwortung, Festschrift für Klaus Obermayer, München 1986, S. 217 ff.

Leidner, Eduard Eugen: Entwicklung der katholischen Religionsverhältnisse in der Kurpfalz von den Reunionen bis zur Kirchenteilung (1680-1707), Diss phil. München, 1930

Letzelter, Franz: Die historische Entwicklung der Rechtsgrundlagen der rheinpfälzischen Simultankirchen, mit besonderer Berücksichtigung der Simultankirche Kandel in den terres contestées, Diss iur. Heidelberg, 1954

Lindau, Jakob: Die Chorkirche zum heil. Geist in Heidelberg und die Rechtsstellung der in dieselbe eingewiesenen drei Bruderschaften, speziell das „Eigenthum der Orgel", -Ein Beitrag zur Kirchengeschichte unserer Stadt, Heidelberg 1875

Lindner, Thomas: Baulasten an kirchlichen Gebäuden, Staatliche und kommunale Leistungspflichten für den Kirchenbau, Tübingen 1995

Link, Christoph: Rechtstheologische Grundlagen des evangelischen Kirchenrechts, ZevKR 45 (2000), S. 73 ff.

Löwer, Wolfgang: Cessante ratione legis cessat ipsa lex. Wandlung einer gemeinrechtlichen Auslegungsregel zum Verfassungsgebot ?, Berlin, New York 1989

Löwisch, Manfred: Kommentierung § 305 BGB, in Staudinger, Kommentar zum Bürgerlichen Gesetzbuch, Zweites Buch, Recht der Schuldverhältnisse, §§ 255-314, Neubearbeitung, Berlin 2001

Lossen, Richard: Die Glaubensspaltung in Kurpfalz, Freiburger Diözesan-Archiv, Neue Folge – 18. Band, Freiburg i.B. 1917, S. 208 ff.

Maas, Hermann: Bilder aus der Geschichte der Heiliggeistkirche zu Heidelberg, Festschrift zum 24. Juni 1936 am Tage der Entfernung der Scheidemauer, Heidelberg 1936 (zitiert: Maas, Festschrift)

Maas, Hermann: Die Heiliggeistkirche zu Heidelberg, Geschichtliches und Erlebtes, Karlsruhe 1962 (Maas, Heiliggeistkirche)

Maas, Hermann: Zum Johannesfest 1936 fiel endgültig die Trennwand in der Kirche – Predigt am 24. Juni 1936, Keller (Hrsg.), Die Heiliggeistkirche zu Heidelberg, 1398 - 1998, Heidelberg 1999, S. 90 ff. (zitiert: Maas, Predigt)

Maesel, Markus A.: Der Kurpfälzische Reformierte Kirchenrat im 18. Jahrhundert unter besonderer Berücksichtigung der zentralen Konflikte in der zweiten Jahrhunderthälfte, Heidelberg 1997 (zitiert: Maesel, Kirchenrat)

Maesel, Markus A.: Die katholische Gemeinde in der Heidelberger Chorkirche zum heiligen Geist im 18. Und 19. Jahrhundert, Keller (Hrsg.), Die Heiliggeistkirche zu Heidelberg, 1398 – 1998, Heidelberg 1999, S. 54 ff. (zitiert: Maesel, Chorkirche)

Marly, Jochen: Kommentierung zu §§ 94, 97 BGB, in Soergel, Bürgerliches Gesetzbuch, Band 1,Allgemeiner Teil 1, §§ 1-103, 13. Auflage, Stuttgart 2000

May, Georg: Präbende, in Kasper, Walter (Hrsg.), Lexikon für Theologie und Kirche, Achter Band, 3. Auflage, Freiburg im Breisgau 1999, S. 463 f.

May, Georg/Schieffer, Rudolf: Benefizium, in Kasper, Walter (Hrsg.), Lexikon für Theologie und Kirche, Zweiter Band, 3. Auflage, Freiburg im Breisgau 1994, S. 225 f.

Mays (Mays`sche Broschüre): Abermals die Scheidemauer in der Heidelberger Heiliggeistkirche: Eine Illustration zur Lage der Katholiken in Baden, Heidelberg 1892

Menzel, Karl Adolf: Neuere Geschichte der Deutschen von der Reformation bis zur Bundes-Acte, Zehnter Band, Breslau 1843

Merten, Detlef: Kommentierung Art. 132 EGBGB, in Staudinger, Kommentar zum Bürgerlichen Gesetzbuch, Art. 1, 2, 50-218 EGBGB, Dreizehnte Bearbeitung, Berlin 1998

Meurer, Christian: Bayerisches Kirchenvermögensrecht, III. Band , Die Rechtsfähigkeit und Baulast auf dem Gebiet der Kirche in Bayern, Stuttgart 1919

Meurer, Christian: Kirchengebäude und Kirchenglocken, in Fleischmann, Max (Hrsg.), Wörterbuch des Deutschen Staats- und Verwaltungsrechts, Zweiter Band, Zweite Auflage, Tübingen, 1913, S. 553 ff. (zitiert: Meurer, Wörterbuch)

Meyer, Octave: Le Simultaneum en Alsace, Saverne, 1961

Michael, Wolfgang: Englische Geschichte im achtzehnten Jahrhundert, Dritter Band, Das Zeitalter Walpoles, Zweiter Teil, Berlin 1934

Michalski, Lutz: Kommentierung § 97 BGB, in Ermann, Bürgerliches Gesetzbuch, Band I, 10. Auflage, Münster, Köln 2000

Michler, Peter: Kostenbeteiligung württembergischer Gemeinden an der Instandhaltung von Kirchtürmen, Kirchenuhren und -glocken, BWGZ 1996, S. 219 ff.

Mittler, Elmar: Heidelberg, Geschichte und Gestalt, Heidelberg 1996

Mittler, Elmar (Hrsg.): Bibliotheca Palatina, Katalog zur Ausstellung vom 8. Juli bis 2. November 1986, Heiliggeistkirche Heidelberg, Textband, Heidelberg 1986

Mörsdorf, Klaus: Lehrbuch des Kirchenrechts, II. Band, Sachenrecht, 11. Auflage, Paderborn 1967

Mörz, Stefan: Zwischen verspäteter Gegenreformation und aufgeklärtem Absolutismus. Die Kurpfalz im letzten Jahrhundert ihres Bestehens, Schweickert, Alexander (Hrsg.), Kurpfalz, Schriften zur politischen Landeskunde Baden-Württembergs. Band 25, Stuttgart, 1997, S. 193 ff.

Mörz, Stefan: Aufgeklärter Absolutismus in der Kurpfalz während der Mannheimer Regierungszeit des Kurfürsten Karl Theodor (1742-1777), Stuttgart, 1991 (zitiert: Mörz, Karl Theodor)

Möschel, Wernhard: Kommentierung Vor 414, in Münchener Kommentar zum Bürgerlichen Gesetzbuch, Band 2, Allgemeiner Teil, §§ 241-432/FernAbsG, 4. Auflage, München 2001
Morlok, Martin: Kommentierung zu Art. 140 GG, in Dreier, Horst (Hrsg.), Grundgesetz Kommentar, Band III, Artikel 83-146, Tübingen 2000 (zit: Autor in Dreier)
Moser Joh. Jakob: Vollständiger Bericht von der so berühmt als fatalen Clausula Art. IV. pacis Rysv., Frankfurt 1732
Müller, Emil Franz Joseph: Das Simultaneum an der Kirche in Glarus, Diss. Freiburg (Schweiz) 1931, auch erschienen, Freiburg, Schweiz, 1945
Naumann, Martin: Österreich, England und das Reich – 1719-1732, Neue Deutsche Forschungen, XIV. Abteilung Neuere Geschichte, 3. Band, Berlin 1936
Niens, Hans: Kirchengut, Pfarrbesoldung und Baulast in der Evangelischen Landeskirche in Baden, Entstehung – Entwicklung – Probleme, Heidelberg 1991
Oechelhaeuser , Adolf v.: Die Kunstdenkmäler des Amtsbezirks Heidelberg (Kreis Heidelberg), Tübingen 1913
Palatinus, L.: Die Scheidemauer in der Heiliggeistkirche zu Heidelberg, Eine historische Erinnerung zum Universitätsubiläum, 1886, Mays'sche Broschüren XXI 24, Heidelberg 1885
Panizzi, Bernd/Keßler, Ewald: Alt-Katholiken in der Heiliggeistchorkirche (1874-1936) in Keller, Werner (Hrsg.), Die Heiliggeistkirche zu Heidelberg, 1398 – 1998, Heidelberg 1999, S. 77 ff.
Papier, Hans-Jürgen: Kommentierung Art. 132 EGBGB, Münchener Kommentar zum Bürgerlichen Gesetzbuch, Band 11, Internationales Handels- und Gesellschaftsrecht. Einführungsgesetz zum Bürgerlichen Gesetzbuch (Art. 50-237), 3. Auflage, München 1999
Petry, Ludwig: Das Haus Neuburg und die Ausläufer der Gegenreformation in Schlesien und in der Pfalz, Festschrift für Georg Biundo, Grünstadt 1952
Pfeiffer, Gerhard: Die Umwandlung Bayerns in einen paritätischen Staat, in Bayern – Staat und Kirche – Land und Reich, Wilhelm Winkler zum Gedächtnis, Archiv und Wissenschaft, Band 3, München 1961
Pirson, Dietrich: Kirchenrecht, in Evangelisches Kirchenlexikon, Zweiter Band, Dritte Auflage, Göttingen 1989
Platenius, A.: Grundriß des badischen Landrechts, Freiburg i.B. und Leipzig 1896
Plöchl, Willibald M.: Geschichte des Kirchenrechts, Band I, Zweite Auflage, Wien 1960; Band II, Zweite Auflage, Wien 1962
Press, Volker: Calvinismus und Territorialstaat, Regierung und Zentralbehörden der Kurpfalz 1559-1619, Stuttgart 1970
Raumer, Kurt v.: Die Zerstörung der Pfalz von 1689, München und Berlin 1930

Reichert, Bernd/Baumann, Roland: Kommunalrecht, 2. Auflage, Baden-Baden 2000

Renck, Ludwig: Kirchenbaulast in aeternum?, BayVBl 1996, S. 554 ff.

Renck, Ludwig: Kommunale Kirchenbaulastverträge und Wegfall der cura religionis, DÖV 2001, S. 103 ff.

Richter, Aemilius Ludwig/Dove, Wilhelm: Lehrbuch des katholischen und evangelischen Kirchenrechts, Siebente Auflage, Leipzig 1874

Riedl, Peter Anselm: Die Heidelberger Jesuitenkirche und die Hallenkirchen des 17. und 18. Jahrhunderts, Heidelberg 1956

Rieks, Johann: Der Altkatholizismus in Baden, Heidelberg 1883 (zitiert: Rieks, Altkatholizismus)

Rieks, Johann: Altkatholisches Kirchenregiment, Eine Verteidigungsschrift, Heidelberg 1887 (zitiert: Kirchenregiment)

Ritter, Gerhard: Die Heidelberger Universität, Ein Stück deutscher Geschichte, Erster Band, Das Mittelalter (1386-1508), Heidelberg 1936

Rönnefarth, Helmuth: Konferenzen und Verträge, Vertrags-Ploetz, Teil II: 1493-1952, Bielefeld 1953

Rosendorn, Kurt: Die rheinhessischen Simultankirchen bis zum Beginn des 18. Jahrhunderts, Speyer 1958

Rott, Hans: Friderich II. von der Pfalz und die Reformation, Heidelberger Abhandlungen zur mittleren und neueren Geschichte, Heft 4, Heidelberg 1904 (zitiert: Rott, Friedrich II.)

Rott, Hans: Kirchen- und Bildersturm bei der Einführung der Reformation in der Pfalz, Kommission für die Geschichte der Stadt (Hrsg.), Neues Archiv für die Geschichte der Stadt Heidelberg und der rheinischen Pfalz, Band VIII, Heidelberg 1910; Band XII, Heidelberg 1920, S. 229-254 (zitiert: Friedrich: Kirchen- und Bildersturm)

Salzer, Robert: Zur Geschichte Heidelbergs von dem Jahre 1689-1693, Heidelberg, 1879; Nachdruck und Kommentierung in Salzer, Robert, Vetter, Roland (Kommentierung), Das Schloß gesprengt, die Stadt verbrannt – Zur Geschichte Heidelbergs in den Jahren 1688 und 1689 und von dem Jahre 1689 bis 1693, Heidelberg 1993

Sante, Georg Wilhelm: Die kurpfälzische Politik des Kurfürsten Johann Wilhelm vornehmlich im spanischen Erbfolgekrieg, 1690-1715, Historisches Jahrbuch der Görres-Gesellschaft 44. Band, 1. Heft, München 1924, S. 19 ff.

Schaab, Meinrad: Geschichte der Kurpfalz, Band 1: Mittelalter, 2., verbesserte und aktualisierte Auflage, Stuttgart 1999 (zitiert: Schaab, Band 1)

Schaab, Meinrad: Geschichte der Kurpfalz, Band 2: Neuzeit, Stuttgart 1992 (zitiert: Schaab Band 2)

Schaab, Meinrad: Kurpfalz, in Schaab, Meinrad/Schwarzmaier, Hansmartin (Hrsg.), Handbuch der baden-württembergischen Geschichte, Zweiter Band, Die Territorien im Alten Reich, Veröffentlichungen der Kommission für geschichtliche Landeskunde in Baden-Württemberg, Stuttgart, 1995, S. 247 ff. (zitiert: Schaab, Kurpfalz)

Schaab, Meinrad: Die Wiederherstellung des Katholizismus in der Kurpfalz im 17. und 18. Jahrhundert, Zeitschrift für die Geschichte des Oberrheins, 14. Band (Der neuen Folge 75. Band), Karlsruhe 1966, S. 147 ff. (zitiert: Schaab, Wiederherstellung des Katholizismus)

Schäfer, Christoph: Das Simultaneum, Diss. iur. Freiburg 1995

Scheuner, Ulrich: Fortfall gemeindlicher Kirchenbaulasten durch völlige Änderung der Verhältnisse?, ZevKR 14 (1968), S. 353 ff. (zitiert: Scheuner, ZevKR 1968)

Scheuner, Ulrich: Der Bestand staatlicher und kommunaler Leistungspflichten an die Kirchen (Art. 138 Abs. 2 WRV), in Heinemann, Heribert/Herrmann, Horst/Mikat, Paul (Hrsg.), diaconia et ius, Festgabe für Heinrich Flatten zum 65. Geburtstag, Paderborn 1973 (zitiert: Scheuner, Festgabe Flatten)

Schick, Ludwig: Ökumenische Gottesdienstgemeinschaft, in Listl, Joseph/ Schmitz, Heribert (Hrsg.), Handbuch des katholischen Kirchenrechts, Zweite Auflage, Regensburg 1999

Scharf, Eginhard: Von der „Unteren Kurpfalz Kirchengüter- und Gefällverwaltung" zur „Pfälzer Katholischen Kirchenschaffnei Heidelberg", Sonderdruck aus dem Freiburger Diözesan-Archiv 118. Band Dritte Folge – Fünfzigster Band, 1998

Schauroth, Eberhard Christian Wilhelm v.: Vollständige Sammlung aller Conclusorum, Schreiben und anderer übrigen Verhandlungen des hochpreißlichen Corporis Evangelicorum, Zwyter Tomus, Regensburg 1751

Scheible, Heinz: Reformation und Calvinismus, in Schweickert, Alexander (Hrsg.), Kurpfalz, Schriften zur politischen Landeskunde Baden-Württembergs. Band 25, Stuttgart, 1997, S. 177 ff.

Schlechtriem, Peter: Schuldrecht Besonderer Teil, 5. Auflage, Tübingen 1998

Schmidt, Arthur B.: Kirchliche Simultanverhältnisse in Württemberg, Festgabe für Karl Müller zum siebzigsten Geburtstag, Tübingen 1922, S. 304 ff. (zitiert: Schmidt, A.)

Schmidt, Hans: Kurfürst Karl Philipp von der Pfalz als Reichsfürst, Forschungen zur Geschichte Mannheims und der Pfalz, Neue Folge, Band 2, Mannheim 1963 (zitiert. Schmidt, Kurfürst Karl Philip)

Schmitt, Josef: Simultankirchenrecht im Grossherzogtum Baden unter der Herrschaft des BGB, Karlsruhe 1909 (zitiert: Schmitt, Simultankirchenrecht)

Schmitt, Josef: Kirchenbaupflicht nach gemeinem und nach badischem Recht – mit besonderer Berücksichtigung der Pflichten des badischen Domänenfiskus und der badischen Standesherrschaften, Karlsruhe 1912

Schnippenkoetter, Swidbert: Die Rechtsverhältnisse des Altenberger Doms, Bonn 1952

Schöbi, Jos.: Die kirchlichen Simultanverhältnisse in der Schweiz, Diss. Freiburg (Schweiz), 1905

Schroeder, Klaus-Peter: Die Palatina – Schicksale einer deutschen Bibliothek, in Keller, Werner (Hrsg.), Die Heiliggeistkirche zu Heidelberg, 1398-1998, Heidelberg 1999, S. 81 ff.

Schulte, Aloys: Markgraf Ludwig von Baden und der Reichskrieg gegen Frankreich 1693-1697, 1. Band, Darstellung, Karlsruhe 1892

Schwarz, Birgit: Kunst, Kirche und Publikum, Johannnes Schreiters Entwürfe für die Fenster der Heiliggeistkirche in Heidelberg, Jahrbuch der Staatlichen Kunstsammlungen in Baden-Württemberg, 24. Band, 1987

Schwarz, Friedrich: Zur Geschichte der Heiliggeistkirche in Heidelberg, Zweite umgearbeitete Auflage, Heidelberg 1906

Seebaß, Gottfried: Im Spannungsfeld der Konfessionen, Von der Reformation Ottheinrichs bis zum Vorabend des Dreißigjährigen Krieges, in Keller, Werner (Hrsg.), Die Heiliggeistkirche zu Heidelberg, 1398-1998, Heidelberg 1999, (zitiert: Seebaß)

Seebaß, Gottfried: Heidelberg – Universitätsgründung im Spannungsfeld des Spätmittelalters, Ruperto Carola, 1986, Heft 74, S. 15 ff., (zitiert: Seebaß, Universitätsgründung)

Sehling, Emil: Ueber kirchliche Simultanverhältnisse, Archiv für öffentliches Recht, Siebenter Band, Erstes Heft, Freiburg i.B. 1891

Seidl-Hohenveldern,Ignaz/Stein, Torsten: Völkerrecht, 10. Auflage, Köln 2000

Seisen, D.: Geschichte der Reformation zu Heidelberg von den ersten Anfängen bis zur Abfassung des Heidelberger Katechismus, Heidelberg, 1846

Seeliger-Zeiss, Anneliese: Heidelberger Kirchenbaukunst am Beispiel der Heiliggeistkirche, in Keller, Werner (Hrsg.), Die Heiliggeistkirche zu Heidelberg, 1398-1998, S. 27 ff

Seuffert, Lothar: Kommentar zur Civilprozeßordnung für das Deutsche Reich und zum Einführungsgesetze vom 30. Januar 1877, Sechste Auflage, München 1893

Solte, Ernst-Lüder: Die Organisationsstruktur der übrigen als öffentliche Körperschaften verfassten Religionsgemeinschaften und ihre Stellung im Staatskirchenrecht, in Handbuch des Staatskirchenrechts der Bundesrepublik Deutschland, Erster Band, 2. Auflage, Berlin 1994, S. 414 ff. (zitiert: Solte, HdbStKirchR Band 1)

Sperling, Eberhard: Die neueste Rechtsprechung zu kommunalen Baulastverpflichtungen an kirchlichen Gebäuden, ZevKR 27 (1982), S. 384 ff;
Sperling, Eberhard/Weidemann, Heidi: Zum Fortbestand herkömmlicher Kirchenbaulasten der politischen Gemeinden, DÖV 1973, S. 269 ff.
Spitzer, Karl: Heidelbergs Kirchen und Kirchengeschichte, Heidelberg 1931
Spohn, Georg: Badisches Staatskirchenrecht, Karlsruhe 1868
Srbik, Heinrich Ritter von: Wien und Versailles 1692 – 1697, München 1944
Stamer, Ludwig: Kirchengeschichte der Kurpfalz, III. Teil. 2. Hälfte, Von der Reformation zur Aufklärung – Ende der mittelalterlichen Diözesen (1685-1801), Speyer, 1959
Steinberg, Rudolf: Gemeindliche Kirchenbaulasten in Baden, VBlBW 1973, S. 37 ff.
Steiner, Jürgen: Die pfälzische Kurwürde während des Dreißigjährigen Krieges (1618-1648), Veröffentlichung der pfälzischen Gesellschaft zur Förderung der Wissenschaften in Speyer, Band 76, Speyer 1985
Stempf, L.: Das Gesetz über Kirchen-und Schulbaulichkeiten vom 26. April 1808, Donaueschingen 1860
Stolz, Valentin: Das Simultaneum in Reppendorf, Diss. Iur. Würzburg 1905
Ströle-Bühler: Das Restitutionsedikt von 1629 im Spannungsfeld zwischen Augsburger Religionsfrieden 1555 und dem Westfälischen Frieden, Regensburg 1991
Struvens, Burcard Gotthelf: Ausführlicher Bericht von der Pfältzischen Kirchenhistorie, Frankfurt, 1721
Stürner, Rolf: Kommentierung § 1041 BGB in Soergel, Bürgerliches Gesetzbuch, Band 16, Sachenrecht 3, §§ 1018-1296, 13. Auflage, Stuttgart 2001
Thorbecke, August: Die älteste Zeit der Universität Heidelberg 1386-1449, Heidelberg 1886 (zitiert: Thorbecke, Universität)
Thorbecke, August: Statuten und Reformationen der Universität Heidelberg vom 16. bis 18. Jahrhundert, Leipzig 1891 (zitiert: Thorbecke, Statuten)
Tupetz, Theodor: Der Streit um die geistlichen Güter und das Restitutionsedict (1629), Sitzungsbericht der philosophisch-historischen Classe der kaiserlichen Akademie der Wissenschaften 102 (1882), Wien 1883, S. 315-566
Vetter, Roland: Heidelberga delata, Heidelbergs zweite Zerstörung im Orléansschen Krieg und die französische Kampagne von 1693, Schriftenreihe des Stadtarchivs Heidelberg, Heft 1, Heidelberg 1990
Vierneisel, Emil Joseph: Geschichte der katholischen Kirche in Heidelberg, Aus: Die katholische Gemeinde Heidelbergs, 2. Auflage der 3.Ausg., 1963
Vierneisel, Emil Joseph: Die Jesuitenkirche bis zur Erhebung zur Pfarrkirche im Jahre 1809, in Festschrift zum Jubiläum der Heidelberger Jesuitenkirche 1959, Heidelberg 1959, S. 8 ff.

Vierordt, Karl Friedrich: Geschichte der evangelischen Kirche in dem Großherzogtum Baden Zweiter Band, Vom Jahr 1571 bis zu der jetzigen Zeit, Karlsruhe 1856

Wagner, Martin: Untersuchung über die Ryswijker Religions-Klausel, Diss phil. Jena, 1889 (zitiert: Wagner, M.)

Wagner, Wolfgang Eric: Universitätsstift und Kollegium in Prag, Wien und Heidelberg, Berlin 1999 (zitiert: Wagner, W.)

Waller, Ferdinand: Beiträge zum Recht der Simultaneen mit besonderer Berücksichtigung der Verhältnisse in der Stadt Weiden, Diss. Iur. Erlangen 1905

Walter, Friedrich: Geschichte Mannheims von den ersten Anfängen bis zum Übergang an Baden (1802), Mannheim 1907

Walz, Ernst: Das Staatsrecht des Großherzogtums Baden, Tübingen 1909

Warmbrunn, Paul: Simultaneen in der Pfalz, Jahrbuch für westdeutsche Landesgeschichte, 14. Jahrgang, 1988, S .97 ff.

Wasserkampf, Oswald: Zur Frage des Simultaneums, Die Evangelische Diaspora, Zeitschrift des Gustav Adolf-Werkes, 27. Jahrgang, 1956, S. 56 ff; 29. Jahrgang, 1958, S. 109 f.

Weber, Werner: Das Simultaneum am Dom zu Altenberg, in Staat und Kirche in der Gegenwart, Tübingen 1978, S. 187 ff. (= ZevKR 4 (1955), S. 31 ff)

Weisert, Hermann: Universität und Heiliggeiststift, Die Anfänge des Heiliggeiststifts zu Heidelberg, Ruperto Carols, 32. Jahrgang, Heft 64, Heidelberg 1980, S. 55 ff.; Ruperto Carola, 33. Jahrgang, Heft 65/66, Heidelberg 1981, S. 72 ff.

Wetzell, Georg Wilhelm: System des ordentlichen Civilprocesses, Leipzig, 1865

Wiesenberger, Nikolaus: Kirchenbaulasten politischer Gemeinden und Gewohnheitsrecht, Nach heutigem Staatskirchenrecht exemplarisch dargestellt für das Hochstift Paderborn, Berlin 1981

Winter, Jörg: Staatskirchenrecht der Bundesrepublik Deutschland, Eine Einführung mit kirchenrechtlichen Exkursen, Neuwied 2001

Winterfeld v., Dethard: Heiliggeistkirche Heidelberg, Schnell, Kunstführer Nr. 1184, Erste Auflage, München 1981

Wirth, Hermann: Archiv für die Geschichte der Stadt Heidelberg, 1. Jahresband, 1868: „Das Stift der Heiliggeistkirche verkauft die Krambuden zwischen den Wandpfeilern der Kirche an die Stadt Heidelberg, 25. Juni 1487, S. 38 ff, 2. Jahresband, 1869: Die Schicksale Heidelbergs im dreißigjährigen Krieg, S. 1 ff., 63 ff., 162 ff., 195 ff. (zitiert: Wirth, Krambuden/Wirth, Dreißigjähriger Krieg)

Wolgast, Eike: Sechshundert Jahre Universität Heidelberg, in Ruperto Carola 1986, Heft 75, S. 7 ff (zitiert: Wolgast, Ruperto Carola 1986)

Wolgast, Eike: Die kurpfälzische Universität, Semper Apertus, Sechshundert Jahre Ruprecht-Karls-Universität Heidelberg 1386-1986, Band 1, Berlin Heidelberg 1985, S. 1 ff. (zitiert: Wolgast, Universität)
Wolgast, Eike: Religion und Politik in der Kurpfalz im 17. Jahrhundert, Mannheimer Geschichtsblätter, Neue Folge, Band 6, S. 189 ff. (zitiert: Wolgast: Kurpfalz)
Wolgast, Eike: Reformation und Gegenreformation, Handbuch der Baden-Württembergischen Geschichte, Erster Band, Zweiter Teil, Stuttgart 2000, . 145 ff. (zitiert: Wolgast, Reformation)
Wufka, Eduard: Kommentierung § 313 BGB, in Staudinger, Kommentar zum Bürgerlichen Gesetzbuch, Zweites Buch, Recht der Schuldverhältnisse, §§ 255-314, Neubearbeitung, Berlin 2001
Wundt, D. L.: Grundriß der Pfälzischen Kirchengeschichte, Heidelberg 1796 (zitiert: Wund, D. L.)
Wundt, Friedrich Peter: Geschichte und Beschreibung der Stadt Heidelberg, Erster Band, Mannheim 1805 (zitiert: Wundt, Friedrich Peter)
Zängl, Siegfried: Staatliche Baulast an Kultusgebäuden im Rechtskreis des gemeinen Rechts, BayVBl 1988, S. 609 ff.
Zahn, Eberhard: Die Heiliggeistkirche zu Heidelberg, Geschichte und Gestalt, Karlsruhe 1960, mit Anmerkungen von *Friedrich, Otto*, Der Erwerb der Heiliggeistchorkirche für die Evangelische Kirchengemeinde Heidelberg
Zeeden, Ernst Walter: Kleine Reformationsgeschichte von Baden-Durlach und Kurpfalz, Karlsruhe 1956

Gedruckte Quellen

Chur-Pfältzische Religionsdeklaration: 1705
Die Sieben Constitutions-Edicte, nebst den hierauf sich beziehenden Verordnungen, hier 1. Ueber die kirchliche Staatsverfassung (Regierungsblätter 1807, Nro. XXI, S. 87) in Vollständige Sammlung aller in den Großherzoglich Badischen Staats- u. Regierungs-Blättern von 1805 bis 1825 inclusive enthaltenen Gesetze, Edicte, Ministerialverordnungen und Rechtsbelehrungen, Erster Theil, Karlsruhe 1826, S. 340 ff.
Kurfürstliche Badische Landes-Organisation: In 13. Edicten sammt Beylagen, und Anhang, Karlsruhe 1803
Niens, Hans: Das Recht der Evangelischen Landeskirche in Baden, Textsammlung mit Anmerkungen und Verweisungen, Karlsruhe Stand März 1997 (fortgeführt von Winter, Jörg, Recht der Evangelischen Landeskirche in Baden,

Ergänzbare Rechtsquellensammlung, Neuwied 1999) (zitiert Niens, Textsammlung)
Thoemes, Nicolaus: Das Stift der Königlichen Kapelle zum Heiligen Geist und die Universität Heidelberg in ihrer Verbindung von 1413, Heidelberg 1886
Winkelmann, Eberhard: Urkundenbuch der Universität Heidelberg, Erster Band, Urkunden, Heidelberg 1886; Zweiter Band, Regesten, Heidelberg 1886

Ungedruckte Quellen

Erzbischöfliches Archiv Freiburg

EAF, FK 9340
9341
9342
9342a
9343
9365
9382

EAF, EO 4374

Hand-Acten des Rechtsanwaltes Dr. Kah

Landeskirchliches Archiv Karlsruhe

Heidelberg, Die Heiliggeistkirche

LKA SpA 4042
4043
4044
4045
4046
4047
4049
4050
4051
4057
4060
4061

4062
4065
4063
4064/1
4064/2
4072
4073
17394
Kirchliche Gebäude, Heidelberg, Heiliggeistkirche Band XVI

Bauakten

83

Kirchenvisitationen

3776
3777
3778

Generallandesarchiv Karlsruhe

GLA Abteilung 77,	No. 932
	No. 3447
	No. 4168
	No. 4251
	No. 4348
	No. 4406
	No. 4722
	No. 7799
	No. 8456
	No. 8562
GLA Abteilung 204,	No. 1173
	No. 1174
	No. 1175
	No. 1176
	No. 1177
	No. 1179
	No. 1180

	No. 1186
	No. 1189
	No. 1198

GLA Handschrift	1093

Stadtarchiv Heidelberg

StAHD UA	156, 1
	156, 5
	156, 6
	156, 8
	156, 11
	157, 4
	157, 7

StAHD AA	80, 17
	81, 10
	209, 19
	210, 10
	210, 19
	210, 20
	210, 21
	210, 22
	210, 24
	211, 14

Vorwort

Die Heiliggeistkirche zu Heidelberg ist in vieler Hinsicht als Wahrzeichen und Herz der historischen Altstadt zu betrachten. Ihr Standort als Mittelpunkt im Stadtbild spiegelt ihre Bedeutung wieder. Sie ist untrennbar mit der Geschichte der Stadt, der Universität und der Kurpfalz verbunden. Über die Jahrhunderte war sie Brennpunkt der politischen und kirchengeschichtlichen Entwicklung und Auseinandersetzung.

Dem heutigen Besucher erstrahlt sie in ihrer Gesamtheit als helle, klar gegliederte spätgotische Hallenkirche mit barockem Turmdach. Dazu trägt insbesondere das Zusammenspiel von Langhaus und Chor bei. Diese Einheit war dem Betrachter über fast 250 Jahre verwehrt, da eine Scheidemauer die Kirche trennte. Die Scheidemauer war das Ergebnis einer wechselhaften Kirchengeschichte, geprägt durch jahrhundertelange Streitigkeiten um den Bau zwischen Katholiken und Protestanten. Bei der Errichtung der Mauer aufgrund der Düsseldorfer Religionsdeklaration von 1705 war sicherlich nicht erwartet worden, dass erst die zähen und bemerkenswerten Bemühungen des berühmten Bürgers der Stadt Heidelberg, Pfarrer Maas, dazu führten, die Mauer 1936 endgültig niederzureißen.

Die Trennung der Heiliggeistkirche nach 1705, bei der die Katholiken den Chor und die Protestanten das Langhaus bezogen, brachte nicht nur religiöse Probleme mit sich. Auch die schwierig zu beurteilenden Rechts- und Eigentumsverhältnisse an der Heiliggeistkirche waren ständiger Ansatzpunkt für Streit. Ziel dieser Arbeit ist deshalb, die rechtliche Entwicklung auf der Basis der historischen Gegebenheiten im Zusammenhang darzustellen. Dabei sollen Schwerpunkte auf der Errichtung der Scheidemauer, ihrem Niederriss anläßlich des 500-jährigen Universitätsjubiläums und ihrem endgültigen Fall liegen.

Darauf aufbauend wird die gegenwärtige Rechtslage dargestellt werden. Eine solche Untersuchung zur Heiliggeistkirche liegt bisher nicht vor. *Eberhard Zahn* setzt sich in seiner Dissertation *„Die Heiliggeistkirche zu Heidelberg – Geschichte und Gestalt"* mit den kunsthistorischen und kirchengeschichtlichen Zusammenhängen auseinander. Rechtliche Fragen berührt er nur am Rande. *Kuhr* beschreibt in der Arbeit *„Die kirchliche Baupflicht nach badischem Recht, Unter besonderer Berücksichtigung der Rechtsverhältnisse an der Heiliggeist-Chor-Kirche zu Heidelberg"* das Baulastrecht zum Zeitpunkt des Jahres 1924 und beschränkt die Darstellungen zur Heiliggeistkirche zeitlich auf einen Rechtsstreit aus demselben Jahr und gegenständlich auf die Chorkirche.

Die vorliegende Dissertation soll dem interessierten Leser eine Gesamtbetrachtung der Rechtsverhältnisse der Heiliggeistkirche ermöglichen. Dennoch ist anzumerken, dass der lange Untersuchungszeitraum es erfordert, sich auf die wesentlichen rechtshistorischen Ereignisse und die damit verbundenen Fragen zu beschränken.

Die Untersuchung wurde angeregt von meinem verehrten Doktorvater, Herrn Oberkirchenrat Prof. Dr. Jörg Winter. Ich bin ihm sehr dankbar, dass er mich in besonderem Maß bei meiner Arbeit unterstützt hat. Sein Rat und Zuspruch, unsere Gespräche sowie sein großes Interesse an den erzielten Ergebnissen waren für mich Hilfe und Ansporn.

Frau Prof. Dr. Karin Nehlsen-von Stryk danke ich für die freundliche Übernahme und zügige Erstellung des Zweitgutachtens.

Herrn Prof. Dr. Christoph Link und Herrn Prof. Dr. Axel Freiherr von Campenhausen bin ich sehr verbunden, dass sie meine Arbeit in die staatskirchenrechtliche Schriftenreihe aufgenommen haben.

Bedanken möchte ich mich auch bei den Mitarbeitern der von mir benutzten Archive und Bibliotheken, insbesondere bei Frau Diana Weber und Herrn Günther Berger vom Stadtarchiv Heidelberg.

Kathrin hat die Arbeit mitgetragen. Nur wer einen Doktoranden begleitet weiß, was dies zuweilen bedeutet.

Mein besonderer Dank gilt meinen Eltern, Ruth und Alfred Schwara, die mich auf meinem Weg stets gefördert und begleitet haben. Mein in diesem Herbst verstorbener Vater hat als Gesprächspartner und Freund durch kluge Gedanken sowie aufmunternde Worte wesentlich zum Gelingen der Arbeit beigetragen. Ihm ist das Buch gewidmet.

Baden-Baden/Essen im Winter 2002

Matthias Schwara

A. Historische Entwicklung bis 1705

I. Grundsteinlegung

Die heutige Heiliggeistkirche hat nach dem Stand der Wissenschaft auf der Grundlage der Ausgrabungen im Zusammenhang mit der Entfernung der Scheidemauer 1936 zwei Vorgänger: Zunächst eine kleine romanische Basilika aus dem 13. Jahrhundert, die in einer Urkunde des Cisterzienserklosters Schönau aus dem Jahr 1239 erwähnt wird.[1] Diese wurde zerstört, abgerissen oder erweitert. Später entstand als Basis des heutigen Kirchengebäudes ein dreischiffiger, spätromanischer oder schon gotischer Kirchenbau von neun Jochen.[2] Die Fundamente dieses Gotteshauses wurden bei Ausgrabungen 1863, dann auch 1886 gefunden. Dabei wurden auch die Überreste einer untersten Sockelschicht freigelegt, die einen polygonalen 5/8 Chor wiederspiegeln.[3]

Die Heiliggeistkirche hatte in dieser Zeit geringe Bedeutung, da sie im Parochialverhältnis zu St. Peter stand. Ihr Standort auf dem Marktplatz und damit innerhalb der Stadtmauern ergab aber eine zentrale Stellung für die Heidelberger Bürgerschaft und den Kurfürsten. So deutete sich ihre spätere Rangerhöhung und ihr Ausbau schon an. Mit der Universitätsgründung 1386 begann ihr eigentlicher Aufstieg.

Die Gründung der Universität[4] ist mittelbare Folge der wachsenden politischen Bedeutung der Pfalz – ausgehend vom Vertrag von Pavia am 4. August 1329.[5] Dieser legte über Jahrhunderte die Beziehung zwischen der Pfalz und Bayern fest. Wesentlich für die Pfalz war die Regelung, dass sämtliche rheinischen Lande – also auch Heidelberg – und Teile Bayerns an die Linie Rudolfs I. gingen.[6] Durch das enge Verhältnis Ruprecht I und Karl IV. wurde die Stellung der Kurpfalz weiter angehoben, und diese Stärkung schlug sich in dauerhafter Festlegung der Kurwürde, den Gebietsaufteilungen und dem Reichsvikariat in der Goldenen Bulle von 1356 nieder.[7]

---

1 Zahn, S. 4; dazu auch Maas, Heiliggeistkirche, S. 4
2 Zahn, S. 3; Seeliger-Zeiss, Heiliggeistkirche, S. 27 ff.; Schwarz, S. 12
3 Oechelhaeuser, S. 119
4 Zur Entwicklung der Universität siehe u.a. Wolgast, Ruperto Carola 1986, S. 7 ff
5 Häusser, S. 152 ff.
6 Dazu näher Schaab, Band 1, S. 91 f.
7 Siehe auch Seebaß, Universitätsgründung, S. 16

In die Zeit des Aufstiegs der Kurpfalz fiel auch die Gründung der Universität Heidelberg.[8] Die Motive Ruprechts I. lassen sich nicht eindeutig feststellen, sind aber sicher in einer Anhebung Heidelbergs als Residenzstadt, in dem Ausgleich zu den Habsburgern[9] und in der politisch günstigen Gelegenheit des seit 1378 bestehenden Schismas zu sehen.[10] Durch Ruprechts Anerkennung von Papst Urban VI. konnte er die schwierige Situation an der Pariser Hochschule für sich nutzen. Vor allem die deutschen Professoren – unter ihnen Marsilius von Inghen – hatten kurz zuvor Urban VI. unterstützt, befanden sich sogar in Rom, als Clemens gewählt wurde.[11] Die Spaltung verfestigte sich in den Folgejahren, und Hochschullehrer verließen Paris in Richtung Reich. Dadurch konnte Ruprecht I. Marsilius von Inghen für seine Idee gewinnen und dem späteren Kanzler der Universität die Vorbereitung der Aufnahme des Lehrbetriebs übertragen.[12] Zugute kam Ruprecht I. auch der wachsende Widerstand gegen den deutschen Einfluss an der Prager Hochschule, so dass auch von dort Lehrer wie Schüler den Weg nach Wien und Heidelberg suchten.[13] Die günstigen Faktoren nutzte der Pfalzgraf, um bei Urban die Erlaubnis zur Gründung einer Universität einzuholen.[14] Dieser, befugt den Lehrauftrag zu erteilen, willigte mit der Bulle vom 23.Oktober 1385, ausgehändigt am 24.Juni 1386, ein[15]. Im gleichen Zeitraum stellte Ruprecht förmlich Marsilius von Inghen ein[16], der nach dem Vorbild der Pariser Hochschule die „Privilegien“ der Universität verfasste. Die Urkunden wurden am 1. Oktober ausgefertigt.[17] Es wurde festgelegt, dass die Urkunden fortan an Allerheiligen in der Heiliggeistkirche verlesen und an ihrer Pforte angeschlagen wurden.[18] Damit war ein Grundstein für die dauerhafte Verbindung der damals noch kleinen romanischen Kapelle zu Heiliggeist mit der Universität gelegt. So fand auch in ihr am 18. Oktober 1386 der feierliche Eröffnungsgottesdienst der Heidelberger Universität statt.[19] Die zu diesem Zeitpunkt noch symbolische Verbindung sollte sich im Zu-

8 Siehe zur Gründung und Entfaltung der Universität u.a. Wolgast, Universität, S. 1 ff; Classen/Wolgast, S. 1 ff
9 Universitätsgründungen Prag (1349) und Wien (1356)
10 Seebaß, Universitätsgründung, S. 17
11 Vgl. Benz, S. 41 ff
12 Thorbecke, Universität, S. 6 ff.
13 Zahn, S. 6
14 Wolgast, Universität, S. 1
15 Thorbecke, Universität; S. 10, auch Wolgast, Universität S. 2
16 Vgl. Specht, R., Marsilius von Inghen. Über die Bedeutung des ersten Rektors der Universität Heidelberg in Ruperto Carola 1986, Heft 75, S. 17 ff.
17 Winkelmann, Urkunden, Nr. 2-9
18 Winkelmann, Urkunden, Nr. 5, 9
19 Wagner, W., S. 205; Zahn. S. 6; Wolgast, Universität, S. 3

ge der finanziellen Ausstattung der Fakultäten und deren Professoren zu einer untrennbaren Einheit verfestigen.[20]

Zunächst bestritt Ruprecht I. die Mittel der Universität aus seinem Vermögen.[21] Sein Ziel muss es aber gewesen sein, die Heiliggeistkirche aus dem Parochialverhältnis zu St. Peter herauszulösen und zu einer Stiftskirche zu erheben. Erst dadurch konnte das Heiliggeiststift Pfründen zur Finanzierung der Universität bündeln.[22]

Eine der ersten überlieferten Dotierungen an die Heiliggeistkirche nach der Universitätsgründung war eine Altarstiftung vom 05. November 1391 durch die Bruderschaft des Hofgesindes auf der Burg, also schon während der Regierungszeit Ruprechts II. Sie bestand aus einer Predigerpfründe, die durch Ruprecht II. noch ergänzt wurde.[23]

Das Interesse Ruprecht II. an Universität und Heiliggeistkirche setzte sich bei Ruprecht III., dem späteren deutschen König, fort. Seine Regierungszeit von 1398 bis 1410 kann wohl als der Beginn einer ersten „Blütezeit" für Heiliggeist angesehen werden.[24]

Ruprecht III. plante, die bisherige pfalzgräfliche Grablege von der Neustadter Stiftskirche in die Heiliggeistkirche zu verlegen. Dazu sah er es als notwendig an, einen repräsentativen Kirchenbau zu errichten. Das genaue Datum der Grundsteinlegung des Hallenchores von Heiliggeist ist unbekannt. Abzulehnen ist wohl die Meinung von *Spitzer*, schon Ruprecht II. hätte zwei Jahre vor seinem Tod die alte Kirche abgerissen und den Chor erbauen lassen.[25] Dann hätte er sicherlich diesen Ort auch als eigene Grabstätte gewählt. Ruprecht II. hat seine Ruhe aber im Kloster Schönau gefunden.[26] *Schwarz* nimmt für den Baubeginn das Jahr 1400 an.[27] *Saalfrank* geht vom Jahr 1398 aus.[28] Beide stützen ihre Angaben nicht. *Oechelhäuser* ist der Ansicht, dass der Neubau 1399 zumindest geplant war, da in diesem Jahr zwölf Pfründen von den Stiften in Worms, Speyer, Neuhausen, Wimpfen i. Th. und Mosbach übertragen worden[29] seien. Dabei geht er

---

20 Vgl. auch Seebaß, Universitätsgründung, S. 19
21 Wolgast, Universität, S. 5
22 Zur Geschichte des Heidelberger Collegium artistarum vgl.; die grundlegende Darstellung von Wagner, W., S. 207 ff., 238 ff., 253 ff.; zusammenfassend Benz, S. 48 ff.
23 Zahn, S. 7, 8, siehe zu einer weiteren frühen Schenkung Wolgast, Universität, S. 5, Die Besitzgeschichte der Universität wird von Weisert, S. 56, 57 beschrieben
24 So Schwarz, S. 14
25 Spitzer, S. 23
26 Schaab, Band 1, S. 104
27 Schwarz, S. 16
28 Saalfrank, S. 22
29 Oechelhäuser, S. 119

von einem falschen Jahr aus und ist unscharf in der Feststellung einer Pfründenübertragung.[30] *Zahn* folgt dieser Ansicht im Hinblick darauf, dass die frühesten Urkunden, die den Bau belegen, aus dem Jahr 1401 stammen.[31] Deutlich wird, dass die Urkundenlage aus dieser Zeit unvollständig und bruchstückhaft ist. Deshalb soll an dieser Stelle eine Beschränkung auf den Zeitraum zwischen 1398 und 1400 ausreichen.[32] Die Grundsteinlegung ist für die Bedeutung der Heiliggeistkirche weniger entscheidend als ihre Erhebung zur Pfarrkirche und ihre Ausstattung mit Pfründen.

Die Bulle von Papst Bonifatius IX am 1. Dezember 1398 ist als Bestandteil einer Entwicklung zu sehen, an deren Ende das Heiliggeiststift steht.[33] Durch die Bulle inkorporierte der Papst der Universität zwölf Kanonikate der Wormser und Speyrer Diözesen[34], wodurch sie eine Form des Nutzungsrechts mit eigentumsrechtlichen Merkmalen erlangte.[35] Die Pfründen bedeuteten für die Universität die dauerhafte finanzielle Absicherung ihrer Lehrer. Die rechtlichen Grundlagen wurden in der Bulle durch den Papst genauestens festgelegt. Der Abt des Zisterzienserklosters Schönau und die Dekane des Marienstifts zu Neustadt, des Germanstifts zu Speyer und von St. Viktor waren als Konservatoren für die Einhaltung der Bulle und die Einweisung der Professoren zuständig. Die zwölf Kanonikate waren auf zwölf Doktoren und Magister beschränkt. Ein Kanonikat konnte nur im Fall der Vakanz durch Tod vergeben werden. Die dann notwendige Übertragung fand auf Vorschlag des Rektors und der Lehrer der Universität statt. Das Kanonikat beinhaltete das Recht zu Sitz und Stimme im Kapitel, ohne eine entsprechende Residenzpflicht auszulösen. Bis auf einen geringen Teil von Präsenzgeldern stand den Kanonikern der Ertrag zu. Von der sonst üblichen Pflicht zur Übernahme – u.a. von Baulasten – waren sie befreit. Die Freiheit im Umgang mit den Pfründen stand sicherlich im Widerspruch zu den Interessen der betreffenden

30 Vgl. S. 5

31 Zahn, S. 9

32 Wagner, W., S. 243 Fn 23 nimmt 1400 an.

33 Winkelmann, Urkunden, Nr. 46; Es war über einen langen Zeitraum einhellige Meinung im Schrifttum, die Inkorporation der zwölf Kanonikate als Grundstein für das Heiliggeiststift anzusehen, vgl. Thorbecke, Ritter, Brunn, Zahn; durch einen Vergleich der Besetzung der Kanonikatsstellen tritt Weisert, S. 57 ff diesen Auffassungen entgegen; Wagner, W., S. 243 schließt sich Weisert an und sieht den „zählebigen Irrtum“ als ausgeräumt an.

34 Zu den Pfründen im einzelnen und ihren ersten Inhabern Weisert, S. 57, 58; näher auch Wolgast, Universität, S. 6; Classen/Wolgast, S. 6 f.

35 Zum Begriff und der Entwicklung der Inkorporation vgl. Plöchl II, S. 419 ff.; Lindner, Dominikus, Die Lehre von der Inkorporation in ihrer geschichtlichen Entwicklung, München 1951

Stifte. Deshalb wurden Konservatoren eingesetzt, die Erfüllung der Verpflichtungen zu überwachen.[36]

Zu diesem Zeitpunkt stand die Heiliggeistkirche noch im Abhängigkeitsverhältnis zu St. Peter. Die rechtliche Voraussetzung für die Erhebung zur Stiftskirche war die Loslösung aus dieser Parochie. Auf Bitten des Pfalzgrafen Ruprecht III. erfolgte sie durch die Bulle vom 1. Juli 1400.[37] Darin stattete Bonifatius IX. Heiliggeist auch mit vier Pfründen der St. Marienkirche in Neustadt aus. Zum selben Datum wurde das Patronatsrecht über St. Peter auf die Universität übertragen.[38] Wachsende Bedeutung und die Bauarbeiten zur Errichtung des Chores fallen demnach zeitlich zusammen.[39]

Die Tatsache, dass die jeweilige Pfründenübernahme durch die Universität erst mit dem Tod des Inhabers möglich war[40], hätte im Jahr 1402 für die Professoren fast eine schicksalhafte Wirkung gehabt. Denn Bonifaz hatte auf Druck der Wormser Stiftskirche die Inkorparationen von Kanonikaten, Pfründen und Pfarreien soweit möglich wieder aufgehoben.[41] Erst mit einer Verfügung vom 4. August 1404 hat er auf Bitten von Ruprecht die Pfründen und die Ablösung der Parochie nochmals bestätigt.[42] Durch Präbenden oder Benefizien[43] wurde die finanzielle Absicherung in den Folgejahren weiter ausgebaut.[44] Die Trennung zwischen den Pfründen der Stiftskirche und den 12 Kanonikaten bestand weiter fort. Eine Annäherung ist im Jahr 1405 zu vermerken, als am 17. Mai die Universität ihre Wünsche bei der Erhebung der Heiliggeistkirche zur Stiftskirche stellte.[45]

---

36 Winkelmann, Urkunden, Nr. 48, 49

37 Winkelmann, Urkunden, Nr. 47; vgl auch Wagner, W., S. 215, 218 der sich auch eingehend mit dem Zustandekommen der Bulle auseinandersetzt und aus der Formulierung „motu proprio" nicht von einer Bitte ausgeht.

38 Winkelmann I, Nr. 50, 51

39 Zur Dotation des Heiliggeiststiftes im einzelnen vgl. Wagner, W., S. 245 ff

40 Siehe zur schrittweisen Übernahme Weisert, S. 58, 59

41 Ritter, S. 132, Anm. 2

42 Winkelmann, Regesten, Nr. 145, 146; dazu auch Wagner, W., S. 245

43 Im Dekretalenrecht wird die Präbende dem Benefizium gleichgesetzt. Das Benefizium wurde zu einem kirchlichen Rechtsinstitut, dessen Amts- und Vermögensform für die Kirche zu einem grundlegenden Instrument wurde. Die Bezeichnung praebenda hatte sich aus der Aufgliederung des Kapitelvermögens und Zuweisung an den einzelnen Kanoniker, dem es als individuelles Einkommen diente, entwickelt, vgl. Plöchl, Band 1, S. 351, 428, May, Lexikon für Theologie und Kirche, Achter Band, S. 463 f.; May/Schieffer, Lexikon für Theologie und Kirche, Zweiter Band, S. 225 f.

44 Siehe Wagner, W., S. 243 ff

45 Winkelmann, Urkunden, Nr. 60, zur Aufzeichnung vom 17. Mai 1405 vertiefend Weisert, der zu diesem Zeitpunkt schon von insgesamt 17 Pfründen der Universität ausgeht, S. 59, 60; Verwaltung und Verteilung der Erträge auch bei Zahn, S. 19

In den ersten Jahren des 15. Jahrhunderts war die Heiliggeistkirche Objekt zahlreicher Zuwendungen. Bürger der Stadt, Professoren und nicht zuletzt die Kurfürsten spendeten Teile ihres Vermögens an die Kirche und statteten sie mit Stiftungen oder Altarpfründen aus.[46] Es ist anzunehmen , dass ein Bedürfnis nach einer Erhöhung des Mittelpunktes ihres Glaubens einherging mit dem Wunsch, durch finanzielle Großzügigkeit eigenes Seelenheil zu erhalten.

Dabei ist hervorzuheben, dass Ludwig III. die von seiner Mutter, der römischen Königin, geerbten Heiligtümer und Kleinode an den Heiliggeiststift übertragen hat. Der Kirchenschatz wurde 1411 vom Schloss in den Chor der Heiliggeistkirche gebracht. Weitere Kleinodien ergänzten in den folgenden Jahren den Kirchenschatz.[47] Die Zuwendungen ermöglichten nicht nur den Glanz des Inneren von Heiliggeist zu erhöhen, sondern verstärkten auch die personellen Möglichkeiten durch Kaplanstellen und Vikarien.

Als weiteres bestimmendes Datum ist das Jahr 1409 anzusehen, in dem Gregor XII. dem deutschen König Ruprecht III. das Präsentations- und Patronatsrecht an der Heiliggeistkirche bestätigte.[48] Der Bau des Chores wird sich zu diesem Zeitpunkt in der Endphase befunden haben. *Zahn* geht von einem Abschluss im Jahr 1408 aus[49], *Schwarz*[50] und *Hufschmid* setzen als Datum 1410 an. Am 10. Mai 1410 stirbt der König. Ruprecht findet seine Ruhestätte entsprechend seinem Wunsch im Chor der Heiliggeistkirche. Es ist anzunehmen, dass zumindest bis dahin die Bauarbeiten abgeschlossen waren. Ruprecht hat nicht nur die Gründung der Universität Heidelberg verfestigt, gleichsam und eng damit verbunden hat er die Heiliggeistkirche durch die wirtschaftlichen, baulichen und rechtlichen Maßnahmen in den Mittelpunkt der pfälzischen Geschichte gerückt. Die eigentliche Fertigstellung seines Werkes musste er seinem Sohn und Nachfolger Ludwig III. (1410-1436) überlassen.

Ludwig verpflichtete sich der Stärkung der Universität und der Heiliggeistkirche in der gleichen Weise wie sein Vater. Nach *Wagner*[51] bekundete Ludwig am 19. Oktober 1411, dass das Heiliggeiststift vollendet sei. 1413 vereinigte er das Heiliggeiststift mit der Universität und vollendete damit das von Ruprecht grund-

---

46 Zahn, S. 31
47 Zahn, S. 31 ff.
48 Wagner, W., S. 221; Zahn, S. 20
49 Zahn , S. 9
50 Schwarz, S. 17
51 Wagner, W., S. 215

gelegte Stift.[52] Die in der Stiftungsurkunde[53] festgelegten Regelungen lassen sich auf folgende Weise zusammenfassen:[54]

- Vereinigung von Heiliggeiststift mit der Universität zum Kollegiatsstift
- Verteilung der 12 – bisher der Universität zugehörigen – Kanonikate auf die Fakultäten, ferner Kanonikate für den Pfarrer von St. Peter und den Inhaber der Predigerpfründe an Heiliggeist.
- Einrichtung von 12 Vikariaten, die mit Altarpfründen verbunden wurden
- Festlegung des Auswahlverfahrens und der Benennung der Kanonikerstellen und der Vikare
- Zusammenfassung der Neustädter Pfründen in einem Universitätsfonds, aus dem die Kanonikatserträge ergänzt wurden[55]
- Beschreibung der gottesdienstlichen Ordnung und Verpflichtungen
- Bestätigung der Steuerprivilegien der Kollegiatsstiftsmitglieder

Diese Stiftungsurkunde des Heiliggeiststiftes kann als Schlusspunkt der Gründungsmaßnahmen der Heidelberger Universität betrachtet werden. Im Heiliggeiststift wurden die rechtlichen Grundlagen für eine dauerhafte Vermögensausstattung der Universität geschaffen.[56] Die Heiliggeistkirche stand nun in einem konkreten Rechtsverhältnis zur Lehranstalt. Die päpstliche Bestätigung der Verfügung Ludwigs III. erfolgte 1415 durch Gregor XII..[57] Das Heiliggeiststift wurde in den Folgejahren weiter ausgebaut. So stiftete Ludwig im Februar 1418 für einen Dekan ein 13. Kanonikat, verlieh es an Johannes Plate und bestimmte die Regelungen einer späteren Dekanatswahl. Sofern ein Dekan aus dem Kreise der Kollegiatsmitglieder bestimmt werden sollte, musste er seine bisherigen Pfründen an einen Nachfolger abgeben.[58] Am 14. Februar 1418 wurde die innere Organisation des Heiliggeiststiftes abgeschlossen. Die Stiftsmitglieder legten die Statuten fest.[59]

Fast gleichzeitig, am 8. April 1418, wurde die dauerhafte Einrichtung des Stiftes erneut abgesichert, indem Papst Martin V. nach seiner Wahl die von dem

---

52 Abgedruckt in Thoemes, S. 1 ff.; Wolgast, Universität, S. 6 nimmt an, dass die zwölf 1398 der Universität inkorporierten Pfründen von der Errichtung des Heiliggeiststiftes nicht berührt wurden, Weisert, S. 61; auch Classen/Wolgast, S. 6

53 Siehe dazu auch Wagner, W., S. 225

54 Vgl. ausführlich mit auszugsweiser Abschrift der deutschen Fassung, Zahn, S. 20 ff.

55 Brunn, S. 15

56 Zu den Heiliggeistpfründen und ihren Inhabern bis etwa 1452 vgl. die Auflistung bei Weisert, S. 61 ff.

57 Winkelmann, Regesten, Nr. 84

58 Winkelmann, Urkunden, Nr. 77

59 Siehe im einzelnen Wagner, W., S. 228 ff.

abgesetzten Papst Gregor XII. erteilten Rechte bestätigte.[60] Darin wurde dem Stift auch die Steuerfreiheit gewährt[61] und es wurde unmittelbar dem päpstlichen Stuhl unterstellt.[62]

Aus der praktischen Einrichtung, dem Ruf der Professoren, der finanziellen Ausstattung und der unmittelbaren Bestätigung durch den Papst ergab sich die Anerkennung als bedeutendstes Stift entlang des Rheins.[63]

II. Überblick bis zur Reformation

In den folgenden Jahrzehnten ist an der rechtlichen Struktur des Heiliggeiststiftes wenig geändert worden. Erwähnenswert erscheint lediglich die Erweiterung des Stiftes durch die Errichtung von zwei weiteren Kanonikaten.[64] Im Jahr 1459 betrug die Gesamtzahl der Präbenden damit 15.[65] Die entscheidenden Veränderungen haben sich erst im Zuge der reformatorischen Maßnahmen ergeben. Sie gipfelten in der Auflösung des Heiliggeiststiftes und der damit verbundenen rechtlichen Loslösung der Heiliggeistkirche von der Universität.

Der Anfang dieser Entwicklung ist in einer Auseinandersetzung zwischen der Universität und dem Kurfürsten Friedrich I. – später auch seinem Sohn Philipp zu sehen – die im Jahr 1475 begann. Friedrich war der Auffassung, dass die Besetzung der Professorenstellen allein durch Kleriker für die dauerhafte Entwicklung der Universität von Nachteil sein würde. Deshalb wandte er sich an Papst Sixtus IV. mit dem Ziel, auch Laien den Zugang zu Lehrämtern zu ermöglichen. Nach seinem Tod setzte Philipp dieses Streben fort. Zunächst versuchte er, eine Laienbesetzung bei der Nachfolge des ersten Professors der Medizin gegenüber der Universität durchzusetzen. Deren Widerstand wurde 1482 gebrochen durch eine päpstliche Bulle, nach der die medizinische Professur auch durch Laien besetzt werden konnte.[66]

Die Besoldung der Laienprofessoren erfolgte dann nicht mehr direkt über eine Pfründe, sondern mittelbar durch Einziehung der Erträge durch die Universität und Auszahlung an den Professor. Nicht nur wurde damit die betreffende Pfründe aus dem Heiliggeiststift herausgelöst. Vielmehr bedeutete der Vorgang eine Abkehr von dem geltenden Prinzip, dass eine rechtliche Verbindung zwischen dem

---

60 Wagner, W., S. 222; Hautz, S. 255
61 Zahn S. 25; auch Hautz S. 256 Fn 13
62 Winkelmann, Regesten, Nr. 197
63 Hautz S. 257
64 Vgl. zu den Zustiftungen bis 1508 Wagner, W., S. 250
65 Winkelmann, Urkunden, Nr. 118
66 Hautz, S. 344

geistlichen Zusammenschluss der Professoren im Stift und der Besetzung der Lehrstellen vorlag.[67]

Aus dieser Zeit ist weiterhin über eine noch heute bei der Betrachtung der Heiliggeistkirche anschauliche Begebenheit zu berichten. 1487 verkaufte das Stift die kleinen Verkaufsstände an der Aussenmauer der Kirche.[68] Käufer war die Stadt Heidelberg, vertreten durch „Bürgermeister, Rath und Gemeinde". Die Kapellen zwischen den Pfeilern und die Kohlekammern verblieben beim Stift. Kaufpreis war eine dauerhafte Zinszahlung, die einer Pfründe und dem „Stifts-Custos" übergeben werden sollte. Zudem wurde der Stiftsbäcker von „Wach-Frohn- und Reise-Dienst" befreit. Auch die Nutzung wurde detailliert geregelt. Falls die Stadt mit der Zinszahlung mehr als sechs Wochen in Verzug geriete, sollten die Krambuden an das Stift zurückfallen.[69]

III. Heiliggeist während der Reformation

Die entscheidende Wende für die Heiliggeistkirche und das Stift kam mit dem Einzug der Reformation in Heidelberg.[70] Schon in den Jahren 1518/1519 hielt sich Luther in Heidelberg auf[71] – 1518 tagte auch das Ordenskapitel hier.[72] Da die Universität überwiegend den reformatorischen Ideen abweisend gegenüber stand und auch Kurfürst Ludwig V. keine eindeutige Position bezog[73], konnte die Reformation noch nicht Fuß fassen.[74] Erst in der Regierungszeit Friedrich II. entwickelten sich die Verhältnisse zu einer reformatorischen Kirchenpolitik.[75] Geprägt vom Einfluss Martin Bucers[76] empfing Friedrich wohl schon vor seinem Amtsantritt 1543 das Abendmahl unter beiderlei Gestalt, zumindest aber seit dem

---

67 Vgl. Zahn, S. 28

68 Vertrag abgedruckt in Wirth, Krambuden, S. 38 ff

69 Wirth, Krambuden, S. 40

70 Zur Bedeutung der Reformation für die kirchliche und weltliche Ordnung insgesamt siehe Winter, S. 15 ff.

71 U.a. Seisen, S. 17; Wundt, D. L., S. 28

72 Lossen, S. 211; Goeters/Sehling, S. 8

73 Zu den teilweise widersprüchlichen Maßnahmen, auch die Heiliggeistkirche betreffend, Goeters/Sehling, S. 9 ff.

74 Press, S. 171 ff.; Schaab, Band 2, S. 16

75 So befahl er dem Stiftskapitel zum Heiligen Geist den Theologieprofessor Stoll nicht zu behelligen, der sich den Protestanten zugewandt hatte, siehe Lossen, S. 228 f.; zu der kirchengeschichtlichen Entwicklung der Kurpfalz und deren Rolle für die politische Situation in Deutschland vgl. vor allem Press, S. 111 ff, 168 ff., auch Zeeden, S. 16 ff.; Seisen, S. 23 ff.

76 Auch Schreibweise *Butzer*

Ostertag 1545.[77] Auch als Kurfürst setzte er dies fort, ab 1546 öffentlich in der Heiliggeistkirche.[78] Seit spätestens 10. Januar 1546 wird in der Heiliggeistkirche der Gottesdienst nach evangelischem Ritus gefeiert.[79] In diesem Jahr rückte die Heiliggeistkirche wieder in das Zentrum der deutschen Kirchengeschichte.[80] Am 13. April 1546 wurde den Stiftsmitgliedern die neue Stiftsordnung für die Pfalz verkündet.[81] Ihr sollten alle pfälzischen Stiftskirchen und die jeweiligen untergeordneten Pfarreien folgen.[82] Gegenstand der Regelung war das gottesdienstliche Leben. Die Bedeutung der Stiftsordnung ergibt sich aus der Übertragung ihrer Inhalte auf die Kirchenordnung für die gesamte Pfalz vom 21. April 1546.[83]

Die kirchenpolitischen Veränderungen wirkten sich auf das Heiliggeiststift und dessen Verhältnis zur Universität aus. Die faktisch veränderte, aber weiterhin dem Grunde nach bestehende Regelung, Professorenstellen nur an katholische Geistliche, die gleichzeitig Kanoniker wurden, zu vergeben, war zwangsläufig nicht mehr aufrechtzuerhalten. Eine „Entpersonalisierung"[84] war notwendig, um das Stift den kirchlichen und politischen Veränderung anzupassen. Friedrich II. Wunsch war es, die Pfründen des Stifts durch feste Renten („canones") zu ersetzen.[85] Diese Umwandlung war in zweierlei Hinsicht von Vorteil: Zum einen wurden die Einnahmen zu einer kalkulierbaren Größe im Rahmen der finanziellen Ausstattung der Universität. Die bis dato bestehende Unsicherheit durch schwankende Erträge konnte dadurch beendet werden. Daneben konnten feste Renten an verheiratete oder protestantische Bewerber für Professorenstellen vergeben werden. Gegen den Willen der Universität setzte Friedrich sein Vorhaben durch, zunächst bei der Speyrer Dompräbende.[86] Die Auseinandersetzung zwischen der

77 So Göters, S. 12

78 Schaab, Band 2, S. 25.; Anfang 1546 wird ein Edikt verkündet, wonach das Abendmahl fakultativ unter beiderlei Gestalt gereicht werden kann; Göters, S. 13, der darin auch den Grund für einen evangelischen Abendmahlsgottesdienst in der Heiliggeistkirche am 3. Januar 1546 sieht; auch Seisen nimmt den 3. Januar 1546 an, S. 28

79 Goeters/Sehling, S. 14

80 Stiftsordnung und Kirchenordnung von 1546 abgedruckt bei Goeters/Sehling, S. 90; vgl. Rott, Friedrich II, S. 127 ff., 132 ff.

81 Scheible, S. 179

82 „..., wie der Stift zum heyligen geist, daraus dan alle anderen stiftkirchen, in der Pfaltz gelegen, sollten reformirt werden, ..., Goeters/Sehling, S. 90; Rott, Friedrich II, S. 57

83 Abgedruckt bei Goeters/Sehling, S. 94; Der Schmalkaldische Krieg und das Interim von 1548 haben auf die hier beschriebenen Vorgänge soweit ersichtlich keinen nennenswerten Einfluß, obwohl am 17. August 1548 das Interim in Heidelberg verkündet wird; siehe zum Interim u.a. Press, S. 192 ff.; Seisen, S. 40 ff.

84 So Zahn, S. 28

85 Wolgast, Universität, S. 25 f.; Brunn, S. 32, 33

86 Brunn, S. 33

Universität – damit auch dem Stift – und dem Kurfürsten setzte sich in den Folgejahren fort. Dabei versuchte die Universität den status quo zu erhalten, indem Kanonikate nur durch Geistliche besetzt werden konnten.[87] Diese konservative Haltung wurde selbst vom Papst nicht geteilt. Denn Julius III. erlaubte mit der Bulle vom 12. April 1553 die Ausstattung der weltlichen Universitätslehrer mit kirchlichen Einkünften.[88] Dieses Zugeständnis kann zwar durchaus als zukunftsweisend bezeichnet werden, förderte aber auch den weiteren Niedergang des Heiliggeiststiftes. Monate später wurden die ersten Stiftsgüter an den Kurfürsten Friedrich II. verpachtet.[89]

Die kirchenrechtliche Frage wurde im Reformationswerk von Ottheinrich beantwortet. Ottheinrich (1556 bis 1559) folgte entschlossen der Reformation Luthers und führte die Kurpfalz hin zum Protestantismus.[90] Der Reformation der Kirche[91] ließ er die Reformation der Universität folgen.[92] Zunächst normierte er aufgrund seiner kurfürstlichen und landesherrlichen Zuständigkeit in der Kirchenordnung von 1556 die lutherische Lehre.[93] Die Umstrukturierung der Universität und des Stifts wurde dann in den Statuten von 1558 festgelegt.[94] Bei der Frage nach der weiteren Nutzung der Präbenden wurde der oben erwähnten Vorstellung der Universität nicht gefolgt. Die Ablösung der Pfründen durch canones, wie es in Speyer der Fall war, wurde offensichtlich zunächst nicht als praktikabel angesehen, war aber schon geplant.[95] So entschied man sich für die Trennung der Stiftspfründen von den Personen der Kanoniker und führte sie dem Universitätsfiskus zu. Nicht mehr das Heiliggeiststift, sondern der Fiskus selbst war nunmehr Berechtigter.[96] Die Besoldung der Universitätsprofessoren wurde fortan nicht direkt über eine Pfründe bestritten, sondern die Abgaben wurden zunächst an den Fiskus entrichtet, der dann aus seinen Einnahmen die Gehälter der Hochschullehrer trug. Die Statuten erklärten das Heiliggeiststift nicht ausdrücklich für aufgelöst. Seine wirtschaftliche und rechtliche Funktion als Bindeglied zwischen der

---

87 Brunn, S. 33
88 Winkelmann I, Nr. 187
89 Winkelmann I, Nr. 188 bis 191
90 Press, S. 210 ff.; Lossen, S. 239 ff, Seisen, S. 51 ff.
91 U.a. Zeeden, S. 48 ff, Wundt, D. L., S. 38, 39
92 Wolgast, Universität, S. 34 ff.; Seisen, S. 66 ff.
93 Abgedruckt bei Goeters/Sehling, S. 113; siehe auch Hauß/Zier, (Hrsg.), Kirchenordnungen, darin Hauß, Ottheinrich, S. 115 ff.; auch Zeeden, S. 50 f.; Friedrich, Kirchenrecht, S. 118, 119
94 Die Reformation des Kurfürsten Otto Heinrich vom 19. December 1558, Thorbecke, Statuten, S. 1 ff.; Schwarz datiert Auflösung schon auf den 5. Februar 1557; so auch Esser, S. 33; Maas, Heiliggeistkirche, S. 17
95 Brunn, S. 34, § 40 der Statuten in Thorbecke, Statuten, S. 42 f.
96 § 23 der Statuten, Thorbecke, Statuten, S. 24 ff.

Heiliggeistkirche und der Universität war damit aber beendet. Die Mitgliedschaft im Stiftskanonikat war grundsätzlich nicht mehr Voraussetzung für die Besetzung eines Professorenstuhls. Rechtsentleert bestand das Heiliggeiststift und dessen Führung durch Dekan und Kustos fort. Diese wurden nun in Höhe der ihnen zuvor zustehenden Pfründen besoldet. Die ehemalige Kollegiatsverfassung blieb damit zwar symbolisch anerkannt. Das Heiliggeiststift in seiner ursprünglichen Bestimmung kann jedoch als faktisch aufgelöst angesehen werden.[97].

Daneben waren auch die Kultgegenstände in der Kirche vom Reformationswerk Ottheinrichs betroffen. Im Februar 1557 – und erneut im Oktober – ordnete Ottheinrich die Abschaffung der Bilder und Altäre an. Um mögliche Widerstände in der Bevölkerung zu brechen, ließ er sich selbst zur Heiliggeistkirche tragen, um mit eigener Hand die Kultgegenstände aus der Kirche zu entfernen.[98] Die Grabdenkmäler wurden von diesen Maßnahmen ausdrücklich verschont.[99] 1559 starb Ottheinrich nach dreijähriger Regierungszeit, ohne einen Nachfolger zu hinterlassen.

Die Reformation hatte damit für die Heiliggeistkirche rechtliche, wirtschaftliche und bauliche Veränderungen zur Folge. Sie war der Beginn der wechselhaften konfessionellen Zuordnung. Die Konsequenzen erstreckten sich – wie noch aufzuzeigen sein wird – bis in die Neuzeit.

IV. Entwicklung bis zum Dreißigjährigen Krieg

Nach dem Tod Ottheinrichs übernahm Friedrich III., Sohn des Pfalzgrafen Johann II. von Zweibrücken, die Kurwürde.[100] Zunächst eher lutherischer Gesinnung, wandte er sich bald dem strengeren Calvinismus zu.[101] Der Augsburger Religionsfrieden von 1555 diente ihm als reichsrechtliche Grundlage für seine Kirchenpolitik. Aus dem zunächst als Notbischofsamt gedachten landesherrlichen Kirchenregiment wurde das „Episkopalsystem“ begründet, wonach dem Landesherrn neben der Landesherrschaft auch die Kirchengewalt übertragen wurde.[102] Danach und aufgrund des daneben entwickelten Rechtsgrundsatzes *„cujus regio,*

97 So auch Schwarz, wenn auch mit der Annahme eines früheren Datums ohne Beleg
98 Schaab, Kurpfalz, S. 291, der schon für diesen Zeitraum den Begriff „Bildersturm“ verwendet; auch Rott, Kirchen- und Bildersturm, S. 229 ff.
99 Scheible, S. 181
100 Siehe ausführlich Hepp, S. 45 ff
101 Lossen, S. 258 ff
102 Winter, S. 16 mwN; siehe auch Feine, S. 105

eius religio"[103], des „ius reformandi"[104] und der durch ein Gutachten von Melanchthon geprägten Glaubenshaltung[105] zog die reformierte Haltung in die Pfalz ein.[106] Zum einen wurden lutherische Theologen, wie der Superintendent an der Heiliggeistkirche Heshusen [107], ihrer Ämter enthoben und teilweise des Landes verwiesen.[108] Zum anderen wurden auch die Kirchen und Klöster *„gesäubert"*. Altäre wurden entfernt und durch einen einfachen Abendmahlstisch ersetzt. Das Wegschaffen von Heiligenbildern und Büchern geschah teilweise auf gewaltsame Art.[109] Die Beseitigung und Einziehung der Kultgegenstände glich einer Enteignung.

Die Veränderung der Kirchenordnung[110] und der Kirchenräume wurde ergänzt von einem neuen Katechismus.[111] Die konfessionelle Haltung des Kurfürsten musste dem Volk vermittelt werden. Die Theologen von Friedrich III., Ursinus und Olevianus – letzterer auch Pfarrer an der Heiliggeistkirche von 1559-1576 –, arbeiteten den Heidelberger Katechismus aus, der sowohl in der Pfalz als auch später und bis heute für die reformierte Kirche grundlegend ist.[112]

Dieser Wandel mündete 1576 in einer Kirchengüterverwaltungsordnung[113], die sich schon früher durch die Aufhebung von Klöstern und Stiften abgezeichnet

---

103 Winter, S. 16, 17; dieses Schlagwort ist dem Augsburger Religionsfrieden nicht unmittelbar zu entnehmen, sondern wurde erst später von der rechtswissenschaftlichen Literatur geprägt, erstmals im Kirchenrechtslehrbuch des Lutheraners Joachim Stephani 1604; Hoke, S. 173

104 Winter, S. 16, 17; zur Erstreckung des Reformationsrechts auf das Kirchengut siehe Frisch, S. 31 f., 131 f.; Heckel bezeichnet das ius reformandi als formales, säkulares Recht der souveränen Staatsgewalt, Art und Ausmaß der Zulassung verschiedener Bekenntnisse und Religionsgesellschaften im Staate zu regeln und als solches bilde es noch das 19. Jhd. hindurch das Rückgrat des ius circa sacra als Teilstück staatlicher Souveränität, Heckel, Gesammelte Schriften, Band 1, S. 378; an dieser Feststellung wird deutlich, dass die Frage nach der Rechtsgrundlage, wie sie im folgenden immer wieder gestellt werden könnte, sich im Zweifel auf dieses Verständnis reduziert.

105 Seebass, Heiliggeistkirche, S. 43

106 Zur unterschiedlichen Auslegung des Augsburger Religionsfriedens in der katholischen Publizistik vgl. u.a. Frisch, S. 27 ff.

107 Spitzer, S. 38; nach einem scharfen, auch handfesten Streit mit Diakon Klebitz über das Abendmahl, dazu auch Goeters/Sehling, S. 38 f.

108 Press, S. 227 ff.

109 So Rott, Kirchen- und Bildersturm, S. 229 ff.

110 Kirchenordnung vom 15. November 1563 abgedruckt bei Goeters/Sehling, S. 333, Friedrich, Kirchenecht, S. 121 ff. mit Ausführungen zur Kirchenratsordnung von 1564

111 Vgl. auch Wundt, D. L., S. 49 ff.

112 Press, S. 229 ff.; Zeeden, S 59 ff.

113 Abgedruckt bei Goeters/Sehling, S. 489

hatte.[114] Nunmehr unterstanden sämtliche Güter und Erträge einer selbständigen – vom Hof losgelösten – und einheitlichen Verwaltung.[115] Zwar sollten aus dem Ertrag des Kirchenguts weiterhin Kirchen, Schulen und die Universität unterstützt werden.[116] Dieser Anspruch musste aber bald den Bedürfnissen einer kurfürstlichen Aussenpolitik weichen, die aus gesamtprotestantischer Sicht betrieben wurde.[117]

Der begonnene stete Religionswechsel – verbunden mit den damit notwendigen Veränderungen der Kirchenordnung und -ausstattung – in der Kurpfalz wurde fortgesetzt. Auf Friedrich III. folgte Ludwig VI. von 1576-1583.[118] Schon mit der Leichenpredigt in der Heiliggeistkirche machte er seine streng lutherische Gesinnung deutlich und ersetzte den reformierten Hofprediger.[119] Dieser symbolische Akt wurde ergänzt durch den Wechsel zum Luthertum in allen Bereichen des kirchlichen Lebens.[120] In der Heiliggeistkirche wurde der Abendmahlstisch wieder in einen Altar gewandelt, die Oblate wurde erneut beim Abendmahl gebraucht.[121] Damit wurde faktisch an Heiliggeist die Kirchenordnung Ottheinrichs unverzüglich wieder eingeführt.[122] Nachdem 1576 der lutherische Gottesdienst in Heiliggeist und reformierter in den anderen Kirchen von Heidelberg gefeiert werden konnte, wurde zum Jahresbeginn den Reformierten bis auf die letzte Kirche alles entzogen.[123] Wieder waren die Veränderungen begleitet vom Weggang vieler Pfarr- und Lehrerfamilien, die sich aufgrund der Kirchenordnung nach der Gesinnung Ottheinrichs nicht in der Lage sahen, den geforderten Wandel zu vollziehen. Diese Entwicklung fand ihren Höhepunkt, als Ludwig die Konkordienformel von 1578 unterzeichnete, wodurch viele Universitätsangehörige den Ort ihrer Tätigkeit verließen.[124] Der Aufstieg der Heidelberger Universität fand damit vorübergehend ein Ende.[125] Wer wegzog, musste vielfach nicht in die Ferne ge-

---

114 Siehe dazu auch Niens, S. 42

115 Zur Bildung des reformierten Kirchengutes siehe Niens S. 43 ff.; ebenfalls Wolgast, Reformation, S. 231 ff., 234

116 Aus diesem Grund kann man nicht von einer „Säkularisation“ sprechen; so auch Wolgast, Reformation, S. 233

117 Seebass, Heiliggeistkirche, S. 44 spricht hier von einem Abschluß im Jahr 1574 durch die Almosenordnung vom 17. Februar

118 Vgl. Hepp, S. 99 ff.; Friedrich, Kirchenrecht, S. 127

119 Schwarz, S. 27; Schaab, Band 2, S. 51, Goeters/Sehling, S. 61

120 Press, S. 272 ff.; Lossen, S. 292 ff

121 Schaab, Band 2, S. 52

122 Scheible, S. 187; Die neue Kirchenordnung datiert vom 20. August 1577, vgl. Goeters/Sehling, S. 63; Wundt, D. L. S. 64

123 Goeters/Sehling, S. 61

124 Der Kurfürst ist am 31. Juli 1579 beigetreten

125 Schaab, Band 2, S. 52; Goeters/Sehling, S. 69

hen. Viele wurden im Fürstentum des Bruders Johann Casimir aufgenommen. Dieser folgte dem Calvinismus und setzte ihn in seinen Gebieten Kaiserslautern, Neustadt und Böckelheim durch.

Johann Casimir nutzte den Tod des Bruders Ludwig am 12. Oktober 1583, um die Macht in der Kurpfalz zu erlangen. Zunächst nahm er das Testament in seinen Gewahrsam. Nach diesem war er gemäß der Goldenen Bulle als Vertreter der Rechte aus der Kurwürde und als Vormund des erst neunjährigen Kurprinzen Friedrich eingesetzt.[126] Doch Ludwig hatte zur Sicherung des lutherischen Bekenntnisses drei weitere Mitvormünder, den Fürsten Ludwig von Württemberg, Georg Friedrich von Brandenburg-Ansbach und Ludwig von Hessen-Marburg bestimmt.[127] Diese waren jedoch zunächst nicht in der Lage, ihre Rechte durchzusetzen, da sie ohne Testament keinen Nachweis erbringen konnten.[128] Die schnelle Anzeige der Verhältnisse Johann Casimirs an Kaiser Rudolf II. verschaffte ihm die Stellung des Administrators. Die Klage der weiteren Vormünder vor dem Reichskammergericht wurde erst 1589 entschieden, als der Streit nicht mehr bedeutend war und Johann Casimir schon Fakten geschaffen hatte.[129] Zudem hatte er den Kurprinz soweit beeinflusst, dass dieser sechzehnjährig 1590 erklärte, er werde nur Johann Casimir als Kurator dulden.[130] So konnte er seine Amtszeit nutzen, einen erneuten Konfessionswechsel zugunsten der Reformierten einzuleiten.

Schon im Dezember war die Heiliggeistkirche wieder Gegenstand der neuen Kirchenpolitik. So berichtet ein reformierter Kirchenrat: *„uff den 1. Sonntag im tvent des 1583 Jars“* die Heiliggeistkirche *„wieder ausgemistet, und ir den Rechten Reinen gebrauch der Heiligen Sacramente, mit der gantzen Reformierten Religion durch Gottes Genade, restituiert hat“.*[131]. Die Veränderung der tatsächlichen Verhältnisse beruhten rechtlich auf der Einweisung der Reformierten in die Heiliggeistkirche.[132] 500 Bürger hatten mit der Unterstützung des Hofpredigers Tossanus um eine Kirche gebeten. Daraufhin wurde ihnen die Heiliggeistkirche übergeben[133] und diese Entscheidung der lutherischen Geistlichkeit und der Heidelberger Bürgerschaft schlicht bekanntgegeben.[134]

---

126 Stamer, III. Teil, 1. Hälfte, S. 143
127 Stamer, III. Teil, 1. Hälfte, S. 143
128 Press, S. 325 f.
129 Goeters/Sehling, S. 74
130 Hepp, S. 159
131 Zitiert nach Hepp, S. 160
132 Lossen, S. 301
133 Einräumung an die reformierten Theologen Tossanus, Stibelius, Myläus und Angerus am 1. Dezember 1583, siehe Press, S. 328
134 Hepp, S. 161

Die notwendige neue Kirchenordnung wurde am 1. Juni 1585 erlassen.[135] Die Verhältnisse aus der Zeit Friedrich III. wurden wiederhergestellt, indem die Kirchenordnung mit der von 1563 übereinstimmte. Damit war der Bekenntniswechsel in der Kurpfalz vollzogen. Dieser Religionsstatus hatte auch einen gewissen Bestand. Denn auf Johann Casimir folgte nach dessen Tod am 6.1.1592 der Kurprinz Friedrich IV.[136] Dieser war durch den Einfluss Casimirs streng calvinistisch erzogen worden, sodass eine Veränderung des Bekenntnisses entfiel. Auch wandte er sich mehr den weltlichen Dingen zu, wodurch unter seiner Herrschaft bis 1610 religiöse Fragen in den Hintergrund traten.[137] Sein Sohn Friedrich V. setzte – zunächst unter der Vormundschaft des reformierten Herzog Johann II von Pfalz-Zweibrücken – die reformierte Kirchenpolitik fort, bis der Dreißigjährige Krieg die Religionsverhältnisse in der Kurpfalz neu ordnete.

V. Der Dreißigjährige Krieg und seine Folgen für die Heiliggeistkirche

Der Dreißigjährige Krieg brachte für die Pfalz, Heidelberg und die Heiliggeistkirche schwerste Verluste.[138] Die konfessionellen Interessen Friedrich III. und seiner Ratgeber führten zwangsläufig zum Streben nach Macht. Diese Verbindung und die bedeutende Stellung des pfälzischen Kurfürsten im Reich waren die Gründe für die frühe Einbeziehung der Pfalz in das Kriegsgeschehen. Erneut wurde die Heiliggeistkirche zum wiederholten Male einem Glaubenswechsel unterzogen. Dieser für die Kirche fast schon gewöhnliche Vorgang brachte im Jahr 1623 den schwerwiegenden Verlust der biblioteca palatina.[139]

Die böhmischen Glaubensauseinandersetzungen führten Europa 1618 in den Dreißigjährigen Krieg.[140] In der Zeit seiner Anfänge starb 1619 Kaiser Matthias. Die Wahl des Nachfolgers führte die Parteien tiefer in den Konflikt. Die Berater Friedrichs[141] versuchten zunächst die Kaiserwahl hinauszuzögern, dann auch mit Maximilian von Bayern einen Kandidaten vorzuschlagen, der nicht aus dem Hau-

135 Siehe Goeters/Sehling, S. 77 ff., insbesondere zu den notwendigen Änderungen

136 Zu den Auseinandersetzungen mit seinem Großonkel Reichard von Pfalz- Simmern aufgrund seines Alters von 17 ½ Jahren, das nicht den Voraussetzungen der Goldenen Bulle entsprach siehe u.a. Goeters/Sehling, S. 82

137 Stamer, III. Teil, 1. Hälfte, S. 145; zu den Verhältnissen unter Friedrich IV. und Friedrich V siehe Press, S. 369 ff, 479 ff.

138 Siehe im Überblick, Wundt, D. L., S. 82 ff.

139 Vgl. im Überblick Benz, S. 200 ff., 208 ff.

140 Zu den religionsrechtlichen Ursachen siehe Heckel, Gesammelte Schriften, Band II, S. 970 ff.

141 Hervorzuheben sind Fürst Christian I. von Anhalt-Bernburg und Markgraf Johann Ernst von Ansbach, siehe Wolgast, Kurpfalz, S. 191

se Habsburg stammte. Schließlich konnten sie die Wahl des böhmischen Königs Ferdinand nicht verhindern und stimmten ihr zu. Das eigene Machtstreben wurde aber erst befriedigt, indem es ihnen kurz nach der Kaiserwahl gelang, Friedrich als böhmischen König bei den Ständen durchzusetzen und damit Ferdinand als solchen abzusetzen.[142] So trat die Pfalz weiter ins Zentrum des europäischen Krieges.[143] Das Kriegsgeschehen erreichte das Land 1620. Dem Vordringen der niederländischen Truppen auf pfälzisches Gebiet folgte die Flucht der Regierung aus Heidelberg. Zwei Jahre dauerten die Kämpfe und Belagerungen um die Pfalz an, bevor Tilly mit seinen Truppen 1622 vor den Toren Heidelbergs lag.[144] Im September 1622 wurde die Stadt unter schwersten Verwüstungen eingenommen.[145] Der Chor der Heiliggeistkirche wurde beschädigt.[146] Damit waren Stadt und Land in katholischer Hand.[147] Unmittelbar nach dem Einrücken in die Stadt begann man gegen den Protestantismus vorzugehen. Die kurfürstliche Kanzlei wurde Ort der Jesuiten. Die Heiliggeistkirche wurde ihnen übergeben, anschließend feierte man auch in den weiteren Kirchen Heidelbergs die Heilige Messe nach katholischem Kultus. Katholische Priester sangen schon am Sonntag nach der Eroberung (8. September 1622) das Te Deum in Heiliggeist.[148]

Der Kaiser war Maximilian von Bayern wegen dessen Kriegsleistungen verpflichtet. Die Übertragung der pfälzischen Kurwürde an Maximilian war schon 1619 geplant, eingeleitet wurde sie durch die Ächtung Friedrich V. 1621.[149] Endgültig wurde die Kur schließlich 1623 an Maximilian übertragen.[150] Die Frage der Restituierung der Pfalz sollte sich bis zum Westfälischen Frieden hinziehen.

Die Eroberung der Stadt ermöglichte zudem den Zugriff auf die Bibliotheca Palatina, die sich auf den Emporen der Heiliggeistkirche befand.[151] Diese Büchersammlung war damals die grösste und bedeutendste der Welt. Ihre Anfänge gehen zurück auf die Schaffung des Heiliggeiststiftes. Neben der Bibliothek der Universität und der Artistenfakultät entstand eine dritte Bibliothek durch Vermächtnisse an das Stift. Die Bibliotheken sind grundsätzlich voneinander zu un-

---

142 Häusser ,Band 2, S. 306 ff.; Schaab, Band 2, 109 ff,

143 Vgl. Wolgast, Reformation, S. 260 ff.

144 Zur Belagerung von Heidelberg siehe Wirth, Dreißigjähriger Krieg, 1 ff.

145 Häusser, Band 2, S. 397 ff.; Wirth, Dreißigjähriger Krieg, S. 16 ff, 63 ff.164 ff.

146 Wirth, Dreißigjähriger Krieg, S. 18; Maas, Festschrift, S. 20

147 Der bayrische Statthalter hatte seinen Amtssitz in Heidelberg, Wolgast, Kurpfalz, S. 191

148 Maas, Festschrift, S. 20; Maas, Heiliggeistkirche, S. 19; Spitzer, S. 53

149 Steiner, S. 40 ff.

150 Die Zustimmung Spaniens und Sachsens war notwendig, Steiner, S. 77 ff,; Schaab, Band 2, S. 116

151 Im einzelnen zur Entführung der Bibliotheca Palatina, Keunecke, Sp. 1401 ff mwN

terscheiden[152]; ob sie letztendlich voneinander zu trennen sind, ist aufgrund der rechtlichen und tasächlichen Verbindung von Stift und Universität zumindest zweifelhaft.[153] Die erste überlieferte Zuwendung von Büchern erfolgte durch den Professor der Medizin Wilhelm Tenstal.[154] Wesentlich erweitert wurde sie durch die Büchersammlung Ludwigs III. mit dessen Tod 1436.[155] Weiterhin trugen die private Bibliothek Ottheinrichs und die durch Johann Kasimir an die – nunmehr pfälzische Landesbibliothek – übertragene Büchersammlung Huldrich Fuggers zum Weltruhm der Palatina bei.[156]

So wurde sie von vielen Seiten begehrt. Papst Gregor XV. sah in ihr den geistigen Ursprung des Protestantismus. Für andere Herrscher war sie Inbegriff einer durch geistiges Vermögen fundierten Machtstellung. Friedrich beauftragte im Oktober 1621 seinen Statthalter, Archive und Bibliothek zu sichern. Dieser kam der Aufforderung bezüglich der Archive nach; die Bibliothek sei aber zu groß gewesen, um sie rechtzeitig an einen anderen Ort zu verbringen.[157] Auch Kaiser Ferdinand bat Spinola, der die spanischen Truppen in der Pfalz führte, bei der Eroberung Heidelbergs die Palatina zu seinen Gunsten zu schützen.[158]

Als dann Tilly die Stadt eroberte[159], forderte er diesen auf, die Bibliothek ihm zu übergeben.[160] Das kaiserliche Begehren wurde allerdings vom päpstlichen Interesse an der biblioteca palatina verdrängt.[161] Maximilian von Bayern war dem Papst verpflichtet, da dieser ihn bei den Kosten der Kriegsführung unterstützte. So wurde die Palatina wohl zur indirekten Reparationszahlung ohne Rechtsgrundlage. Die Gründe für den Einsatz Maximilians zugunsten des Papstes werden in verschiedenen Bereichen gesucht.[162] So mögen politische, finanzielle und religiöse Überlegungen Maximilians Vorgehen verursacht haben.[163] Festzuhalten bleibt aber, dass eine rechtliche Legitimation nicht ersichtlich ist.[164]

---

152 So Schroeder S. 82 ff.

153 Vgl. dazu auch die Stiftungsurkunde Mittler (Hrsg.), Bibliotheca Palatina, S. 7

154 Hautz, Band 1, S. 257, Fn 14

155 Zur Begründung der Bibliothek des Heiliggeiststiftes, Mittler (Hrsg.), Bibliotheca Palatina, S. 6, 7; siehe auch Urkunde zur Übernahme der Bücher vom 18. Dezember 1438 S. 8

156 Vgl. im Einzelnen Zahn S. 39 ff.; Hautz, Band 1, S .256

157 Winkelmann, Regesten, 1538

158 Winkelmann, Regesten, 1539

159 September 1622, vgl Winkelmann, Regesten, 1543

160 Winkelmann, Regesten, 1548; Schroeder, Heiliggeistkirche, S. 81

161 Vgl. auch die Urkunden bei Winkelmann, Regesten, 1549, 1550

162 Zu den Hintergründen ausführlich Keunecke, Sp 1414 ff., 1426 ff. untersucht

163 Vgl. Zahn, S. 41 ff,

164 So auch Schroeder, S. 82

Der päpstliche Gesandte Leo Allaci ließ ab Dezember 1622 die Palatina in Kisten verpacken, die – aufgrund der Weigerung der Heidelberger Handwerker – durch auswärtige Helfer aus dem Kirchengestühl der Heiliggeistkirche gefertigt wurden. Am 14. Februar 1623 verließ er Heidelberg mit der Palatina und zudem auch mit den wesentlichen Beständen der kurfürstlichen Bibliothek, der Universitätsbibliothek, der Gruterischen Privatbibliothek und Stücken aus den Archiven, sowie Kammern der Kanzlei und des Schlosses.[165] Die Büchersammlung wurde am 9. August 1623 dem Vatikan übergeben und der dortigen Bibliothek einverleibt.[166] Bis heute wurden nur wenige Stücke zurückerstattet.[167]

Die Heiliggeistkirche blieb katholisch bis Schweden 1630 in den Krieg eintrat.[168] Aufgrund dieses Kriegsgeschehens erlangte das durch Kaiser Ferdinand II. erlassene Restitutionsedikt vom 6. März 1629 in der Pfalz keine erhebliche Bedeutung.[169] Auslöser für das Urteil oder Gesetz[170] war die günstige militärische Lage für die katholische Seite. Der Kaiser schuf eine Regelung, nach der die seit 1552 bzw. 1555[171] reformierten und säkularisierten Kirchengüter rekatholisiert werden sollten.[172] Durch das ständig wechselnde Waffenglück konnte das Restitutionsedikt nur teilweise durchgeführt werden[173], wurde zunächst im Prager Frieden vom 30. 5.1635 gemildert und schließlich durch Art. XVII. § 3 des Osnabrücker Friedens formell aufgehoben.[174]

In den Jahren 1631 und 1632 wurde die Pfalz durch die schwedischen Truppen – finanziell durch Frankreich und tatsächlich durch die protestantischen Fürsten unterstützt – zurückerobert.[175] Die kaiserlichen Truppen konnten Heidelberg noch länger halten, mussten sich dann aber im Mai 1633 beugen.[176] So wurde

165 Schroeder, S. 82; Hautz S. 409; Keunecke, Sp. 1421

166 Schroeder, S. 82.

167 Mittler (Hrsg.), Bibliotheca Palatina, S. 477 ff.

168 Zwischenzeitlich hatte 1628 der Kaiser die rechtsrheinische Pfalz an Bayern übertragen, Wolgast, Kurpfalz, S. 192; siehe ders., Kurpfalz, S. 192 ff., zur Rekatholisierungspolitik Maximilians I. von Bayern

169 Die Vorgeschichte des Restitutionsedikts bei Günter, S. 1 ff, allerdings mit einem Schwerpunkt zu den wirtembergischen Sonderverhältnissen; siehe zum Restitutionsedikt, insbesondere zu den Auswirkungen auch Ströle-Bühler, S. 1 ff, 26

170 Die Rechtsnatur des Restitutionsedikts ist umstritten, siehe Frisch, S. 100 f.; Heckel, Restitutionsedikt, S. 363 ff.

171 Auch über das Jahr bestand Streit

172 Frisch, S. 1, 23 ff, Heckel, Restitutionsedikt, S. 360 ff; siehe auch Ströle-Bühler, S. 1 ff.; zu den Reaktionen in Wirttemberg siehe Günter, S. 46 ff

173 Siehe u.a. Tupetz, S. 315 ff.; Frisch, S. 6, mwN; dazu auch Schaab, Wiederherstellung des Katholizismus, S. 153 f.; Wolgast, Reformation, S. 262

174 Heckel, Restitutionsedikt, S. 376

175 Zu den Jahren 1630-1635 vgl Wirth, Dreißigjähriger Krieg, S. 195 ff

176 Wirth, Dreißigjähriger Krieg, S. 199 ff

Heiliggeist wieder an die Protestanten übergeben. Doch dieser Zustand war nur von kurzer Dauer. 1634 gewannen die kaiserlichen Truppen wieder die Überhand und eroberten im Sommer 1635 Heidelberg zurück. Wiederum wechselte der Kultus, verbunden mit der Diskriminierung und Vertreibung der Geistlichen.[177] In der Zeit bis zum Westfälischen Frieden wurde dann der katholische Glaube in der Heiliggeistkirche ausgeübt.[178]

Karl Ludwig, Sohn des 1632 gestorbenen Friedrich V.[179], bemühte sich von 1637 an, die Pfalz wiederzugewinnen. Doch erst 1647 gelang es, eine Lösung für den Streit über die an Bayern übertragene Kurwürde zu erzielen. Die fünfte Kur sollte weiterhin Bayern zustehen; Karl Ludwig sollte eine weitere – achte – Kur erhalten.[180] Diese Einigung ermöglichte unter anderem den Westfälischen Friedensvertrag von 1648.[181] Der Doppelfriede wurde am 24. Oktober 1648 in Osnabrück von den Beauftragten des Kaisers, den Reichsständen und Schweden unterzeichnet. Gleichzeitig kamen in Münster der Kaiser, Frankreich und die übrigen Mächte zur Unterschrift zusammen. Der Vertrag von Osnabrück (instrumentum pacis osnabrugensis - IPO) stammt vom 6. August 1648. Der Vertrag von Münster (instrumentum pacis monasteriensis - IPM) trägt das Datum des 17. September 1648. Die politischen Bestimmungen sind hier nicht zu betrachten. Vielmehr sind die konfessionellen Regelungen für die Heiliggeistkirche von Interesse. Diese sind im IPO enthalten.[182]

Art. V § 30 IPO räumte – unter Einbeziehung des Augsburger Religionsfriedens[183] – dem Landesherrn das Recht ein, die Ausübung der Religion in seinem Gebiet zu bestimmen (ius reformandi). Sofern aber den Untertanen 1624 – als Normaljahr festgelegt – eine andere Religionsausübung gewährt war, musste diese erhalten bleiben (Art. V § 31 ff. IPO). Für die Pfalz wurde bei der Festlegung

---

177 Häusser, Band 2, S. 538

178 Zahn, S. 54; Die Zuordnung der rechtsrheinischen Pfalz zu Bayern wurde im Prager Frieden von 1635 bestätigt, Wolgast, Kurpfalz, S. 194

179 Struve, S. 567; zur Person Karl Ludwigs siehe ohne Verfassernennung, Versuch einer Geschichte des Lebens und der Regierung Karl Ludwigs, Kurfürst von der Pfalz, Genf 1786

180 Schaab, Band 2, S. 123; Steiner, S. 179 ff.

181 Siehe zu den Auswirkungen des Westfälischen Friedens auf Württemberg Kramer, S. 12 ff

182 Das „Episkopalsystem wurde durch das „Territorialsystem" abgelöst. Dieses übertrug die Regelung des Kirchenwesens dem Landesherrn. Das Verfügungsrecht wurde aus der *„einheitlichen und unbegrenzten Gewalt über sein Territorium"* hergeleitet, Winter, S. 18; vgl. auch Feine, S. 105

183 Die Ordnung des Augsburger Religionsfriedens wurde durch den Westfälischen Frieden im wesentlichen bestätigt, Winter, S. 17

des Normaljahres eine Ausnahmeregelung geschaffen.[184] Die Kurpfalz sollte nach den Verhältnissen „ante motus bohemicus“ restituiert werden (Art. IV. § 6 IPO). Hier galt also 1618 als Normaljahr. Die gewählten Daten beruhten nicht auf einem historisch gerechtfertigten Sachstand, sondern waren vielmehr Ergebnis einer politischen Verhandlungslösung.[185] Die ursprünglichen Vorschläge waren die Jahre 1630 (kaiserliche Vorstellung) und 1618 (protestantische Vorstellung).[186]

Das Normaljahr mit dem Stichtag 1. Januar galt auch für die Kirchengüter.[187] Sie wurden der Konfession zugeordnet, die zum jeweiligen Datum den Besitz nachweisen konnte (Art. V, §§ 2, 14, 23, 25, 26). Für die Heiliggeistkirche bedeutete dies, dass sie in den Besitz der Calvinisten überging. Eine umfassende Restitution wurde von Karl Ludwig und dem reformierten Kirchenrat ab 1649 durchgeführt.[188] Gegen den Besitz der Kirchengüter durch die Reformierten und das Normaljahr wurden schon damals durch den Papst[189], im Zuge der Reunionen Ludwigs XIV. und dessen Rekatholisierungspolitik bis 1685 sowie durch neueres – katholisch geprägtes Schrifttum – Einwände erhoben.

Gegen das wohl überwiegende Schrifttum[190] wird eingewandt, dass die Restitution nur politisch und nicht kirchenrechtlich durch die Vertragspartner erfolgen konnte und sich aus der Formulierung „ante motus Bohemicus“ kein Normaljahr ergebe.[191] Diese Argumentation steht trotz allem im Widerspruch zum Wortlaut und ist deshalb nicht haltbar. Auch die Ansicht, das Kircheneigentum hätte nicht übertragen werden können, da es den Gemeinden und Kooperationen zustand und zudem die bischöfliche oder päpstliche Zustimmung fehle[192], ist abzulehnen. Hier wird verkannt, dass durch die Reformation die protestantischen Fürsten in ihren Gebieten das Kirchengut kraft ihrer landesherrlichen Kirchenhoheit in persönli-

---

184 Heckel bezeichnet die Festlegung eines territorialen Normaljahresstatus als „unevangelisch“, Heckel, Gesammelte Schriften, Band 1, S. 379

185 Dickmann, S. 348 ff., der als ursprüngliche evangelische Vorschläge 1612 und 1620 nennt

186 Rosendorn, S. 32

187 Zu der Unterscheidung „Normaljahr“ und „Normaltag“ siehe auch Winter, S. 17

188 Zur Kirchenpolitik Karl Ludwigs siehe Wolgast, Kurpfalz, S. 196 ff.; Häusser, Band 2, S. 595 ff.

189 Innozenz X. protestierte gegen den Westfälischen Frieden durch das Breve „Zelo domus Die“ vom 20. November 1648, über die Auslegung dieser Klausel für die Kurpfalz bestand über Jahrhunderte Streit; siehe zu diesem Sachverhalt und zu den ursprünglichen Streitschriften auch Krisinger, S. 69, Fn 50, S. 110 ff., Fn 203, 204

190 Aurach, S. 7, 25; Beck, S. 42; Häusser, S. 579; Köhler, S. 5; Sägmüller, Band 2, S. 88

191 Rosendorn, S. 55 ff, 60

192 Letzelter, S. 23

ches Eigentum oder Staatseigentum überführten.[193] Demnach konnten Kirchengüter auch Gegenstand des Westfälischen Friedensvertrages sein. Die katholische Zustimmung kann nur fordern, wer die Reformation mit ihren kirchlichen und rechtlichen Veränderungen verneint.[194]

In der Heiliggeistkirche wurde durch und seit dem Westfälischen Frieden der reformierte Kultus ausgeübt. Eine erneute Auseinandersetzung war aber schon damals absehbar. Denn offensichtlich war möglich, dass die protestantische Linie Pfalz-Simmern nicht zwangsläufig die Regierungsmacht behalten musste. Schon 37 Jahre später realisierte sich der auch – konfessionelle – Machtwechsel durch den Übergang der Pfalz an die katholische Linie Pfalz-Neuburg. Zudem stand die Kurpfalz nach 1649 im unmittelbaren Einzugsgebiet der französischen Territorial- und Religionspolitik. Das Zusammenspiel dieser Faktoren brachte für die Pfalz erneute Religionswirren zwischen 1685 und 1705. Diese mündeten schließlich – wie auch in anderen Gotteshäusern – in der Errichtung einer Scheidemauer in der Heiliggeistkirche.

193 Sägmüller, Band 1, S. 68 ff., Band 2, S. 435 f.

194 Siehe zum Streitstand ausführlich Kramer, S. 60 ff.; zu den staatsrechtlichen Ansichten dieses Regelungsbereichs im I.P.O. Anfang des 18. Jhd. auch Lauter, S. 16 ff

B. Die Scheidemauer von 1705

I. Grundlagen

1. Die geschichtliche Situation der Heiliggeistkirche im Vorfeld

Die Heiliggeistkirche war eingebettet in eine fast vollständig reformierte Kurpfalz. Kurfürst Karl Ludwig hatte aufgrund seiner Machtposition nach dem Westfälischen Frieden die reformierten Geistlichen zurück ins Land geholt, Kirchen und Klöster an die Reformierten übertragen[195] und auch den Beamtenapparat mit reformierten Loyalisten ausgefüllt. Diese Religionspolitik hielt über ein Vierteljahrhundert an.[196]

a) Bergsträßer Rezess (1650) und Regensburger Vertrag (1653)

Daneben sind in dieser Zeit die ersten Simultaneen in der Pfalz durch die Regierungspolitik Karl Ludwigs entstanden. Im Bergsträßer Rezess von 1650[197] – dem Gebietsaustausch mit Kurmainz – erhielten die Katholiken in Dossenheim, Handschuhsheim und Seckenheim die religiöse Freiheit. Zur Ausübung ihres religiösen Bekenntnisses musste der katholischen Konfession ein Kirchenraum zur Verfügung gestellt werden.[198] So wurde jeweils der Chor den Katholiken und die *„under Kirche"* den Reformierten zur alleinigen Benutzung zugewiesen.[199]

Der Bergsträßer Rezess diente als Vorbild für den Regensburger Vertrag von 1653.[200] Hierdurch wurden die Kirchen von Hemsbach und Laudenbach zu Simultankirchen.[201] Weitere Simultankirchen sind in den Kondominaten der Kurpfalz und der Markgrafschaft Baden entstanden. Ohne an dieser Stelle auf die

---

195 Mit Ausnahme der wenigen Gemeinden mit einer überwiegend lutherischen Bevölkerung, für die das Normaljahr 1624 angenommen wurde, vgl. auch Hans, S. 8, 9

196 Siehe zu der folgenden Entwicklung mit dem Schwerpunkt der Teilung des Reformierten Kirchengutes, Niens, S. 48 ff.

197 Vgl. auch Schaab, Wiederherstellung des Katholizismus, S. 154

198 Lauter, S. 25

199 Vgl. Schmitt S. 40 ff., Aurach, S. 25, Schaab, Wiederherstellung des Katholizismus, S. 154; ders., Band 2, S. 125; Häusser, Band 2, S. 595, Fn 31

200 Siehe auch Schaab, Kurpfalz, S. 309

201 Schmitt, S. 42 f.

Rechtsfolgen dieser Verträge für die einzelnen Kirchen einzugehen, kann festgehalten werden, dass durch diese Simultaneen ein rechtliches Bewusstsein in der Kurpfalz für den möglichen gemeinsamen Gebrauch einer Kirche geschaffen wurde.[202] Die religiöse Toleranz Karl Ludwigs ging damit über die Verpflichtungen – wahrscheinlich auch über die Vorstellungen des rechtlich Möglichen – im Westfälischen Frieden hinaus. Simultaneen erschienen von nun an als Weg, das konfessionelle Nebeneinander zu ermöglichen; teilweise dienten sie aber auch dazu, ohne eine Kirche zu übertragen, Rechte an ihr (zurück)zugewinnen.

b) Französische Reunionspolitik

Ein zerstörerisches Zeitalter begann daraufhin mit der französischen Kirchen– und Territorialpolitik Ludwig XIV, die im Pfälzischen Erbfolgekrieg und dem für die Heiliggeistkirche historisch wichtigen Frieden von Rijswijk gipfelte. Auch wenn dieser Friede selbst die Rechtsverhältnisse von Heiliggeist nicht veränderte , so war er doch Rechtsgrundlage für die Kurpfälzische Simultaneumsverordnung vom 26. 10.1698. Deshalb ist die Entwicklung bis zu diesem Einschnitt – auch wenn sie sich zunächst auf die linksrheinischen Gebiete beschränkt – wichtig für das Verständnis des Simultaneums in Heiliggeist und soll deshalb dargelegt werden.

Die Reunionen schufen die Grundlage für die erneute Katholisierung der kurpfälzischen Gebiete. Die französischen Gebietsbestrebungen gingen vom Elsaß aus[203], wurden gestützt durch den Frieden von Nymwegen[204] und drangen in die Pfalz ein über die Abtretung des Oberamtes Germersheim an Frankreich gegen eine jährliche Entschädigungssumme. Die Gebietsbesetzungen Frankreichs bis zum 1. August 1681 wurden im Vertrag von Regensburg 1684 – zunächst über den Zeitraum von 20 Jahren – durch das Reich bestätigt.[205]. Aus religionspolitischer Sicht wurde vereinbart, dass die Regelungen des Westfälischen und des Nymweger Friedens fortgelten sollten. Gleichzeitig – und damit im direkten Widerspruch – stand aber die Regelung, dass den Katholiken die freie Religionsausübung und der Besitz von Gütern zugestanden wurde.[206] Daraus folgerte Ludwig XIV. die Rechtsgrundlage für eine Katholisierung der besetzten Gebiete.

---

202 Der gemeinsame Gebrauch einer Kirche war in Ausnahmefällen schon vor dem dreißigjährigen Krieg bekannt, siehe mit Beispielen Lauter, S. 8 ff.

203 Dazu ausführlich, Leidner, S. 7 ff.; Letzelter, S. 25 ff.; aus der neueren Literatur, Hartwich, S. 1414 ff.; Heß, S. 137 ff mwN

204 Vgl. Rönneforth, S. 31 ff.

205 Warmbrunn, S. 104

206 Leidner, S. 9

Der Regensburger Waffenstillstand führte diese Rekatholisierung der Gebiete an. Der katholische Bevölkerungsanteil stieg damit erheblich. Da keine Kirchen für die Katholiken vorhanden waren oder die neu erbauten nicht ausreichten, wurde die – in Südwestdeutschland nicht nur durch den Bergsträßer Rezess bekannte – Idee eines gemeinsamen Benutzungsrechts aufgegriffen. Am 21.12.1684 erließ der französische Intendant de Bergeron de la Groupillière ein Kirchenedikt.[207] Danach wurden im Einzugsgebiet der Reunionskammer[208] von Metz [209] an Orten mit zwei Kirchen die kleinere den Katholiken, die grössere den Lutheranern oder Reformierten zur Benutzung zugewiesen.[210] Sofern nur eine Kirche vorhanden war, sollte den Katholiken der simultane Gebrauch ermöglicht werden. Einen Anspruch auf die Kirchengüter erhielten sie allerdings nicht.[211] Die Katholiken sollten ihre Gottesdienste im Chor der Kirchen feiern. Gegebenenfalls bestand die Möglichkeit, den Chor abzutrennen. Das Simultaneum wurde ebenso für die Friedhöfe vorgesehen.

Auch der Straßburger Intendant de la Grange erließ in seinem Zuständigkeitsbereich[212] Verordnungen, die das Simultaneum einführten. Voraussetzung für ein Simultaneum nach diesen Verordnungen war, dass sieben katholische Familien am Ort der Kirche wohnten. Die Maßnahmen beruhten auf Schreiben Ludwig XIV.[213] Auf diese Weise sind im Elsaß 40 Kirchen in den Simultangebrauch übergegangen. Die Verordnungen waren die Rechtsgrundlagen für Simultaneen in der Pfalz. Sie beruhten auf der rechtlichen Souveränität Frankreichs in den besetzten Gebieten.[214] Diese Rechtslage war gegeben bis zum Friedensvertrag von Rijswijk 1697. Bei der Beurteilung der Verordnungen sollen hier die konfessionell geprägten Einschätzungen nicht weitergeführt werden.[215] Die Religionspolitik Frankreichs mit den rechtlichen Folgen für die reunierten Gebiete entsprach dem Rechtsverständnis des souveränen Staates. Die Auslegung von Lehensbindungen[216] und die Hoheitsgewalt über besetztes Gebiet waren Rechtsgrundlage für die Durchsetzung des religiösen Bekenntnisses.

---

207 Abgedruckt bei Beck, S .10; auch Letzelter, S. 141; Lauter, S. 70 ff.
208 Zu den Verfahren vor den Reunionskammern vgl. Beck, S. 6 ff.
209 Heute die Gebiete des Saarlandes, Teile von Lothringen und der Pfalz
210 Warmbrunn, S. 104
211 Letzelter, S. 39
212 Vor allem das Elsaß und die reunierten Gebiete im Norden
213 Abgedruckt bei Letzelter, S. 142
214 Letzelter, S. 41
215 Beck, S. 11; Hirschel, Simultankirchen, S. 329, 353; Letzelter S. 41, 42
216 Schaab, Band 2, S. 142

c) *Pfälzer Erbfall von 1685*

Weiterhin ist der Pfälzer Erbfall von 1685 und der damit verbundene Schwäbisch -Hallische Rezess als Faktor für das Entstehen des Simultaneums in der Heiliggeistkirche anzusehen.[217] Nach dem Tod Karl Ludwigs 1680 hatte sein Sohn Karl aus erster Ehe mit Charlotte von Hessen-Kassel die Regierung übernommen.[218] Unter seiner Herrschaft wurde die liberale Religionspolitik seines Vaters eher umgekehrt. Der schwache Herrscher stand unter dem starken Einfluss seines reformierten Beraters, des Kirchenrates und Hofpredigers Johann Ludwig Langhanns. Auch aufgrund dieser Tatsache wurden von 1683 an mit dem Haus Pfalz-Neuburg Verhandlungen über die Zusicherung des konfessionellen Bestandes in der Kurpfalz aufgenommen. Denn Karl hinterließ keinen Erben, sodass die reformierte Linie Pfalz-Simmern ausstarb und die Kurwürde deshalb mit Philipp Wilhelm auf die katholische Linie Pfalz-Neuburg überging.[219] Die ersten Verhandlungen scheiterten an den Forderungen Karls. Erst als die Notwendigkeit einer Sukzessionsvereinbarung aufgrund des Gesundheitszustandes des Kurfürsten deutlich wurde, konnten sich die Bevollmächtigten im Mai 1685 in Schwäbisch-Hall auf einen Rezess einigen.[220]

Der Vertrag regelte, dass Pfalzgraf Philipp Wilhelm und dessen Nachkommen Kurfürst Karl beerben. Als Rechtsgrundlage wurden die Goldene Bulle, kaiserlich-königliche Dekrete und Familienverträge angenommen.[221] Die wesentlichen Regelungen sind Vorschriften über die kirchlichen Verhältnisse. Der Westfälische Friede, insbesondere dessen Art. IV., wird erneut bestätigt. Die Glaubens- und Gewissensfreiheit wird grundsätzlich geschützt. Die Bestimmungen können in einen kirchlichen Bereich und einen weltlichen Bereich aufgeteilt werden. Der reformierte Kirchenrat und die Kirchenratsordnung sollen auch zukünftig erhalten bleiben. Die Erhaltung reformierter Kirchengüter, Gefälle und Stiftungen wurde zugesichert. Im weltlichen Bereich, also bei der Besetzung von Beamten- und Professorenstellen, sollen Angehörige aller im Reich tolerierten Religionen berücksichtigt werden. Diese Regelungen erfassen nach dem Westfälischen Frieden deshalb auch die Katholiken. Über diese „Einfallsklauseln“ konnten die Katholiken also wieder Rechte beanspruchen, die ihnen aufgrund der Regelungen

---

217 Zusammenfassende Darstellung der Ereignisse bei Friedrich, Kirchenrecht, S. 128 ff

218 Aus dieser Ehe ist auch Elisabeth Charlotte hervorgegangen, auf die unter 2. a) eingegangen wird

219 Dessen Vater, Wolfgang Wilhelm war am 19. Juli 1613 heimlich in München und am 25. Mai 1614 öffentlich in Düsseldorf zum katholischen Glauben übergetreten, vgl. Hans, S .14; Häusser, Band 2, S. 278, S. 279

220 Abgedruckt bei Struve, S. 687 ff.; vgl. ausführlich Hans, S. 13 ff.

221 Struve, S. 688

des Westfälischen Friedens in der Pfalz verloren gegangen waren.[222] Der Hallische Rezess wurde von Karl nie unterzeichnet, denn vier Tage nach Abschluss der Verhandlungen erlag er seinen Leiden.[223]

Dennoch erklärte Philipp Wilhelm, dass er sich an den Vertrag halten werde.[224] Im Wesentlichen bestätigte er dann durch einen kurfürstlichen Erlaß vom 13. Oktober 1685 den Hallischen Rezess, ließ aber auch gleichzeitig die öffentliche Religionsausübung der Katholiken im Land zu. Auch wenn er in einem Dekret vom 30. Oktober hinzufügte, dass dies ohne Einschränkung der Reformierten und Lutherischen geschehe, so war doch offensichtlich, dass erweiterte Besitzansprüche der Katholiken folgen mussten. So entbrannte schon bald Streit um ein „Trimultaneum" an der Mannheimer Konkordienkirche und über die Benutzung der Heidelberger Garnisonskirche.[225]

Streitpunkt war auch die Benutzung der Glocken in den von der Reunion erfassten Kirchen. Durch die französischen Verordnungen wurden zwar den Katholiken Nutzungsrechte eingeräumt. Der Mitgebrauch der Glocken war allerdings nicht geregelt. Hier wurde erstmals ein Grundproblem des simultanen Gebrauchs einer Kirche deutlich. Der Glockenturm ist regelmäßig Teil des Langhauses. Da dieses den Reformierten zur Benutzung zugewiesen war, entsteht zwangsläufig Streit über den Gebrauch der Glocken. Durch kurfürstliche Verordnung vom 11. Juni 1687 wurde den katholischen Gemeinden deshalb gestattet, die Glocken gegen Bezahlung zu gebrauchen.[226] Wiederum ist die Kenntnis dieses Umstandes für das Verständnis der weiteren Entwicklung der Heiliggeistkirche entscheidend.

Festzuhalten bleibt, dass die hier beschriebenen Ereignisse den rechtlichen Status der Heiliggeistkirche nicht verändert haben. Dennoch war das Rechtsinstitut des Simultaneums in den Mittelpunkt des rechtlichen Bewusstseins gerückt. Das Simultaneumsedikt von 1698 und die Scheidemauer von 1705 waren das Ergebnis einer rechtlichen Entwicklung, die in ihrem Zusammenhang selbstverständlich nicht auf Heidelberg beschränkt werden kann. Der Religionskampf wurde vorangetrieben durch den in der Zwischenzeit ausgebrochenen Pfälzischen Erbfolgekrieg.

222 Siehe auch Hans, S. 15 ff.; Wolgast, Kurpfalz, S. 202
223 Struve, S. 696
224 Struve, S. 701 f.
225 Vgl. Häusser, Band 2, S. 756
226 GLA Karlsruhe Abt. 77 Nr. 7799, fol 88-89

2. *Die Rechtsverhältnisse während des Pfälzischen Erbfolgekriegs*

a) *Ursachen des Krieges*

Der Ausgangspunkt dieses Krieges ist schon Jahre zuvor zu finden. Kurfürst Karl Ludwig suchte den Ausgleich mit dem erstarkenden Frankreich. Er verheiratete seine Tochter Elisabeth Charlotte mit dem Herzog von Orléans, dem Bruder Ludwigs XIV. „Liselotte von der Pfalz" hatte bei ihrer Heirat folgende Erbverzichtserklärung abgegeben.[227] *„Sie entsage allen Rechten auf souveräne und Lehensgüter von Vater und Mutter her, die in Deutschland lägen, behalte sich nur ihre Rechte auf die ausserhalb Deutschlands gelegenen Güter dieser Art vor und auf den Allodialbesitz nach dem Herkommen des pfälzischen Kurhauses"*. Dieser Verzicht hinderte Ludwig XIV. nicht, nach dem Aussterben der Linie Pfalz-Simmern im Namen seiner Schwägerin Ansprüche anzumelden, und zwar nicht nur auf den Allodialbesitz, sondern auch auf die Grafschaften Simmern und Sponheim sowie die Herrschaften Lautern und Oppenheim.[228] Nach Verhandlungen wurde das fahrende Gut 1686 an Frankreich übergeben. Über die darüber hinausgehenden Forderungen konnte man sich nicht einigen.[229]. Diese Tatsache nahm Ludwig XIV. zum Anlass, eine günstige Konstellation der europäischen Politik[230] zu nutzen und seine Vormachtstellung an der Rheingrenze auszuweiten und zu sichern.

b) *Kriegszustand*

Am 24. September 1688 wiederholte der König in einem Manifest die schon 1686 aufgestellte Forderung[231], den Regensburger Friedensvertrag zu bestätigen.[232] Die damals getroffenen Vereinbarungen[233] sollten bis zum 1. Januar 1689 als abschließender Status und die Reunionen anerkannt werden. Die gesetzte Frist wurde nicht abgewartet, vielmehr sind die französischen Truppen unmittelbar in die Kurpfalz eingedrungen, um der Forderung Nachdruck zu verleihen. Die Besetzung deutscher Gebietsteile durch die Franzosen war eine Verletzung des Westfälischen Friedens. Frankreich hatte sich auch verpflichtet, die Bestimmun-

227 Zitiert nach Häusser, Band 2, S. 767
228 Hans, S. 32; Häusser Band 2, S. 768; Leidner, S. 23; Raumer, S. 39 f.
229 Hans, S. 32
230 Nach Beendigung des Krieges mit den Türken war ein Wiedererstarken des Deutschen Reiches an der Westgrenze zu befürchten
231 Raumer, S. 54
232 Hans, S. 32
233 Siehe B. I. 1. b)

gen über die religiösen Verhältnisse zu wahren. Zugleich wurden auch die Vereinbarungen über einen Waffenstillstand im Regensburger Friedensvertrag gebrochen.[234] Die weitgehend ungeschützte Westgrenze konnte rasch überwunden werden. Heidelberg wurde schon am 24. Oktober 1688 eingenommen.[235] Mit dem Einzug der Franzosen wurden die Kirchen zum simultanen Gebrauch übertragen oder – bei mehreren Kirchen an einem Ort – eine den Katholiken zugewiesen.[236]. Auch reformierte Kirchengüter wurden eingezogen.[237] Es ist anzunehmen, dass Frankreich sich bei diesen Maßnahmen auf die Simultanedikte von 1684 gestützt hat[238], sofern das Kriegsrecht eine Rechtfertigung überhaupt verlangte. Ob die Heiliggeistkirche von diesen Maßnahmen betroffen war, ist nicht überliefert. Jedoch ist der mögliche Zeitraum auch sehr kurz. Denn schon ab Januar 1689 begann wegen der herannahenden verbündeten Truppen die Zerstörung Heidelbergs und die Ausrottung seiner Bevölkerung. Am 2. März verließen die Franzosen die niedergebrannte Stadt.[239] Die Heiliggeistkirche ist zu diesem Zeitpunkt anscheinend weitgehend unversehrt hinterlassen worden. Denn obwohl über die Ereignisse in der Stadt ausführlich berichtet wird, bleibt die Heiliggeistkirche unerwähnt.[240] Es ist davon auszugehen, dass ein simultaner Gebrauch zu diesem Zeitpunkt nicht stattgefunden hat. Dies hätte sicherlich Beschwerden des reformierten Kirchenrates hervorgerufen, die zu diesem Zeitpunkt nicht ersichtlich sind.

Am 2. September 1690 starb Kurfürst Philipp Wilhelm in Wien.[241] Johann Wilhelm folgte ihm und bekräftigte noch am selben Tag, im Sinne seines Vaters die Rechte der Protestanten und die Freiheit des Glaubens entsprechend den Regelungen im und nach dem Westfälischen Frieden zu wahren.[242] Diese liberale Konfessionspolitik setzte er fort.[243] 1693 berief er zwei neue Mitglieder in den reformierten Kirchenrat.[244] Inwieweit damit eine Stärkung der reformierten Kir-

---

234 Beck, S. 7 ff.
235 Häusser, Band 2, S. 772
236 Hans, S. 34
237 Leidner, S. 25
238 So auch Leidnder S. 26, Fn 107
239 Häusser, S. 777
240 Vgl. Raumer, S. 115 ff.
241 Häusser, Band 2, S. 784
242 GLA Karlsruhe Abt. 77 Nr. 8562, S. 115; siehe auch Hans S. 42; Struve, S. 725; Wundt, D. L., S 121
243 Aus finanziellen Gründen verpfändete er das Oberamt Boxberg an den Bischof von Würzburg und bezog sich dabei erneut auf den Westfälischen Frieden und den Hallischen Rezeß, vgl. Hans, S. 43
244 Hans, S. 43

che erreicht werden konnte, lässt sich aufgrund der erneut nach Heidelberg eindringenden französischen Truppen schwer beurteilen.

Heidelberg war ungenügend gesichert, so dass Stadt und Schloss innerhalb weniger Tage eingenommen wurden.[245] Auf Befehl Ludwigs XIV. wurde die Stadt vollständig zerstört.[246] Dieser Brandschatzung fiel auch die Heiliggeistkirche zum Opfer. *„Die churfürstlichen Gräber in der kirch zum heil. Geist wurden eröffnet, die Cörper der Fürsten herausgenommen, die zinnerne Särck weg geführet, insonderheit Ihro Churf. Durchl. Carl Ludwig das Haupt abgerissen und auf dem Markt herumb- wie auch Churfürst Carlen Leichnam auch auff den Markt geworfen“.*[247] Nachdem Gräber und Reliquien in der Kirche schon geplündert waren, sperrte man Teile der Heidelberger Bevölkerung in Heiliggeist ein. Später geriet die Kirche in Brand.[248] Erst kurz bevor das Kirchendach einstürzte wurden auf Drängen des reformierten Pfarrers die Tore geöffnet. Durch diese Verwüstung ist die Kirche bis auf ihre Grundmauern zerstört worden.[249] Im Gegensatz zum Langhaus und dem Turm sollen die Gewölbe des Chores der Zerstörung getrotzt haben. Die Brände haben im Westteil, im Chor und auf den Emporenräumen erhebliche Schäden verursacht.[250]

Die Heiliggeistkirche wurde erst nach dem Krieg 1698 wieder aufgebaut.[251] Insofern war sie von der französischen Besatzungs- und Religionspolitik nicht betroffen. Denn diese hat mit einem Erlaß vom 07. Oktober 1693 teilweise die Regelungen der Edikte von 1684 bestätigt und die Religionsklausel des Friedens von Rijswijk vorweggenommen. Zwar hat der französische König vordergründig Toleranz gezeigt, denn *„nichts destoweniger wäre Ihro Königlicher Majestäth*

---

245 Zum Kriegsgeschehen siehe u.a. Vetter, S. 18 ff; Salzer, S. 6 ff.

246 Beschreibung der Kriegsgeschehen in der Stadt auch bei Schulte, S. 115 ff.

247 Kurtze und wahrhafftige Beschreibung, welcher Gestalt die uralte Churpfaltzische Residenzstadt Heydelberg ..., Frankfurt/M. 1693, zitiert nach Zahn, S. 56, Fn 219

248 Nach einem Bericht des Marschalls de Lorge an Ludwig XIV. über die Einnahme und Zerstörung Heidelbergs vom 24. Mai 1693 seien Soldaten als Gefangene in die Heiliggeistkirche („la grande église“) eingesperrt worden, die den Brand selbst legten, Militärarchiv Vincennes, A 1 1213/181, abgedruckt bei Vetter, S. 52; demgegenüber wird von dem reformierten Prediger Schmidtmann zur Heiliggeistkirche berichtet, dass französische Soldaten den Brand veranlassten, Salzer, S. 17; ein genauer Ablauf der Geschehnisse wird bei den wirren Zuständen in der Stadt nicht feststellbar sein.

249 U.a. Schaab, Band 2, S. 153, Keller, Heiliggeistkirche, S. 48 ff; Häusser Band 2, S. 790 ff.

250 Zahn, S. 57

251 Dies zeigt auch die Aktenlage LKA-KA SpA 4042, 38,39, wonach über die Baulichkeiten der Heiliggeistkirche bis zum 24. Januar 1693 und dann wieder ab dem 10. Oktober 1698 berichtet wird; so auch Esser, S. 35

höchster Wunsch, dass sie durch sie durch einen Glauben vereinigt wären".[252]. Dennoch diente das Edikt der weiteren Rekatholisierung des besetzten Gebietes. Denn in einem zweiten Teil der Verordnung wurden den Katholiken weitere Rechte und Vorteile zugestanden.[253] Für die Entwicklung der Simultaneen in der Kurpfalz war insbesondere die Regelung entscheidend, dass der Chor der Kirchen den Reformierten verschlossen und nur für die Katholiken offen sein sollte. Aufgrund dieser Vorschrift wurde das Simultaneum in vielen Kirchen durch die französischen Beamten und Offiziere eingeführt. Der Chor wurde dann auch vom Langhaus abgetrennt, sei es durch ein Gitter oder auf andere Weise. Die Vorstellung einer „Scheidemauer", wie sie 1705 auch in der Heiliggeistkirche errichtet wurde, ist zu diesem Zeitpunkt schon verwirklicht worden. Die zerstörte Heiliggeistkirche ließ derartige Maßnahmen nicht zu. Insofern ist sie aufgrund des Ediktes vom 07. Oktober 1793 nicht dem simultanen Gebrauch zugeführt worden.

Entsprechend sind die Rechtsfolgen des Glockenedikts vom 06. Mai 1696 zu beurteilen. Darin wurde durch den Kurfürsten die Verordnung des Vaters vom 11. Juni 1687 erneuert, wonach Katholiken und Reformierte die Glocken gemeinsam benutzen sollten, sofern sie gemeinsam angeschafft oder unterhalten wurden.[254] Der reformierte Kirchenrat erwiderte, dass die ursprüngliche Verordnung eine Benutzungsgebühr vorsah und im Übrigen am Besitzrecht nichts geändert habe. Johann Wilhelm nahm dennoch an, dass das Simultaneum für actus religionis rechtmäßig bestünde, falls die oben genannten Voraussetzungen vorlägen. Über diese Rechtsansicht bestand auch in den Folgemonaten weiter Streit.[255] Wiederum wird die Heiliggeistkirche in diesem Streit nicht genannt und dürfte vom erneuten Glockenedikt nicht erfasst worden sein. Der Umfang der Zerstörung von 1693 hat das Interesse der Religionsparteien und des Kurfürsten auf andere Kirchen verlagert.

II. Das Simultaneum in der Pfalz 1698

1. Das Rechtsinstitut des Simultaneums

Das Rechtsinstitut des Simultaneums wird durch das Staatskirchenrecht des 16. und 17. Jahrhunderts entwickelt.[256] Die vielfältige Heranziehung des Begriffs in

252 GLA Karlsruhe Abt. 77 Nr. 4406 S. 1; zitiert nach Hans S. 44 Fn 25
253 Leidner, S. 24
254 Leidner, S. 34
255 Leidner, S. 34
256 Weitere Einzeluntersuchungen, Stolz, S. 1 ff., Schnippenkoetter, S. 1 ff.

der publizistischen Literatur erschwert seine Definition und Eingrenzung.[257] Zudem verändert sich die rechtliche Grundlage mit der Gleichberechtigung der Konfessionen als verfassungsmäßigem Grundsatz durch § 63 des Reichsdeputationshauptschlusses vom 25. 2. 1803.[258]

a) Begriff

Der Begriff Simultaneum wurde entwickelt aus dem lateinischen Wort „simul" und dessen Bedeutung „zusammen" oder „zugleich". Dabei wird die Substantivierung als Abkürzung für „simultaneum exercitium" verwendet.[259] Damit wird also zunächst nur der gemeinsame Gebrauch umschrieben.[260]

Vom heutigen Begriffsverständnis ist das des ius publicum Germanicum des 17. und 18. Jahrhunderts zu unterscheiden. Dieses verstand unter Simultaneum die kirchlichen Verhältnisse in einem Gebiet, in dem *„zwey oder mehrere Religionen die öffentliche oder privat-Uebung ihres Gottesdienstes hergebracht haben, oder selbige ihnen von neuem gestattet werden will"*.[261] Dabei kann man mit *Schäfer* staatskirchenrechtlich zwischen dem Rechtsinstitut und der Rechtsfrage des Simultaneums unterscheiden. Das Rechtsinstitut wird mit der oben angeführten Definition festgelegt. Mit der Rechtsfrage ist dagegen *„das Recht des Landesherrn, eine Religionspartei zuzulassen, die im Normaljahr*[262] *keinerlei Rechte besessen hatte"* gemeint.[263] Ähnlich unterscheiden auch *Beck* und *Letzelter* für das Begriffsverständnis im 17. Jahrhundert zwischen dem *„simultaneum necessarium"*[264], das den Zustand der konfessionellen Gleichstellung aufgrund des Normaljahres nach dem Westfälischen Frieden bezeichnet und dem *„simultaneum voluntarium"*[265], womit eine gleichberechtigte – im Normaljahr nicht vorhandene – Konfession festgelegt wurde.[266] *Beck* ergänzt seine Unterscheidung noch mit dem *„simultaneum innoxium"*. Darunter versteht er die gemeinsame Religionsausübung in einer Stadt, in der trotz getrennter Kultusstätten die öffent-

---

257 Schäfer, S. 42
258 Siehe auch Letzelter, S. 3
259 Rosendorn, S. 2, Letzelter, S. 1
260 Beck nimmt als Grundbegriff „simultaneum exercitium religionis" an, siehe Beck, S. 4
261 Moser, S. 655; zu diesem reichsrechtlichen Institut insgesamt die Dissertation von Schäfer, S. 1 ff.
262 Vgl. zum Normaljahr Hoke, S. 178 ff.
263 Schäfer, S. 42 ff.
264 Siehe dazu auch Schäfer, S. 56
265 Vgl. Schäfer, S. 58
266 Letzelter, S 2; Beck, S. 4 ff.

liche Religionsausübung von Protestanten und Katholiken gestattet war.[267] Diesen Simultaneen stellen sie das „*simultaneum crudum*" gegenüber, das den gemeinsamen Gebrauch eines Kultgegenstandes bezeichnet.[268]

Mit dem Reichsdeputationshauptschluss und Art. 16 Deutsche Bundesakte engt sich das Begriffsverständnis notwendig auf die letzte Definition ein.[269] Seitdem und bis in die Gegenwart kann das Simultaneum definiert werden als ein Hoheitsakt, durch den verschiedene Religionsgemeinschaften das gemeinsame Nutzungsrecht an einem Kultgegenstand erhalten.[270] Auch wenn durch ein Simultaneum die zivilrechtlichen Rechtsverhältnisse zwischen den beteiligten Konfessionen im Bezug auf das Objekt gleichsam geregelt werden, so ist es dennoch strikt von einem gemeinschaftlichen Benutzungsverhältnis aufgrund einer privatrechtlichen Vereinbarung zu unterscheiden.[271]

b) Haltung der katholischen und der evangelischen Kirche

Die Annäherung an den Begriff des Simultaneums aus der Sicht der katholischen und der evangelischen Kirche führt zu weiteren Gesichtspunkten. Hintergrund der Lehre der katholischen Kirche zum Simultaneum ist ihre Sicht der nichtkatholischen christlichen Konfessionen, die sie bis zum Zweiten Vatikanischen Konzil nicht anerkennt und als Häretiker und Schismatiker ansieht. Deshalb lehnte sie – bis auf wenige Ausnahmen – die gemeinsame Benutzung einer Glaubensstätte mit diesen ab. Diese Haltung findet sich auch wieder in c. 823 § 1 CIC/1917. Das Simultaneum wurde als unvereinbar mit der katholischen Glaubensauffassung angesehen.[272] Der Simultangebrauch von Kirchen war damit grundsätzlich verboten.[273] Bestehende Simultaneen wurden lediglich geduldet, bis die Möglichkeit zum Bau einer eigenen Kirche oder der Ablösung bestand.[274] Mit dem Zweiten Vatikanischen Konzil hat die katholische Kirche nichtkatholische christliche Konfessionen als Kirchen oder kirchliche Gemeinschaften aner-

---

267 Beck, S. 4

268 Letzelter, S. 3

269 So auch Beck, S. 5

270 Albrecht, HdbSTKirchR Band 2, S. 69 f.

271 AA Sehling, der ein Simultaneum auch annimmt bei einem Vertrag zwischen Gemeinden, aufgrund eines Verfügungsrechts des Eigentümers, durch eine Vereinbarung zwischen Kirchenoberen, durch Gesetz, und durch unanfechtbare Besitzverhältnisse aufgrund Zeitablaufs, dazu, S. 4 ff. auch unter B. II. 1 c) bei der Einordnung der Rechtsnatur des Simultaneums

272 Vgl. auch Friedrich, Kirchenrecht, S. 505, 506

273 Mörsdorf, Band 2, S. 43

274 Albrecht, HdbSTKirchR Band 2, S. 69 f.

kannt.[275] Die sich daraus ergebende Haltung zeigt c. 933 CIC/1983. Danach kann ein Priester die Eucharistie in einer nichtkatholischen Kirche mit Erlaubnis des Ortsordinarius feiern, sofern ein berechtigter Grund vorliegt und ein Ärgernis ausgeschlossen wird. Damit ist der Simultangebrauch nicht mehr grundsätzlich ausgeschlossen. Auch soll nichtkatholischen Gemeinden gestattet werden, katholische Kirchen und Friedhöfe zu benutzen, sofern sie keine eigenen Stätten besitzen.[276] Bis zum Zweiten Vatikanischen Konzil konnte sich demnach kein Begriffsverständnis bilden. Heute fehlt es aufgrund der wenigen aktuellen Fälle[277] an der Notwenigkeit für eine vertiefte Auseinandersetzung mit dem Simultaneum an sich.[278]

Die evangelische Kirche legt ihre Glaubenssätze nicht in Rechtsnormen nieder; sie versteht sich als eine verkündende Lehrkirche.[279] Deshalb liegen keine Vorschriften über gemeinsame Gottesdienste oder sogar Regelungen zum Simultangebrauch von Gotteshäusern vor. Zudem haben Kirchen nach der evangelischen Lehre keinen sakramentalen Charakter. Schon aus diesem Grund hat sich keine Rechtsauffassung gebildet, die der katholischen Lehre vergleichbar wäre.[280] Deshalb hat die evangelische Kirche einem Simultaneum aus Glaubensgründen nicht widersprochen. Erst wenn durch den bestimmungswidrigen Gebrauch das Kirchengebäude profaniert würde, stünde auch die evangelische Auffassung der Benutzung entgegen.[281] Dies ist bei einem Simultaneum nicht der Fall. So steht die evangelische Kirche *„ihrem Wesen nach schon im Grundsatz und nicht nur in der Praxis"* einem Simultaneum offener gegenüber.[282]Dennoch hat sie aufgrund der praktischen Schwierigkeiten ein Simultaneum nicht durchgehend befürwortet, sondern – wie die Heiliggeistkirche zeigt – versucht, bestehen-

---

275 Schick in HdbKathKR, S. 786, 794

276 Schick in HdbKathKR, S. 794, derselbe zu dem sich daraus gewandelten Ökumenismusverständnis, S. 786 ff.

277 Albrecht, HdbSTKirchR Band 2, S. 70, nimmt versehentlich ein Simultaneum an der Heiliggeistkirche an; dagegen bestehen nach Schäfer, S. 2, Fn 4 nur noch Simultaneen in: Schutterzell (Erzbistum Freiburg); Altenberger Dom (Erzbistum Köln); Stiftskirche St. Maritius, Fröndenberg, St. Johann Bantist bezgl. Kirchturm, Rödgen (Erzbistum Paderborn); weitere Scheidemauern bestehen in den Stiftskirchen in Neustadt an der Weinstraße und in Mosbach (ebenfalls entstanden nach der Düsseldorfer Religionsdeklaration von 1705)

278 Im Gegensatz zum lediglich gemeinsamen Gebrauch von Gotteshäusern im Ausnahmefall

279 Vertiefend zum evangelischen Kirchenrechtsverständnis siehe u.a. Link, ZevKR 45 (2000), S. 73 ff. mwN.; Pirson, Kirchenrecht, Evangelisches Kirchenlexikon, S. 1164 ff.

280 Forsthoff, S. 244

281 Forsthoff, S. 244

282 Wasserkampf, S. 59

de Simultaneen abzulösen.[283] Eine differenzierende Begriffsbestimmung war auch aus der Sicht der evangelischen Kirche aufgrund ihrer neutralen Haltung nicht notwendig.

Deshalb bleibt es bei der Definition des Begriffs „Simultaneum“ durch die moderne Staatsrechtslehre.

c) Rechtsnatur

Die Rechtsnatur des Simultaneums als Rechtsinstitut ist umstritten.[284] Hintergrund ist, dass das Simultaneum an einem Kultusgegenstand ein durch besondere historische Verhältnisse entstandenes Rechtsinstitut ist. Der Entstehungsgrund ist regelmäßig dem öffentlichen Recht zuzuordnen. Dennoch hat das sich daraus für die Berechtigten ergebende Rechtsverhältnis einen privatrechtlichen Charakter. Daraus ergibt sich ein Theorienstreit, ob das Simultaneum öffentlich-rechtlicher oder privatrechtlicher Natur ist. Entsprechend wird teilweise ein Mischverhältnis angenommen.

Hinschius nimmt ein Simultaneum nur für die Rechtsverhältnisse an, die durch staatlichen Hoheitsakt im 16. und 17. Jahrhundert entstanden sind. Nach dieser historischen Betrachtung ergibt sich die Rechtsnatur aus dem Entstehungsgrund des Simultaneums. Dieser sei gerade nicht privatrechtlicher, sondern öffentlich-rechtlicher Natur. Deshalb ist er der Ansicht: *„ Das Recht zum Simultangebrauch ist öffentlich-rechtlichen Charakters“.*[285]

Eine vermittelnde Ansicht nimmt ein Mischinstitut an.[286] Diese sieht das Simultaneum losgelöst von der Art der Entstehung.[287] Deshalb wertet sie ein gemeinsames Gebrauchsrecht an Kultgegenständen auch dann als Simultaneen, wenn sie durch privatrechtliche Titel entstanden sind. Eine Beschränkung auf die hoheitlichen Akte des 16. und 17. Jahrhunderts wird abgelehnt.[288] *Sehling* kommt zum Ergebnis: *„Es (das Simultaneum) unterscheidet sich von den gewöhnlichen Gebrauchsrechten des Privatrechts – mag es entstanden sein, wie es will – nur dann, wenn es durch das positive Recht wegen der gleichzeitigen Benutzung mehrerer Religionsparteien und wegen des damit für die Gesamtheit gegebenen Interesses als ein Institut des öffentlichen Rechts charakterisiert und deshalb*

283 Zu den Vor- und Nachteilen siehe Wasserkampf, S. 59 ff.
284 Siehe auch Schnippenkoeter, S. 232; Waller, S. 3 ff.
285 Hinschius, S. 365; so im Ergebnis auch Krais, S. 7, 28 f.; Köhler, S. 190 ff.; Meyer, S. 164 f.
286 Meurer, Wörterbuch, S. 557, 558; Kahl, S. 408; Sehling, S. 1ff
287 Sehling S. 18
288 Sehling S. 19

auch zum Teil unter besondere Normen gestellt wird.“[289] *Kahl* und *Meurer* unterscheiden zwischen dem privatrechtlichen Inhalt des Simultaneums und dessen öffentlich-rechtlicher Ausübung.[290] *Brüschweiler* unterscheidet bei den Verhältnissen in der Schweiz zwischen privatrechtlichen Simultaneen und solchen in öffentlich-rechtlicher Form. Dem schließt sich auch *Müller* an und will die Streitfrage im Einzelfall entscheiden. In der Schweiz stellt er allerdings nur öffentlich-rechtliche Rechtsverhältnisse fest.[291]

Die Gegenposition sieht im Simultaneum ein rein privatrechtliches Rechtsinstitut, ohne dass die Entstehung des Simultaneums berücksichtigt wird.[292] Der Begründungsakt tauge nicht als Abgrenzungskriterium, da auch durch privatrechtliche Vereinbarungen Simultaneen entstanden oder falls durch staatlichen Akt begründet, diese durch *„accordata“* näher ausgestaltet worden seien. Indem auf den Entstehungsgrund abgestellt würde, käme man zu einem Zwittergebilde, das die Rechtswissenschaft nicht kenne.[293] Auch der Zweck und der Rechtsweg seien keine geeigneten Kriterien. Vielmehr müsse man allein auf den Inhalt des Rechts abstellen. Nach diesem müsse man das Simultaneum dem Privatrecht zuordnen. Dieses sei auch bei einem staatlichen Akt als Begründungsvorgang der Fall, da dieser immer lückenhaft sei und deshalb inhaltlich privatrechtlich ergänzt werden müsse. Das Simultaneum sei deshalb ein Institut des Privatrechts.[294]

Schmitt sieht die Frage nach der öffentlichen oder privatrechtlichen Rechtsnatur als unberechtigt an. Er verneint nämlich schon – zumindest in Baden aufgrund einer fehlenden gesetzlichen Regelung – das Vorliegen eines selbständigen Rechtsinstituts „Simultaneum“. Öffentlich-rechtlich oder privatrechtlich könne jeweils nur das zugrundeliegende Rechtsverhältnis sein.[295] Diese Meinung ist deshalb abzulehnen, da ein das Simultaneum als rechtssetzendes Institut durchaus ohne ein weiteres zugrundeliegendes Rechtsverhältnis von privatrechtlichen Vereinbarungen zum gemeinsamen Gebrauch unterschieden werden kann.

Dies ist auch der Ansatz der hier vertretenen Auffassung, dass der hoheitliche Akt als Entstehungsgrund dem Simultaneum eine öffentlich-rechtliche Rechtsnatur gibt.[296] Dem steht nicht entgegen, dass das Simultaneum den privatrechtlichen Gebrauchsrechten an einer Sache dem Inhalt nach vergleichbar ist.[297] Das Vor-

289 Sehling S. 42
290 Kahl, S. 408, 409; Meurer, Wörterbuch, S. 557, 558
291 Müller, S. 5
292 Hirschel, Simultankirchen, S. 329, 366 f
293 Schöbi, S. 34 f.
294 Schöbi, S. 38
295 Schmitt, S. 102 ff., S. 111
296 Vgl. auch Friedrich, S. 506
297 Siehe auch Albrecht, HdbSTKirchR Band 2, S. 72

liegen von gemeinsamen Benutzungsverhältnissen durch Verträge des Privatrechts ist von diesem eigenständigen Rechtsinstitut zu unterscheiden und verändert deshalb den öffentlich-rechtlichen Charakter des Simultaneums selbst nicht. Damit wird nicht ausgeschlossen, dass durch das Simultaneum zwischen den Beteiligten einzelne Rechtsverhältnisse entstehen, die dem Privatrecht unterworfen sind.

Das führt zu der Frage, inwieweit sich die Rechtsverhältnisse an der Heiliggeistkirche aufgrund des Simultaneumsedikts von 1698 und der Düsseldorfer Religionsdeklaration von 1705 verändert haben. Dabei ist zu entscheiden, ob man nach 1705 von einem Simultaneum an der Heiliggeistkirche insgesamt, nur an einzelnen Teilen oder überhaupt nicht sprechen kann.

d) Aktuelle Bedeutung des Simultaneums

Die Anzahl der noch bestehenden Simultaneen ist durch Ablösungsvereinbarungen sehr gering.[298] Neben den historisch entstandenen Simultaneen sind nur in zwei Fällen im 19. Jahrhundert neue Simultaneen hinzugekommen. Zum einen wurden Kirchen, wie der Altenberger Dom, durch den preußischen Staat oder die Familie Hohenzollern wieder aufgebaut. Diese Kirchen wurden dem Simultangebrauch gewidmet, um zu verhindern, dass neue konfessionelle Streitigkeiten entstehen.[299] Der zweite Anwendungsfall war das Entstehen der Altkatholiken nach dem Ersten Vatikanischen Konzil. Folge dieses Ereignisses war das Altkatholikengesetz, durch das die Altkatholiken in katholische Kirchen eingewiesen wurden.[300]

Das Simultaneum als staatlicher Hoheitsakt ist heute nach Art. 140 GG i.V.m. 138 Abs. 2 WRV ausgeschlossen. Danach wird der Vermögensbestand einer Religionsgesellschaft, den diese zu religiösen Zwecken gebraucht, geschützt.[301]. Von 138 Abs. 2 WRV werden alle kirchlichen Vermögensrechte[302], auch wenn sie einen öffentlich-rechtlichen Entstehungsgrund haben, ohne dass die Religionsgesellschaft eine Gegenleistung erbracht hat, erfasst.[303] Das Simultaneum, ungeachtet, ob es Eigentum oder lediglich Nutzungsrechte vermittelt hat[304], wür-

298 Siehe Fn 196

299 Siehe zu den Rechtsverhältnissen und dem Simultaneum am Altenberger Dom Schnippenkoeter, S. 1 ff.; Weber, S. 187 ff.

300 Siehe zu dieser Frage C. IV

301 Morlok in Dreier, Art. 138/140 GG, Rn 27

302 Von Campenhausen, Staatskirchenrecht, S. 311

303 Morlok in Dreier, Art. 138/140 GG, Rn 27

304 Zu den Gegenständen des verfassungsrechtlichen Schutzes siehe v. Campenhausen in v. Mangoldt/Klein/Starck,Art. 138 WRV, Rdnr. 23

de gegen die Religionsgutsgarantie verstoßen. Gegen eine solche staatliche Maßnahme ergebe sich aus Art. 140 GG i.V.m. 138 Abs. 2 WRV ein Abwehrrecht.

2. Das Simultaneum in der Pfalz

Das Simultaneum[305] in der gesamten Kurpfalz war eine Folge des oben angeführten Pfälzischen Erbfolgekrieges und der Religionspolitik des katholischen Kurfürsten.[306] Der Krieg wurde beendet durch den Rijswijker Frieden. Teil des Friedensvertrages war die sogenannte Religionsklausel, auf die sich Johann Wilhelm beim Simultaneumsedikt vom 29. Oktober 1698 stützte.[307]

a) Historische Ursachen

Hintergrund des Friedens von Rijswijk waren geheime Gespräche zwischen Frankreich und den mit dem Kaiser verbündeten Mächten. Diese wurden schon seit Jahren geführt[308], erhielten aber erst ihre Bedeutung, als Ludwig XIV. seinem Ziel näher kam, das Bündnis der Alliierten aufzusprengen. Den Anfang machte der Herzog von Savoyen, als dieser mit Frankreich am 29. Juni 1696 Frieden schloss.[309] Nachdem Ludwig XIV. den Seemächten in weiteren Verhandlungen entgegenkam, schlugen diese eine Friedenskonferenz vor.[310] Da in der Zwischenzeit Frankreich auch noch bereit war, Wilhelm von Oranien als englischen König zu akzeptieren, musste der Kaiser sich auf Friedensverhandlungen einlassen, um einer Isolation zu entgehen.

---

305 Soweit im folgenden von „Simultaneum" gesprochen wird, so überschneiden sich die Begriffsdefinitionen zwangsläufig. Die dargestellten Vorgänge stellen regelmäßig ein „simultaneum voluntarium" dar, gleichzeitig sind aber zur Durchführung auch einzelne „simultaneum crudum" notwendig. Sofern die Rechtsverhältnisse der Heiliggeistkirche selbst dargestellt werden, wird der Begriff „Simultaneum" demnach im Sinne eines „simultaneum crudum" verwendet.

306 Siehe zu den Simultankirchen in Württemberg Schmidt, A., S. 304 ff; im Zusammenhang auch Schaab, Kurpfalz, S. 319 f.

307 Vgl. auch Friedrich, Kirchenrecht, S. 128 ff.; vgl. auch Meurer, Wörterbuch, S. 557

308 Sehr ausführlich bei Srbik, S. 84 ff,

309 Schulte, S. 333 ff., Hans, S. 87

310 Schulte, S. 333. ff.

aa) Der Frieden von Rijswijk

So begann am 9. Mai 1697 auf dem oranischen Schloss Niewburg – nahe dem Ort Rijswijk – die Friedenskonferenz.[311] Zunächst war die Zuordnung Straßburgs und des Elsaß wesentlicher Streitpunkt. Da die Allianz aber schon aufgespalten war, gelang es Frankreich, mit Holland, England und Spanien am 20. September 1697 einen Sonderfrieden zu unterzeichnen.[312] Diesen Mächten war letztendlich der Verbleib Straßburgs gleichgültig. Der Frieden hatte die höhere Priorität.[313] Dadurch fanden sich nun Kaiser und Reich trotz aller gegenteiligen Bemühungen Ludwig XIV. allein gegenüber.

Bei den weiteren Verhandlungen waren Religionsfragen entscheidend. Zwar hätte man sich auf die Festlegung eines politischen Friedens beschränken können, um die religiösen Fragen in einem reichsinternen Vertrag zu regeln.[314] Doch es erscheint verständlich, dass die protestantischen Reichsstände versuchten, die Regelungen des Westfälischen Friedens zu erhalten und die protestantische Religion in den von Frankreich restituierten Gebieten zu bewahren. Die Gesandten des Kaisers wollten diese Frage selbstverständlich nicht in die Friedensverhandlungen mit einbringen. Die Katholiken waren demgegenüber daran interessiert, die katholischen Verhältnisse in den durch Frankreich eroberten Gebieten trotz Restitution zu erhalten. Auch Kurfürst Johann Wilhelm wird eine solche Regelung begrüßt haben. Es ist wohl sicher, dass er zu der noch zu behandelnden Rijswijker Religionsklausel beigetragen hat.[315]

Bis zum 29. Oktober hatte man sich auf einen Friedensvertrag geeinigt, der am 30.Oktober 1697 unterzeichnet werden sollte. Der Vertrag enthielt 60 Artikel. Für die Verhältnisse in der Kurpfalz waren folgende Regelungen entscheidend: Die kirchlichen Verhältnisse werden auf der Grundlage des Westfälischen und des Nymweger Friedens geordnet (Art. III). Die reunierten Gebiete werden bis auf das Elsaß restituiert (Art. IV). In einzelnen Artikeln wurden Freiburg, Breisach, Kehl, Philippsburg, Veldenz und das Herzogtum Zweibrücken an das Reich zurückgegeben, die dauerhafte Zugehörigkeit Straßburgs und des Elsaß zu Frank-

311 U.a. Letzelter, S. 53; zum Verlauf und den Beteiligten der Friedensverhandlungen siehe auch Schulte, S. 396 ff

312 U.a. Hans, S. 90

313 Im Einzelnen zu den Verhandlungen, die auch geheim geführt wurden, Hans, S. 90, Srbik, S. 296 ff, Schulte, S. 438 ff.

314 Rosendorn, S. 41, 42

315 Zu dem Entstehen der Religionsklausel siehe Krisinger, S. 87 ff.; näher auch Hans, S. 91 ff

reich wurde bestätigt. Der eigentliche Auslöser des Krieges, die pfälzische Erbfrage, wurde dem Schiedsspruch von Papst Innozenz XII. überwiesen.[316]

bb) Die Religionsklausel

Bevor der Frieden unterzeichnet wurde, brachten die französischen Verhandlungspartner in der Nacht vom 29. auf den 30. Oktober eine neue Klausel in die Gespräche ein:[317] *„Religione tamen catholica Romana in locis sic restitutis in statu quo nunc est, remanente“*[318]. Das Zustandekommen und die Vordenker dieser Rijswijker Religionsklausel sind umstritten.[319] Es ist wohl anzunehmen, dass die Klausel schon am 20. Oktober durch kaiserliche und französische Gesandte vereinbart wurde.[320] Auch Kurfürst Johann Wilhelm hat durch geschickte Verhandlungspolitik diese schon früher von seinen Beratern angeregte Regelung gefördert.[321] Dieser Einschätzung folgt auch der brandenburgische Gesandte v. Schmettau in seinem Bericht an Friedrich III. vom 29. Nov. 1697: *„ ...so ist ... zu urtheilen, dass solches (die Religionsklausel) auf weitere starke instanzien von seiten Chur Pfalz und des Päbstlichen Hofes geschehen“*.[322] Johann Wilhelm sah die Möglichkeit, eine Rechtsgrundlage für eine verstärkte Katholisierungspolitik in der gesamten Kurpfalz zu erhalten. So ist einem Brief an seinen Gesandten in Regensburg vom 17. November 1697 zu entnehmen: *„...dadurch werden jetzt die*

---

316 Vgl. auch Rönnefarth, S. 36 f., zum Schiedsverfahren siehe auch Hans, S. 93; bis zum Schiedsspruch wurde die Kurpfalz verpflichtet, eine Rente von zunächst 200000 Livres, dann reduziert auf 100000 Livres an das Haus Orléans zu zahlen, siehe Schulte, Ludwig v. Baden, S. 452; zu den Verhandlungen zur Umgehung des Schiedsverfahrens siehe Hilsenbeck, S. 18 ff.; Der Schiedsspruch fiel erst 1702 und beendete den Streit mit der Verpflichtung der Kurpfalz, erneut 300000 Scudi zu entrichten, siehe Schaab, Band 2, S. 154; auf die 300 000 Scudi (oder deren Wert) sollen allerdings bisher (sowohl vor als auch nach dem Rijswijker Frieden) *„wegen gemeldter Successsion“* geleistete Zahlungen angerechnet werden, vgl. „Der von Ihrer Päbstlichen Heiliggkeit verordneten hochansehnlichen Congregation gethane Ausspruch in Sachen deren Succession zwischen ... Johann Wilhelmen ... und ... Elisabethen Charlotten ..., Franfurt am Mayn, 1702“, StAHD V S 106

317 Köhler, S. 24; Moser, S. 73 ff.

318 Beck, S. 18

319 Ausführlich zur Entstehung, Urheberschaft und Einbringung in die Verhandlungen, Wagner, M., S. 10 ff, S. 67 ff.; zu den diplomatischen Beziehungen, vor allem im Verhältnis zwischen Versailles, Wien und Kurpfalz siehe Srbik, S. 293 ff.

320 Schulte, S. 413; Hans, S. 91

321 Wagner, M., S. 10 ff., 67 ff.,; Hans, S. 91 ff.; Mörz spricht hier davon, dass die Religionsklausel *„auf Wunsch der Kurpfalz!“* festgeschrieben wurde, S. 195, damit grenzt er wohl die vielfältigen Faktoren zu sehr ein; auch Sante, S. 26 f. sieht in der Klausel das *„Werk Johann Wilhelms“*

322 Bericht abgedruckt bei Danckelmann, S. 154 f.

Consilia derer zu Boden liegen, die in unsern kurpfälzischen Landen in Religionssachen uns die Hände noch mehr zu binden sich angemaßt haben".[323] Die späte Einbringung der Klausel in die Verhandlungen erfüllte ihren Zweck. Die protestantischen Reichsstände konnten sich mit ihrem Widerstand gegen die Regelung nicht durchsetzen. Diese Entwicklung wurde dadurch verstärkt, dass die Protestanten auch untereinander uneinig waren. Württemberg, Frankfurt und die Wetterauischen Grafen waren von der französischen Front unmittelbar bedroht und unterstützten den protestantischen Protest kaum, sondern beschränkten sich darauf, ihren Unwillen auszudrücken.[324] Nachdem man den übrigen protestantischen Reichsständen einen Aufschub gewährte, dem Vertrag beizutreten[325], wurde der Rijswijker Friede am Morgen des 30. Oktober im Namen des Kaisers und der katholischen sowie der drei protestantischen Reichsstände unterzeichnet. Die weiteren Reichsstände leisteten dann auf dem Regensburger Reichstag am 6.12.1697 ihre Unterschrift, sodass der Friedensvertrag am 7.12.1697 ratifiziert werden konnte.[326]

Die rechtliche Bedeutung der Religionsklausel war naturgemäß zwischen Protestanten und Katholiken umstritten.[327] Dabei lassen sich zwei Grundpositionen unterscheiden: Die Katholiken legten die Klausel wörtlich aus. Die kirchlichen Verhältnisse zum Zeitpunkt der Unterzeichnung sollten maßgebend sein. Die Protestanten dagegen versuchten, den Status des Westfälischen Friedens zu erreichen und sahen als Grundlage dieser Auslegung Art. 3 des Rijswijker Vertrages an.[328] Bis in unser Jahrhundert verfolgte das Schrifttum eine religiös geprägte Beurteilung der Klausel.[329] Dabei wurde diskutiert, ob die Klausel überhaupt gültig sei[330], inwieweit die Katholiken ein subjektives Recht aus ihr ableiten könnten.[331] Außerdem war der räumliche Geltungsbereich[332] und der Stichtag für die Beurteilung der Religionsverhältnisse streitig.[333]

---

323 Zitiert nach Köhler, S. 29

324 Hägele, S. 3 f.

325 Offiziell hatten sie keine Ermächtigung eine solche Klausel zu unterzeichnen, vgl. Hans, S. 94

326 Moser, S. 120; Rosendorn, S. 45

327 Hägele, S. 8 ff.

328 Hägele, S. 8 f.; Hans, S. 96

329 Offensichtlich Rosendorn, S. 46 ff.

330 Ablehnend, zunächst Aurach, S. 19 f.; später auch Köhler, S. 32, 187

331 Dazu Beck, S. 21 ff.; Letzelter, S. 60 ff.; Rosendorn, S. 47 f.; Hirschel, Simultankirchen, S. 356 ff.; früher schon Moser, 408 ff.

332 Beck, S. 24 f; Rosendorn, S. 48 f.; auch Letzelter, der insbesondere das Herzogtum Zweibrücken behandelt, da dieses unter schwedischer Hoheit stand, S. 62 ff.

333 Letzelter, S. 64; Beck, S. 24; Rosendorn, S. 50

Entgegen früheren Einschätzungen besteht an einem wirksamen Friedensvertrag unter Einbeziehung der Religionsklausel kein Zweifel.[334] Trotz des Protestes der protestantischen Reichsstände wurde der Vertrag unterzeichnet und ratifiziert. Bei der Beurteilung des räumlichen Geltungsbereichs ist entscheidend, dass die Klausel nicht an Art. IV angehängt, sondern als eigener Artikel formuliert wurde.[335] Damit kann die Regelung sich nicht auf die reunierten und jetzt restituierten Gebiete beschränken, sondern bezieht sich grundsätzlich auf alle restituierten Gebiete. [336] Die weiteren Einzelheiten des Geltungsbereichs sind bei der hier gestellten Frage nicht entscheidend. Denn Heidelberg gehörte nicht zu den restituierten Gebieten. Auch ist eine teilweise von der katholischen Literatur vertretene Auffassung abwegig, die Religionsklausel beziehe sich auf alle im Lauf des Krieges jemals reunierten Gebiete.[337] Diese Rechtsansicht hätte auch Folgen für die Religionsverhältnisse in der Heiliggeistkirche. Der Stichtag ist aber mit „nunc" eindeutig auf den Tag der Unterzeichnung festzulegen, also den 30. Oktober 1697.[338] Nur in den zu diesem Zeitpunkt besetzten Gebieten sollte die Klausel Anwendung finden.[339] Diese Rechtslage schließt allerdings auch eine protestantische Ansicht aus, aufgrund von Art. 3 müsste als Stichjahr 1618 bzw. 1624 angenommen werden.[340]

Sofern die Religionsklausel Anwendung fand, erlangten die Katholiken das Nutzungsrecht an einer Kirche. Das Eigentum ist in der Regel nicht übergegan-

---

334 Die Klausel wurde durch die Gutheißung des gesamten Rijswijker Friedens in der Folge des Friedens von Baden (7. September 1714) zwischen Frankreich und Deutschland bestätigt (9. Oktober 1714). Damit wurden die Regelungen von Rijswijk zwar nicht tatsächlich, aber faktisch in den Frieden von Baden aufgenommen, siehe Hirschel, Simultankirchen, S. 355; so auch Borgmann, S. 28; die Klausel wurde 1734 von Kaiser Karl VI. aufgehoben, Rönnefarth, S. 37; ders. zum Frieden von Rastatt und Baden, S. 47 f.; zur Bedeutung der Düsseldorfer Religionsdeklaration in den Verhandlungen, insbesondere zu dem Absicherungswunsch der Reformierten und dem Widerstand der Lutheraner siehe Hans, S. 331 ff, S. 351 ff

335 Nach den Forschungen von Srbik, S. 314; Srbik geht aber davon aus, dass die Klausel für sämtliche Reunionen verbindlich ist; dabei bezieht er sich auf einen Bericht des brandenburgischen Gesandten Schmettau; Bericht bei Danckelmann, S. 154 f.

336 So auch Letzelter, S. 63; bei genauer Anschauung des Berichts von v. Schmettau an Friedrich III. wird diese Ansicht bestätigt. Der kurpfälzische Vermittler hätte ausdrücklich verlangt, dass sie so „placiret" wird, dass alle von Frankreich restituierten Gebiete erfaßt werden. Dagegen hätte sich die französische Gesandtschaft gewandt. Bericht bei Danckelannn, S. 154 f.; Danckelmann kommt auch zu diesem Ergebnis, S. 136

337 Rosendorn, S. 50 f.

338 Hägele, S. 21 f.

339 Mit diesem Ergebnis aber weiteren Differenzierungen, Moser, S. 442 ff

340 Vgl. Hägele, Chamois´sche Liste, S. 8, Moser, S. 160

gen, es sei denn der französische König hatte die jeweilige Kirche erbaut oder restauriert.[341] Im Einzelfall war der Anwendungsbereich der Regelung stark umstritten. Folge der Proteste durch die protestantischen Reichsstände beim französischen Gesandten in Regensburg, Chamois, war dessen sogenannte Chamois'sche Liste.[342] Alle von der Klausel erfassten Orte waren darin aufgelistet. Insgesamt umfasste sie 1922 bzw. 1951 Kirchen.[343] Die Aufstellung wurde nicht als rechtliche Grundlage, sondern vielmehr als statistischer Bericht aufgefasst.[344] Deshalb besitzt die Liste keine rechtliche Wirkung.[345] Teilweise wird sie dennoch als wesentliche Grundlage der pfälzischen Religionspolitik angesehen.[346] Sofern allerdings die Angaben im Schrifttum[347] zutreffend sind, wurden in 39 Orten die Kirchen ausschließlich katholisch, in über 100 Orten hatten Katholiken und Protestanten ein gemeinsames Nutzungsrecht. Da 29 Kirchen vom französischen König erbaut wurden, ist die Durchführung der Chamois'chen Listen an den genannten 1922 Kirchen zumindest sehr zweifelhaft. Teilweise wird aufgrund dieser Zahlen der Religionsklausel insgesamt die Bedeutung abgesprochen.[348] Dem ist zu widersprechen, denn sie war (Rechts-) Grundlage für das Simultanedikt Kurfürst Johann Wilhelms vom 29. Oktober 1698. Dennoch war ihre Gültigkeit für die Kurpfalz zeitlich eng begrenzt. Durch die Simultaneumsverordnung wurde sie abgeändert, durch die Düsseldorfer Religionsdeklaration außer Kraft gesetzt.

Für die Heiliggeistkirche hatte der Rijswijker Friedensvertrag und dessen Religionsklausel keine direkten Folgen.[349] Zunächst war sie weiterhin den Protestanten zugewiesen. Allerdings war nun der Weg frei für eine katholische Religionspolitik, die die Heiliggeistkirche dem Simultaneum übergab. Da sich Johann Wilhelm zunächst nicht in den Mittelpunkt dieser Bewegung setzen wollte, wurde die Katholisierung von seinen Beamten – hauptsächlich in den linksrheinischen Oberämtern – durchgeführt. Die – auf Betreiben der Reformierten – eingesetzte Schlichtungskommission brachte aufgrund ihrer Besetzung mit katholischen Beamten nur wenig Erleichterung.[350]

---

341 Beck, S. 24 ff.; so auch Hägele, S. 21 f.

342 U.a. Häusser, Band 2, S. 804; Hymmen, S. 10; Moser, S. 166 ff.

343 Sofern die 29 vom franz. König erbauten Kirchen hinzugezählt werden; siehe dazu Letzelter Fn 10; Stamer, III. Teil, 2. Hälfte S. 21

344 Letzelter, S. 67; Wagner, M., S. 81

345 So auch Beck, S. 31; Rosendorn, S. 56; Letzelter, S. 67

346 Dazu im einzelnen Hägele, S. 5 ff.; Leidner, S. 49; Letzelter, S. 67

347 Häusser, S. 807, Fn 22

348 Dazu Krisinger, S.98 f.

349 Zu den direkten Folgen vgl. Hans, S. 96 ff

350 Hans, S. 98 ff.; zu den Auseinandersetzungen der Katholiken und Protestanten um die Durchsetzung der Rijswijker Religionsklausel Anfang 1698 siehe ders. S. 102 ff.

b) Simultaneumsverordnung vom 26. Oktober 1698

Am 26. Oktober 1698 erließ Johann Wilhelm die Simultaneumsverordnung für die gesamte Kurpfalz.[351] Die Verordnung ist nicht – wie im Schrifttum häufig[352] – zu verwechseln mit dem bis auf einen Zusatz gleichlautenden Schreiben vom 29. Oktober 1698[353], in dem die kurfürstliche Regierung den Erlaß dem reformierten Kirchenrat mitteilt. Dieses hat den Zweck sicherzustellen, *„wie nun dieses geschehen und vollzogen, solches hat ermeldter Kirchen-Rath förderlichst wieder zu berichten"*.[354]

In dem Simultaneumsedikt heißt es: *„... Ihre Churfürstl. Durch. ... mit rechtem Bedacht gnädigst resolvirt, sämmtlichen denen dreyen im Heiligen Römischen Reich tolerirenden Religionen Zugewandten, in soweit Ihro Churfürstl. Durchl. der Ryswikische Friedens-Tractat hierinn nicht im Wege stehet, den gemeinsamen Gebrauch in dero Gottesdienst sämmtlich, in ihren Chur-Pfältzischen Landen befindlicher Pfarr- und anderer Kirchen, auch Freydhöffen, dermahlen in Gnaden zu verstatten. Welches die Chur-Pfältzische Regierung obgedachten dreyen Religions-Verwandten alsso zu publicieren, und dieselbe, vornehmlich aber dero Geistliche, dahin nachdrücklich zu erinnern, dass sie ihre Gottesdienste in solche Zeiten vertheilen, und solcher Gestalt anstellen, damit ein Theil dem anderen an dessen freyer ungehinderter Übung nicht beeinträchtiget"*.[355] Obwohl Johann Wilhelm eine *„gleiche Landesfürstliche Protection, ohne Unterschied der Religionen"* zusagte, werden die katholischen Kirchen von dieser Regelung nicht erfasst.[356] Damit sollten die Katholiken an allen Kirchen in der Kurpfalz Rechte erlangen, ohne Einschränkungen an den in ihrem alleinigen Besitz stehenden hinnehmen zu müssen.[357]

c) Rechtsfolgen

In der Heiliggeistkirche wurde von nun an der katholische Gottesdienst gehalten.[358] Am 1. November 1698 wies der Kurfürst die Regierung an, den Jesuiten

351 Schon ab 10.September 1698 erhielten die Katholiken durch kurfürstliches Edikt ein Mitbenutzungsrecht an reformierten Friedhöfen, vgl. Leidner, S. 43

352 U.a. Beck, S. 44; Letzelter, S. 65

353 So offensichtlich schon Moser, S. 163

354 Zitiert nach Struve, S. 768 f.; auch GLA Karlsruhe Abt. 77 No. 932

355 Zitiert nach Struve, S. 812

356 So auch Krisinger, S. 101

357 So auch Hymmen, S. 13; Das Simultanedikt betraf 200 reformierte und 40 lutherische Kirchen, vgl. Wolgast, Kurpfalz, S. 204

358 Vgl. Struve, S. 770

von Heidelberg in der Heiliggeistkirche die Predigt zu überlassen. Zudem sollten sie die Kinder katholisch unterrichten.[359]

Durch das Simultanedikt gewannen die Katholiken ein Mitbenutzungsrecht an zweihundert reformierten und vierzig lutherischen Kirchen.[360] Gleichzeitig wurden den Protestanten neben den Kirchen auch Pfarr- und Schulhäuser entzogen. Darüber hinaus ermächtigen sich die Katholiken auch der Gefälle und Einkünfte aus den jeweiligen Gütern.[361] Insofern gingen die tatsächlichen Rechtsfolgen über das im Edikt geregelte Mitbenutzungsrecht hinaus.[362] Die kurfürstliche Regierung überwachte den Vollzug des Dekrets, indem sie durch die Oberämter, den Kirchenrat und von den Lutheranern[363] über die eingeführten Simultaneen oder die Gründe für den Nichtvollzug berichten ließ.[364]

Soweit die Einkünfte geteilt wurden, konnten die entsprechenden Maßnahmen nicht rechtmäßig auf das Simultaneumsedikt gestützt werden. Sie entsprachen aber durchaus dem Interesse Johann Wilhelms. Nunmehr kam ihm die schon am 12. September 1698 gebildete Admodiationskommission zugute[365], die angebliche Unregelmäßigkeiten in der kirchlichen Güterverwaltung festgestellt hatte.[366] Ursprünglich war der Hintergrund dieser Maßnahme der Vorwurf der Parteilichkeit durch die Lutheraner an die reformierte Güterverwaltung.[367] Mit diesem Dekret wurde eine –katholisch dominierte- Verwaltung eingerichtet, die das Kirchengut nunmehr überwachte, welches zuvor den Reformierten zustand.[368]

Eine weitere Verordnung vom 30. Juni 1699 löste die bisher unabhängige reformierte Güterverwaltung auf.[369] Teilweise wurden die Mitglieder in die Admodiationskommission aufgenommen, für die sich dann die Bezeichnung Administrationskommission durchgesetzt hat.[370] Der Kirchenrat hatte damit seine finanzielle Grundlage und Unabhängigkeit verloren. Dies bedeutete eine massive

---

359 GLA Karlsruhe Abt. 77 No.. 8456, 439, 443; zitiert nach Hans, S. 125

360 Vgl. Beck S. 44

361 So die pfälzische Gesandtschaft auf dem Reichstag am 28.11./8.12. 1698, siehe Struve, S. 773

362 Zu den Einzelheiten, insbesondere die Feiertage betreffend, siehe Hans, S. 124 f.

363 Die Lutheraner hatten in der Zwischenzeit ein eigenes Konsistorium erhalten und waren damit vom reformierten Kirchenrat getrennt, siehe Hans, S. 123

364 Hans, S. 124

365 Struve, S. 773, 814; Admodiation=Verpachtung; siehe auch Wundt, S. 127

366 Leidner, S. 48

367 Hymmen, S. 12

368 Scharf, S. 185

369 Häusser, Band 2, S. 812; Leidner, S. 48; Scharf, S. 185; Wolgast, Kurpfalz, S. 204; Krisinger, S. 106, sieht in den Verordnungen des Kurfürsten sogar eine *„Säkularisierung"*. Da die Kirchen und Güter aber ihre religiöse Bestimmung behalten, ist dieser Begriff wohl zu weitgehend

370 Scharf, S. 186

Schwächung der Reformierten in der Kurpfalz. Das reformierte Kirchenvermögen konnte nun verstaatlicht werden.[371]

3. *Das Verhältnis zwischen Simultaneum und dem Westfälischen und Rijswijker Frieden*

Das Simultanedikt vom 26.10.1698 widersprach den Bestimmungen des Westfälischen Friedens. Denn dieser sollte – wie oben dargestellt[372] – gerade die Religionsverhältnisse in der Kurpfalz von 1618 sichern. Auch wenn die tatsächliche Zahl der Katholiken gegenüber dem Normaljahr 1618 erheblich angestiegen war, sollte der Frieden den Protestanten dennoch ihren Status gewähren. Insofern könnte man schon in der Religionsklausel im Frieden von Rijswijk einen Bruch des Westfälischen Friedens sehen. Eher wird man wohl aber von einer Revision der Religionsregelungen sprechen müssen. Dennoch kann auch die Religionsklausel nicht als Rechtsgrundlage für das Simultaneumsedikt herangezogen werden. Denn das Edikt umfasst die gesamte Kurpfalz und nicht nur die restituierten Gebiete. Deshalb verstößt Johann Wilhelm mit dem Simultanedikt gegen den Rijswijker Friedensvertrag. Jedoch hatte er sich auf das landesherrliche Reformationsrecht berufen.[373] Daneben ist festzuhalten, dass die Regelung der Religionsverhältnisse aufgrund der Territorialhoheit aus der Sicht des absolutistischen Herrschers auch ohne sonstige Rechtsgrundlage seinem Machtverständnis entsprach.[374]

4. *Das Simultaneum in der Heiliggeistkirche*

a) *Rechtsverhältnisse*

Ob durch das Simultaneumsedikt ein Mitbenutzungsrecht oder Miteigentum geschaffen wurde, ist streitig.[375] Teilweise wird davon ausgegangen, dass die Protestanten *„ihres konfessionellen Besitzstandes beraubt wurden"*.[376] Auch wird angenommen, dass Johann Wilhelm lediglich den unrechtmäßigen Besitz der

---

371 So auch Hans, S. 127; zu diesen Maßnahmen Niens, S. 50 ff.

372 Siehe A. V.

373 Lauter, S. 75

374 Dies kommt u.a. in einer kurpfälzischen Replik auf eine Beschwerde der evangelischen Stände zum Ausdruck, Moser, S. 164 f.

375 Hirschel, Rechtsfall, S. 73

376 Köhler, S. 68

Protestanten aufgehoben und das nie untergegangene Eigentum der Katholiken wiederhergestellt hat.[377] Diese – aus religiöser Sicht vielleicht verständliche – Ansicht ist aber aufgrund des Westfälischen Friedens rechtlich offensichtlich nicht haltbar. Vielmehr regelt das Edikt lediglich den „ gemeinsamen Gebrauch" zum Zweck von Gottesdiensten. Damit werden den Protestanten und den Katholiken also Nutzungsrechte eingeräumt. Das Eigentum an den Kirchen ist von dieser Regelung nicht betroffen.[378] Deshalb ist der „konfessionelle" Besitzstand zwar mit dem Nutzungsrecht belastet. Er verändert sich aber nicht.

Das Simultaneumsedikt vom 26.10.1698 regelt nicht einmal die schon aus dem Edikt vom 7. Oktober 1693 durch die französische Besatzung bekannte Trennung von Chor und Langhaus.[379] Es ist auch nicht davon auszugehen, dass Langhaus und Chor der Heiliggeistkirche zu diesem Zeitpunkt schon durch ein Gitter getrennt waren. Wie Zahn angibt, ist in einem Plan von 1659 ein Gitter zwischen dem Mittelschiff des Chores und dessen nördlichem Seitenschiff eingezeichnet.[380] Eine weitere Trennung des Gotteshauses, die getrennte Feiern ermöglicht hätte, kann den Akten nicht entnommen werden.[381] Damit wird deutlich, dass die sich aus der Umsetzung der Verordnung ergebenden Rechtsfolgen zweifelhaft waren. Der simultane Gebrauch nach dem Edikt sollte durch unterschiedliche Gottesdienstzeiten ermöglicht werden. Für die einzelne Feier sollte der Kirchenraum aber insgesamt zur Verfügung stehen.

b) Baulasten

Die Baulast an der Heiliggeistkirche trägt trotz der gemeinsamen Nutzungsrechte der Katholiken und Protestanten der Kurfürst. Dies ergibt sich aus den Urkunden selbst. Denn alle Schreiben und Rechnungen für Baumaßnahmen an der Heiliggeistkirche oder Turmreparationen von Maurern oder anderen Handwerksmeistern richten sich an die kurfürstliche Administrationskommission.[382] Diese wurde zwar erst durch Erlaß vom 30. Juni 1699 offiziell eingerichtet.[383] Dennoch wird

---

377 Rosendorn, S. 68

378 So auch Beck, S. 41

379 Vgl. S. 28

380 Zahn, Fn 441

381 Zahn, S. 153 spricht zwar später von dem Lettner zwischen Langhaus und Chor, bezieht sich aber dabei auf seine Angaben in Fn 441. Dort stellt er allerdings fest, dass das Mittelschiff des Chores und dessen nördliches Seitenschiff geteilt wurden, vielleicht sogar durch ein Gitter getrennt wurden. Deshalb muss angenommen werden, dass es sich bei der Annahme auf S. 153 um ein Versehen handelt.

382 GLA Karlsruhe Abt. 204, No. 1198, S. 18 ff, 19 und S. 40 ff.

383 Krisinger, S. 102

aus der Aktenlage die kurfürstliche Zuständigkeit deutlich.[384] Die Verstaatlichung der Kirchengüter ändert die schon zuvor bestehende Baupflicht nicht.

III. Der Bau der Scheidemauer 1705

Die Düsseldorfer Religionsdeklaration vom 21. November 1705 schuf in der Heiliggeistkirche die Scheidemauer und damit eine Kirchenteilung, die mit kurzen Unterbrechungen bis 1936 andauerte. Damals wurde der Grundstein für die Rechtsverhältnisse gelegt, die über ein Vierteljahrtausend das Schicksal der Heiliggeistkirche bestimmten.

1. Historische Grundlagen

Die kurfürstlichen Dekrete führten zu einem ständigen Konflikt mit dem reformierten Kirchenrat. Den Protesten schloss sich nach der Einführung des Simultaneums der Corpus Evangelicorum an, der bis zu diesem Zeitpunkt nicht in den Vordergrund getreten war.[385] Durch Schreiben und einen Gesandten versuchten die evangelischen Stände auf die Kirchenpolitik des Kurfürsten Einfluss zu nehmen.[386] Die Verhandlungen blieben jedoch ohne entscheidenden Erfolg.[387] Insbesondere vom Simultaneumsedikt rückte Johann Wilhelm nicht ab. Auf die Denkschrift des Gesandten Boetzelers, in dem die Forderungen der Protestanten dargelegt wurden, reagierte der Kurfürst zurückweisend und berief sich auf das ius reformandi.[388] Zudem wurden die Bemühungen überschattet von der aufkeimenden Frage nach der spanischen Erbfolge, die in den spanischen Erbfolgekrieg (1701-1714) mündete. So wurden die – auch unter sich uneinigen – evangelischen Reichsstände nicht durch die Seemächte unterstützt, die in Ansehung der schwierigen europapolitischen Fragen religiöse Streitigkeiten mieden.[389] In den Folgejahren waren die Protestanten ständig religiösen Repressalien ausgesetzt. Die dagegen gerichteten Beschwerden verhallten zumeist wirkungslos.[390] Die Religionsklausel war regelmäßig Gegenstand von Auseinandersetzungen auf dem

384 Im Ergebnis zu den allgemeinen Verhältnissen so auch Krisinger, S. 106
385 Hans, S. 134
386 Struve, S. 784; Leidner, S. 50; Rosendorn, S. 70 f.
387 Siehe zu den Verhandlungen ausführlich Hans, S. 141 ff.
388 GLA Karlsruhe Abt. 77 Nr. 8562 S. 433-477; abgedruckt bei Struve, S. 858 ff.
389 Hans, S. 137
390 Vgl. auch Krisinger, S. 110

Reichstag in Regensburg.[391] Der andauernde protestantische Widerstand schwächte schließlich die Position Johann Wilhelms in Regensburg und wurde sogar in Ansätzen vom Kaiser unterstützt.[392] Dies bewog den Kurfürsten dazu, am 29. April 1701 durch Dekret jedermann die Gewissensfreiheit zuzusichern.[393] Diese Maßnahme stieß selbstverständlich auf den Widerstand der katholischen Beamten.[394] Da deshalb die kurfürstliche Verordnung nicht durchweg beachtet wurde, wurden die protestantischen Beschwerden beim Reichstag fortgesetzt. Dies trübte zunächst wiederum das Verhältnis zwischen dem Kurfürsten und seinen Untertanen.

Ein echter Wandel in der Kirchenpolitik erfolgte erst, als die außenpolitischen Verhältnisse sich veränderten und die Lage im Reich beeinflussten.[395] Im inzwischen ausgebrochenen spanischen Erbfolgekrieg standen sich Frankreich, Kurbayern und Kurköln auf der einen und Kaiser sowie Reich, Preußen, Holland, England und Hannover auf der anderen Seite gegenüber.[396] Zunächst waren die bayrisch- französischen Truppen erfolgreich. Als diese aber 1704 in der Schlacht bei Höchstädt an der Donau besiegt wurden, rückte eine innenpolitische Frage in den Vordergrund. Der bayrische Kurfürst hatte sich auf die gegnerische Seite begeben und sollte dafür geächtet werden. Damit würde er die Kurwürde verlieren. Da die Kurpfalz im Westfälischen Frieden die erste weltliche Kurstelle an Bayern abgeben musste, sah Johann Wilhelm hier die Möglichkeit, diese zurückzugewinnen.[397] Dazu war unter anderem die Zustimmung Brandenburg-Preußens im Kurfürstenrat erforderlich.[398] König Friedrich I. nutzte die Gelegenheit, die protestantische Seite in der kurpfälzischen Kirchenfrage zu unterstützen.[399] Deshalb forderte er im Gegenzug, das Simultaneum aufzuheben und die protestantischen Kirchengüter zurückzuerstatten.[400] Seinen Vorschlag bekräftigte er, indem er andernfalls Repressalien gegen die Katholiken in seinem Land ankündigte.[401]

---

391 Siehe dazu auch Köhler, S. 43
392 Zu den Beschwerden auch Hägele, S. 23 ff.
393 Abgedruckt bei Struve, S. 1048
394 Hans, S. 176 ff.
395 Zur spanischen Erbfolgefrage und zum nachfolgenden Krieg vgl. Sante, S. 29 ff.
396 Zu den Ursachen des spanischen Erbfolgekrieges und der Rolle der Kurpfalz vgl. Hilsenbeck, S. 31 ff
397 Stamer, III. Teil, 2. Hälfte, S. 23; so auch Mörz, S. 195
398 Mit ähnlicher Einschätzung Krisinger, S. 113, der die Ereignisse im Vorfeld der Deklaration ausführlich schildert.
399 Zu den preussischen Interessen in der Pfalz und den Beweggründen des Königs und seiner Berater vgl. Hecht, S. 177
400 Sante S. 42 ff.; Hymmen, S. 32 f.; Rosendorn, S. 74
401 Hymmen, S. 26

Zunächst wies Johann Wilhelm diese Forderung zurück. Daraufhin setzte Friedrich I. am 10. April 1705 eine Frist von sechs Wochen, nach deren Verstreichen die Regierungen von Magdeburg, Halberstadt und Minden mit den Repressalien beginnen sollten.[402] Innerhalb dieses Zeitraums (05. Mai. 1705) verstarb Kaiser Leopold I. Dessen Nachfolger Josef I. förderte die Pläne Johann Wilhelms nicht mehr im gleichen Umfang wie sein Vorgänger. Die Stimme Brandenburg-Preußens wurde damit für Johann Wilhelm immer entscheidender. Die erste Kurwürde und zudem die Aussicht auf die 1648 verlorenen Gebiete standen im Mittelpunkt seines Interesses. So wurden die Verhandlungen mit den preußischen Gesandten – trotz der noch einige Wochen zuvor von Johann Wilhelm als unannehmbar angesehenen Forderungen – erneut aufgenommen.[403] Die Gespräche dauerten fast das ganze Jahr 1705 an.[404] Dabei spielte auch die Heiliggeistkirche als Verhandlungspunkt eine Rolle. Die geplante Teilung wurde dem reformierten Kirchenrat vorgeschlagen. Um den Verlust der Reformierten auszugleichen, wurde sogar diskutiert, den Reformierten eine neue Kirche zu bauen.[405]

An der Frage des reformierten Kirchenvermögens in der Kurpfalz drohten die Gespräche zu scheitern. Im Juli setzte der König von Preußen in Umsetzung seiner angekündigten Repressalien gegen die Katholiken in seinem Land eine Administrationskommission ein. Diese sollte die katholischen Kirchengüter in Magdeburg, Halberstadt und Minden verwalten.[406] Auch wenn sich die Auseinandersetzungen zu einzelnen Punkten noch bis in den November erstreckten, so kann in diesem Druckmittel der Wendepunkt in den Gesprächen gesehen werden: Johann Wilhelm wurde zum Einlenken veranlasst, um seinen eigenen Griff nach der ersten Kurwürde nicht selbst zu vereiteln. Am 5. November 1705 konnte die Düsseldorfer Religionsdeklaration vorgelegt werden. Ein besonderer Streitpunkt waren in den Verhandlungen die Verhältnisse im Oberamt Germersheim. Diese wurden in einem geheimen Nebenrezess geregelt.[407] Diese Regelung hat für die hier gestellte Aufgabe keine Bedeutung und kann deshalb zur Seite stehen.

2. *Die Düsseldorfer Religionsdeklaration*

Die Religionsdeklaration ist in 51 Artikel aufgeteilt. Diesen ist eine Präambel vorangestellt. Darin erklärt Johann Wilhelm, dass es in seiner Religionspolitik zu

402 Struve, S. 1108
403 Hans, S. 237
404 Zu den einzelnen Verhandlungspositionen siehe Hans, S. 227 ff
405 Hecht, S. 224 f.
406 Abgedruckt bei Struve, S. 1112
407 Vgl. Hans, S. 262

Fehlern gekommen sei, die zu Missbräuchen und Exzessen geführt hätten. Diese wolle er durch die Deklaration in Abstimmung mit den Alliierten und auswärtigen Mächten abstellen und in Zukunft vermeiden.

a) Text[408]

Wesentlicher Inhalt der Erklärung ist, dass die Gewissensfreiheit garantiert wird und das Simultaneum grundsätzlich aufgehoben wird.[409] Inwieweit damit Simultanverhältnisse, insbesondere an der Heiliggeistkirche beendet werden, wird noch aufzuzeigen sein. Die im Gesamtzusammenhang und für unser Untersuchungsobjekt wichtigsten Artikel lauten:

Artikel 1: Dass von nun an und inskünfftig Unseren gesambten, denen Dreyen in dem Römischen Reich recipirten Religionen zugethanen Unterthanen durchgehends in obgedachten sambtlichen Chur- Pfältzischen Lande in Specie, in dem Ober-Amt Germersheim die vollkommene Gewissens-Freyheit, mit Abstellung aller dagegen sich etwann hervorgethanen Mißbräuchen, unbehindert gelassen, und dieselbe keines Weegs weder beeinträchtiget, noch turbiret, ...

Artikel 15: Damit auch die bishero, wegen des Exercitii simultanei sich hervorgethane Beschwerungen auf einmahl geendiget seyn mögen; So haben Wir, nach reifflicher Überlegung, solches dergestalt auffzuheben beschlossen, heben solches auch hiermit dergestalt auff, dass nichts desto weniger selbiges in denjenigen Oertern, wo es schon bey Lebzeiten des Churfürsten Carl Ludwigs Christ-mildesten Andeckens, mit denen benachbahrten Herrschafften, und in Specie mit Chur-Mayntz in dem Bergstrassischen Recess de Anno 1650, dem Regenspurgischen Vergleich von Anno 1653, wie auch mit dem Fürstlichen Hauß Baaden-Baaden 1652, 1653, 1661 errichteten Pactis, welche in ihrem Vigor bleiben, und nach deren wörtlichem Innhalt Wir die beyderseithige Religions-Verwandte Unterthanen handhaben, und selbige gegen alle bishero etwa beschehene Beeinträchtigungen, obbesagten Recessen gemäß, gnädigst schützen wollen, etablirt, ohne dass die geringste Behindernuß causiret werden möge.

Artikel 17: Gestalten dann so viel Unsere drey Haupt-Städte in obgedachten Unsern Chur-Pfältzischen Landen Heydelberg, Manheim, und Franckenthal, und Unsere sämbtliche übrige Ober-Ambt-Städte, nahmentlich Alzey, Bacharach, Bretten, Lautern, Moßbach, Neustadt, Oppenheim, Simmern, Stromberg und Ladenburg betrifft. Wir gnädigst wollen, dass, wo zwey oder mehrere Kirchen oder Kirchen-Plätze, woselbsten die Reformirte Anno 1685 ihr Exercitium Religionis gehabt, oder sie nach der Hand auf ihre Kösten erbauet, sich befinden, und hingegen die Catholische keine eigene Stadt- oder Clöster-Kirche daselbst haben, denen Catholischen eine davon privative eingeraumet werden solle.

---

408 Druck einer beglaubigten Abschrift des Originals als Urkunde des Königl. Preußischen Archivs vom 29. Januar 1706, StAHD, Chur-Pfältzische Religions-Declaration vom 21. Novembris 1705, A 348

409 Siehe zu einer zusammenfassenden Inhaltsangabe Friedrich, Kirchenrecht, S. 129 f.

Artikel 18: Jedoch behalten dieser Regel ungeachtet die Catholische die von denene P.P. Franciscanis inhabende so genannte Closter-Kirche und des Gymnasii-Platz zu Heydelberg, wie auch die so genannte Spital- oder Guarnisons-Kirche in der Vorstadt (worunter gleichwohlen das Spital und dessen Gefälle nicht begriffen) **desgleichen das Chor der Heil. Geist Kirchen daselbst, welches mit einer Mauer separirt und nicht durch den navem Ecclesiae, sondern von außen her der Eingang gemacht werden solle, privative. Da hingegen die Reformirte navem Ecclesiae sothaner Heil. Geist Kirchen mit dem Thurn (dessen Gebrauch sambt dem Geläut mit denen Catholischen gemeinschafftlich seyn solle) wie auch die St Peters-Kirch nebst dem Chor cum Pertinentiis, und endlich alle ürigen Kirchen, Plätze und Rudera cum Pertinentiis, nebst allen Pfarr- und Schul-Häusern oder deren Plätzen, in deren Possession die Reformirte Anno 1685 gewesen, privative bekommen.**

Artikel 22: ... In welcher Ober-Ambt-Stadt aber nur eine Kirche oder Kirchen-Platz sich befindet, daselbst solle navis Ecclesiae cum pertinentiis denen Reformirten , das Chor aber denen Catholischen gelassen und mit einer Mauer auf beyder Theile Kösten separirt werden, auch jedem Theil frystehen, wo Raum vorhanden, noch etwas an seinen Theil anzubauen.

Artikel 23: Wir wollen und verordnen auch ferner, dass die Kirchen in allen übrigen Unsern Städten und in denen Flecken und Dörffern auf dem platten Lande, wo nur eine Kirch ist, darinnen die Reformirte Anno 1685 ihr Exercitium gehabt, und die Catholische keine Clöster oder eigene Kirche bereits haben, solcher Gestalt getheilt werden, dass diejenige Reformirte Mutter Kirchen von Anno 1685, woselbst anjetzo kein Reformirter Pfarrer mehr, sondern Catholischer Pfarrer wohnet, die Catholische zum voraus auff Abschlag ihrer 2/7 Theil habeen sollen..

Artikel 24: Jedoch dass hingegen die Reformirte aus derjenigen Inspection, worinnen sothane denen Catholischen überlassende Mutter-Kirchen gelegen ihre ratione dieser, denen Catholischen zum voraus einraumenden Kirchen zukommende 5/7 Theil aus denen Kirchen , wo die Reformirte Pfarrer gegenwärtig wohnen, zum voraus ebenfalls wählen mögen, dass also, so offt die Catholische zwey Mutter-Kirchen behalten , denen Reformirten hingegen fünff Kirchen , wo ihre Reformirte Pfarrer wohnen, gleichfalls zukommen.

Artikel 26: Wobey Wir expresse verordnen und befehlen dass alle bey solchen ihnen Reformirten privative einzuraumen habenden Kirchen befindliche Pfarr- und Schul Häuser, Pfarr-Güter, Renten, groß und kleine Zehenden und Zinsen, so Anno 1685 ein Reformirter Pfarrer Salarii loco genossen oder durch die Collectur erhoben, zu der Reformirten Kirchen Behuff privative, ohne die geringste Schmählerung und bey der hergebrachten Freyheit überlasssen.

Artikel 33: Welches eben den Verstand haben solle, wo die Kirchen gemeinschafftlich überlassen werden, daselbsten die Reparation des Chors denen Catholischen, navim Ecclesiae aber zu unterhalten denen Reformirten, des Thurns und Glocken Unterhaltung beyderseiths gemeinschafftlich obliegen solle, es seye dann, dass etwa ein Patronus Decimator oder sonsten jemand von alters her die Reparation zu thun obligiret wäre.

Artikel 34: So soll auch in denen Kirchen, welche denen Reformirten zu Theil, keiner das Ius Patronatus exerciren, der es in Anno 1685 nicht exerciret hat.

Artikel 36: ... Also verordnen und befehlen Wir hiemit und in Krafft dieses gnädigst, dass zur Unterhaltung des Reformirten Kirchen-Raths, Pfarrer, Kirchen- und Schul-Diener, Reparation, Erbau- und Erhaltung der nöthigen Kirchen und Schulen fünff sieben Theil von denen eingehenden obgedachten (Artikel 35: ...Stifftern, Probsteyen, Clöstern,

Prälaturen und dergleichen Corporibus) Gefällen an Geld, Früchten, Wein und dergleichen employret und angewendet werden. Die übrige 2/7 deductis pro rata oneribus Uns zu Unserer freyen Disposition verbleiben sollen ...

Artikel 37: Und damit allem weithern Mißtrauen vorgebogen werde, befehlen Wir gnädigst, dass vorgedachte Güter und Gefälle durch eine General-Administration, bestehend in zweyen Catholischen und zweyen Reformirten Räthen und übrigen nöthigen Bedienten, solcher Gestalt verwaltet werden sollen, dass jederzeit Quartaliter die Catholische und Reformirte die Einkünfften gemeinschaftlich repartiren und solche Repartition ungesaumbt und also fort denen Verwaltungs-Bedienten im Lande per modum Rescripti von beyderseiths Religions-Verwandten Verwaltungs-Räthen unterschrieben, bekannt gemacht werden.

Artikel 41: So viel sonsten den Reformirten Kirchen-Rath und dessen Jurisdiction betrifft, solle selbiger nach Inhalt der Chur-Pfältzischen Kirchen-Raths-Ordnung von Anno 1564 und wie er Anno 1685 bestellet gewesen, hinwieder ersetzet und bey der ihme, vermög gemeldter Ordnung und Observantz, bis ad Annum 1685 zukommender Verrichtung, Freyheit, Immunität, Besoldung, Rang, und Herkommen kräfftigst geschützet und gehandhabet werden.

Artikel 51: Wir wollen auch und befehlen gnädigst, dass denen Evangelisch-Lutherischen nicht allein die Anno 1624 zugekommene, sondern auch diejenige Kirchen, welche sie seithero erbauet oder noch künfftig erbauen, privative gelassen: Dass von Uns aufgerichtete Evangelisch-Lutherische Consistorium auch von dem Reformirten Kirchen-Rath independent verbleiben, denenselben annebens dasjenige, so ihnen an Geistlichen Gütern, Pfarr- und Schul-Häusern, Zehenden, Renten und Gefällen Anno 1624 erweißlich zugekommen, zu ihrer Administration überlassen werden solle.

Am 14. Dezember 1705 ratifizierte Kurfürst Johann Wilhelm die Religionsdeklaration und den geheimen Nebenrezess. Friedrich I. hatte schon am 5. desselben Monats den Nebenrezess ratifiziert.[410] Innerhalb von wenigen Wochen war der Kirchenrat entsprechend besetzt und ausreichend besoldet, um die Kirchenteilung in der Kurpfalz durchzuführen.[411] Begonnen wurde mit den Gütern, dann wurden die zu teilenden rechtsrheinischen, später auch die linksrheinischen Gebiete ausgewählt, schließlich wurde die Regelung im Nebenrezess zum Oberamt Germersheim umgesetzt.[412] Teilweise wurden die Kirchen zwar aufgeteilt, aber die Übergabe an die jeweilige Konfession wurde durch die kurpfälzische Regierung verzögert. Erneut beendete der preußische König solche Praxis, indem er zunächst im Oktober 1706 Repressalien gegen seine katholischen Untertanen

410 Hans S. 263

411 Hans S. 270 f.

412 Leidner, S. 72 ff.; siehe auch Stamer, S. 23 ff., 25; Hägele stellt die Ergebnisse der Kirchenteilung aufgrund der Religionsdeklaration der Chamoisschen Liste gegenüber. Er kommt zu dem Ergebnis, dass in 49 Orten der Pfalz die Zuordnung weiterhin der Liste entspricht, in allen übrigen Orten sich die Religionsverhältnisse veränderten, S. 35 ff.

androhte und im März 1707 auch durchführte.[413] Daraufhin befahl Kurfürst Johann Wilhelm am 29. März 1707 bis zum 15. Mai die Kirchenteilung abzuschließen und die Kirchen zu übergeben. Falls diese Anweisung nicht durchgeführt werde, würde er die zuständigen Regierungsmitglieder zur Verantwortung ziehen.[414]

b) Anwendung auf die Heiliggeistkirche

Die Religionsdeklaration lässt sich in vier Regelungsbereiche aufteilen:[415]

- Die Gewährleistung von Religions- und Gewissensfreiheit mit den damit verbundenen Fragen, u.a. des Gottesdienstes, der Feiertage und der Ehe.
- Die grundsätzliche Aufhebung des Simultaneums und die Kirchenteilung; davon wird auch der Kirchenbesitz und dessen Verwaltung erfasst.
- Folgeprobleme, wie die Kirchenratsordnung, die Universität, die Almosenzuteilung.
- Bestimmungen zu den Lutheranern.[416]

Im Folgenden werden die Bestimmungen insoweit betrachtet, als sie die Rechtsverhältnisse der Heiliggeistkirche direkt oder indirekt neu ordnen. Mit der Umsetzung der Regelungen der Düsseldorfer Religionsdeklaration wurde am 16. April 1706 in der Heiliggeistkirche begonnen.[417]

---

413 Krisinger, S. 116

414 Hymmen, S. 58; Krisinger, S. 116; Nachdem die Teilung abgeschlossen war, bestanden auf dem Gebiet der gesamten Kurpfalz 212 reformierte, 113 katholische und 130 Simultankirchen, Quellenangabe bei Schaab, Wiederherstellung des Katholizismus, S. 195, Fn 59: StA Speyer Akten Kurpfalz 36/12, Abschrift von StBibl. München Cod.Bav.2667; dem folgt auch Wolgast, Kurpfalz, S. 206; siehe zur Kirchenteilung auch sehr ausführlich Niens, S. 54 ff, der bei der abschließenden Zählung andere Gebietsaufteilungen vornimmt.

415 Vgl. eine Aufteilung in Regelungskomplexe aus einer anderen Perspektive bei Wolgast, Kurpfalz, S. 205 f.

416 Zu dem Rechtsverlust der Lutheraner als Folge der Religionsdeklaration vgl. Hägele, S. 70 ff.; zur Lage der Lutheraner insgesamt siehe auch die zeitgenössische Darstellung ohne Verfassernennung, Kurzer und wahrhaffter Bericht vom Evangelisch-Lutherischen Religions- und Kirchenwesen in der Churfürstlichen Pfalz nach dem im Jahr 1648 geschlossenen Westphälischen Frieden bis hierher, Kölln an der Spree, 1706 in Hellgläntzender Wahrheits-Spiegel, Neun Schriften zur Auseinandersetzung zwischen der evangelisch-lutherischen und der evangelisch-reformierten Kirche in Chur-Pfalz; StAHD, KFG, V S 110

417 GLA Karlsruhe Abt. 77 Nr. 4168, 13; KiRProt. Vom 16. April 1706 (Kop.); dies zeigen auch Baurechnungen LKA-KA SpA 4042, 95 ff. und ein Schreiben des „De-

Zunächst wird nach Artikel 15 das Simultaneum an der Heiliggeistkirche, eingeführt durch das Simultanedikt vom 26. Oktober 1698, aufgehoben. Die Kirchenteilung nach Artikel 17 ist auf die Heiliggeistkirche nicht anwendbar, da sie durch die Spezialregelung des Artikel 18 verdrängt wird.

Zentrale Vorschrift ist Artikel 18, 3. Halbsatz. Zunächst wird festgelegt, dass der Chor der Heiliggeistkirche durch eine Mauer abgetrennt *(„separirt")* wird. Der Chor soll einen eigenen Eingang erhalten und nicht durch das Kirchenschiff *(„navem Ecclesiae")* betreten werden. Wesentliche Regelung ist, dass die Katholiken den Chor *„privative"* erhalten. Damit erhalten sie zweifelsfrei das Eigentum an der Chorkirche.[418] Die Reformierten werden Eigentümer des Langhauses und des Turmes. *„Dessen Gebrauch sambt dem Geläut mit denen Catholischen gemeinschaftlich seyn solle"*. Die Unterhaltung der Gebäudeteile wird in Artikel 18 nicht geregelt. Auch werden die Lutheraner bei der Aufteilung der Kirche nicht erwähnt. Dementsprechend verlieren sie ihr Nutzungsrecht, das sie durch das Simultanedikt vom 26.10.1698 erhalten hatten.[419]

Artikel 22 beschreibt die Kirchenteilung durch eine Scheidemauer in anderen Fällen. Die Regelung geht insofern über Artikel 18 hinaus, als dass sie die Kosten der Errichtung Reformierten und Katholiken auferlegt. Als nachfolgende Vorschrift lässt sich diese wohl auf die Heiliggeistkirche übertragen.[420]

Artikel 33 regelt die „Reparation" oder Baulast. Hier wird festgelegt, dass die Reformierten das Langhaus, die Katholiken den Chor zu unterhalten haben. Turm und Glocken tragen beide gemeinsam. Davon ausgenommen wird der Fall, dass ein „Patronus von Alters her" oder ein anderer Dritter zur Reparation verpflichtet war. Die Finanzierung dieser Aufgabe, aber auch des Kirchenrats, der Pfarrer und der Schulen sowie Lehrer wurde durch Artikel 36 bis 38 ermöglicht. Danach wurde das gesamte Kirchenvermögen in 5/7 und 2/7 aufgeteilt, von einer interkonfessionellen Kommission verwaltet, die vierteljährlich berichtet und die Einnahmen im entsprechenden Verhältnis an die jeweiligen Verwaltungsräte zur Verteilung weiterreichte. Von diesen Verwaltungsräten erhielten dann die Reformierten und die Katholiken der Heiliggeistkirche die entsprechenden Mittel.

---

canus" vom 11. Juni 1706, der auch zur laufenden „Execution" der Deklaration Stellung nimmt, LKA-KA SpA 4042, 96

418 Inwieweit hier Alleineigentum oder Miteigentum entsteht wird bei den Rechtsfolgen unter B. 4. c) (1) behandelt. Insbesondere erscheint problematisch, welche Rechte an der Trennmauer bestehen

419 Vgl zu den Regelungen die Lutheraner betreffend Artikel 51

420 Zur Verteilung der Kosten siehe B. 4. c) (3)

Die Baulast am Turm und den Glocken haben die Konfessionen gemeinsam, da ein weiterer Baulastpflichtiger zunächst nicht ersichtlich ist.[421]

3. *Das Verhältnis der Düsseldorfer Religionsdeklaration zum Westfälischen Frieden und zur Religionsklausel des Rijswijker Friedens*

Zur Beurteilung des Verhältnisses der Düsseldorfer Religionsdeklaration zum Westfälischen Frieden ist zunächst der Rechtscharakter der Deklaration selbst zu berücksichtigen. Bis auf den geheimen Nebenrezess, der von Preußen unterzeichnet wurde, kann sie nicht als Vertrag gewertet werden.[422] Die gesetzgebenden Gewalten des Reiches waren weder bei den Verhandlungen noch bei der Ratifizierung beteiligt. Auch die Vertragsparteien des Westfälischen Friedens, die dessen Bestand gleichzeitig garantierten, wurden übergangen. Insofern ist die Annahme von *Hägele* unrichtig, die Religionsdeklaration sei ein „Staatsgrundgesetz im vollsten Sinne des Wortes".[423] Vielmehr stellt sie sich als einseitige landesherrliche Verfügung dar. Ihre religionsrechtlichen Bestimmungen standen zwar im Widerspruch zu den Kirchengutsgarantien des Westfälischen Friedens, näherten die Religionsverhältnisse der Reformierten aber wieder den Regelungen des Friedensvertrages von 1648 an.[424] Denn die Rijswijker Klausel als „Revision" des Westfälischen Friedens wurde für die kurpfälzischen Lande damit aufgehoben.[425]

---

421 Vgl. die spätere Baulastpflicht, die Zahn S. 59, anspricht, wonach Ende des 18. Jahrhunderts die katholische Schaffnei Lobenfeld den Turm insgesamt unterhielt und die Evangelischen dafür eine Entschädigung zahlen mussten. Vgl. dazu auch unter Fn 452 und zur Turmuhrbaulast G. II. 4.

422 AA Hecht, S. 224, der in der Religionsdeklaration „nicht nur ein innerstaatsrechtliches einseitiges Versprechen des Kurfürsten" sieht, sondern gegenüber Preußen einen völkerrechtlichen Vertrag. Dem ist schon entgegenzuhalten, dass Preußen nur den Nebenrezeß, aber nicht die Religionsdeklaration unterzeichnet hat.

423 Hägele, S. 27

424 So u.a. auch Köhler, S. 46; demgegenüber entsprachen die Verhältnisse wohl durchaus der Bevölkerungsentwicklung in der Kurpfalz seit dem Dreißigjährigen Krieg; dazu mit Zahlenangaben für die Jahre 1671, 1727, 1807, Schaab, Wiederherstellung des Katholizismus, S. 155 ff., 157, 198

425 Bei dieser Betrachtung wird auch ersichtlich, dass die Düsseldorfer Religionsdeklaration auf den Widerstand der Kurie treffen musste. Denn in ihrem Interesse war es, die religionsrechtlichen Bestimmungen des Westfälischen Friedens zu berichtigen. Mit einem Breve vom 30. Juli 1712 erklärte der Papst die Deklaration für ungültig und forderte Johann Wilhelm auf, die Vereinbarung ebenfalls aufzulösen. Die langwierigen Verhandlungen endeten mit einem bedingten Widerruf durch den Kurfürs-

4. Die Scheidemauer in der Heiliggeistkirche

a) Beteiligte

In den folgenden Jahren wurde das Dekret umgesetzt. Die kurfürstliche Regierung forderte die katholischen Administratoren auf, die Maßnahmen zur Abtrennung des Chores voranzutreiben. Die Aktenlage zeigt, dass der Mauerbau im Zusammenspiel zwischen der Administrationskommission, also den katholischen und den reformierten Administratoren, und der kurfürstlichen – zumeist katholischen – Regierung stattfand. In wesentlichen Streitfragen ließ man den Kurfürsten selbst die Entscheidung treffen. Dies wird u.a. daran sichtbar, dass, als der Mauerbau einmal eingestellt wurde, entgegen dem Widerstand der Regierung Kurfürst Johann Wilhelm die Fortsetzung des Mauerbaus anordnete.[426] Neben diesen drei Beteiligten spielte trotz seiner Entmachtung der reformierte Kirchenrat noch eine große Rolle. Dieser konnte zudem über die reformierten Administratoren versuchen, Einfluss auszuüben.

b) Die Aufteilung der Heiliggeistkirche

Über den Mauerbau, dessen Ort und Durchführung waren Regierung und Kirchenrat uneinig. Die Mauer wurde zunächst zwischen den beiden Pilaren begonnen, aber noch in der Anfangsphase vom Vizekanzler unterbrochen. Der Kirchenrat hatte die Stelle aus architektonischer Sicht und mit dem alten, bei den Restaurierungsmaßnahmen gefundenen Fundament begründet. Dieser Auffassung folgte man , wohl weniger, weil man sich gezwungen sah, sondern weil der Standort sinnvoll erschien und die reformierten Administratoren sicherlich die gleiche Meinung vertraten. So sollte der Bau entsprechend fortgesetzt werden.[427] Auch die Bauart der Mauer war nicht ganz unstreitig. Beispiele und Entwürfe wurden von einem beauftragten Baumeister gemacht. Dieser hatte ebenfalls vorgeschlagen, die Mauer zwischen den Pfeilern zu errichten. Er wies darauf hin, dass beim ursprünglichen Bau an dieser Stelle von oben eine Mauer baulich angedeutet war. An der gleichen Stelle schlägt er die damalige Scheidemauer vor, auch wenn diese 2 ½ Fuß weiter in das Langhaus ginge. Er war der Ansicht, dass dieser Standort dem Chor *„nichts an der Erscheinung"* nimmt. Allerdings wies

---

ten gegenüber der Kurie, der aber an der tatsächlichen Rechtslage nichts änderte. Siehe Hans, S. 325 ff.

426 GLA Karlsruhe Abt. 204 No. 1180, S. 10 ff., Urkunde vom 15. Und 16. Juli 1706

427 GLA Karlsruhe Abt. 204, No. 1180, S. 8 f., Protokoll des Kirchenrates an die kurpfälzische Regierung in Heidelberg, 17. Juni 1706

er darauf hin, dass die Mauer nicht sehr stark sein würde. Dies könnte zu Geräuschproblemen führen.[428]

Die Auseinandersetzungen wurden schließlich durch einen kurfürstlichen Erlaß an die kurpfälzische Regierung beendet. Dieser entschied, die Trennmauer entsprechend dem vorgenannten Gutachten zu erbauen. Denn zwischen Chor und Langhaus würde das Fundament auf eine *„von alters separirt"* Abtrennung hinweisen, *„welches den Chor vom Schiff von alters separirt"* – *„also lassen wir es auch dabei"*.[429]

Über den Ort der Tür, die nach Artikel 18 der Religionsdeklaration geschaffen werden sollte, bestand dauerhafter Streit. Die Regierung bevorzugte eine Tür hin zum Rathaus und großem Marktplatz.[430] Sie begründete ihre Ansicht im Zusammenhang mit der vorgeschlagenen Stellung des Altars im Chor. Offensichtlich sind diese beiden Fragen eng verbunden. Deshalb schlägt die kurfürstliche Regierung vor, dass der Altar an die Scheidemauer versetzt und die beiden Türen gegen *„orient"* angebracht werden.[431] Der Kirchenrat wünschte die Tür zum Süden hin aus dem Chor hinaus.[432] Zwischenzeitlich einigte man sich auf den alten Standort des Altars und Türen an der Seite neben der Eingangstür der Reformierten.[433]

Das Verhältnis von Altar und Türen bewirkte, dass die gleiche Diskusssion auch beim Altar geführt wurde. Zunächst wurde der Altar entgegen einer kurfürstlichen Anordnung nach Westen versetzt; später regten die katholischen Vertreter in der Religionskommission an, den Altar in die alte Position zurückzustellen.[434] Schließlich wandte man sich wiederum an die kurpfälzische Regierung mit der Bitte, über den Standort des Altars in der Chorkirche endgültig zu entscheiden. Diese sollte also vorgeben, ob der Altar an seinem alten Ort verbleiben oder in Richtung Westen zur Scheidemauer hin versetzt werden soll.[435]

---

428 GLA Karlsruhe Abt. 204, No. 1186, Urkunde vom 7. Juni 1706

429 GLA Karlsruhe Abt. 204, No. 1186, Urkunde vom 4. Juli 1706

430 GLA Karlsruhe Abt. 204 No. 1180, S. 5 ff., u.a. Urkunde vom 16. Juni 1706 der kurpfälzischen Regierung an die katholischen Administratoren von Miller und Auben

431 GLA Karlsruhe 204 No. 1186, Schreiben vom 26. Juli 1706 an die katholische Religionskommission

432 GLA Karlsruhe Abt. 204 No. 1180, S. 19 ff

433 GLA Karlsruhe Abt. 204 No. 1186, Urkunde vom 7. Juli 1706

434 GLA Karlsruhe Abt. 204 No 1180, S. 49, Urkunde vom 9. Oktober 1707

435 GLA Karlsruhe Abt. 204 No. 1186, Schreiben des Regierungsrats Rittmeyer an die kurpfälzische Regierung vom 26. Juli 1706 mit angehängtem Gutachten zu dieser Frage, die diese letztendlich aber unbeantwortet lasssen

Erneut überlässt die Regierung die eigentliche Entscheidung dem Kurfürsten Johann Wilhelm selbst. Dieser kommt zu dem Ergebnis, dass der Altar im Osten, an der alten Stelle verbleibt und auf der Seite eine Tür eingefügt werden soll.[436]

c) Rechtsfolgen der Teilung

Die Rechtsverhältnisse der Heiliggeistkirche wurden demnach durch die Düsseldorfer Religionsdeklaration neu geordnet. Das Simultaneum wurde grundsätzlich aufgehoben.

aa) Eigentum

Zunächst ist nach den obigen Ausführungen festzuhalten, dass durch die Düsseldorfer Religionsdeklaration das Eigentum an der Heiliggeistkirche übertragen wurde. Die Katholiken erhielten den Chor, die Reformierten das Langhaus „privative". Eine Eigentumsteilung im Verhältnis 5/7 und 2/7 liegt bei der Heiliggeistkirche also nicht vor. Dennoch ist nach den Eigentumsverhältnissen im engeren Sinne zu fragen.

Zunächst sind die Rechtsverhältnisse an der Scheidemauer selbst zweifelhaft. Da die Mauer entsprechend Artikel 22 von beiden Konfessionen gemeinsam errichtet werden musste, wird man ein Miteigentum annehmen müssen. Die teilweise vertretene Ansicht, die Trennmauer sei vertikal mittig zu trennen und an beiden Teilen bestünde jeweils Alleineigentum, ist tatsächlich nicht durchführbar und sachfremd.

Es bleibt die Frage, ob die Religionsdeklaration

- Miteigentum an der gesamten Kirche und ein Nutzungsrecht jeweils am Schiff und am Chor geschaffen hat,
- ein mehrfaches Alleineigentum am Grundstück und auch an den Gebäudeteilen Alleineigentum bestand oder
- das Grundstück auf der Höhe der Scheidemauer aufgeteilt und die neu entstandenen Grundstücke mit dem überbauten Chor und dem Langhaus Alleineigentum wurden.

Gegen die erste Alternative spricht schon der Wortlaut von Artikel 18. Ausdrücklich wurde auf den Begriff „privative" in „Abgrenzung" zum Begriff „Gebrauch" abgestellt. Die gemeinsame Nutzung von Turm und Glocken „wurde" mit dem Rechtsbegriff „Gebrauch" bestimmt. Hätte ein Nutzungsrecht am Schiff

436 GLA Karlsruhe Abt. 204 No. 1186, Kurfürstlicher Erlaß vom 29. August 1706

und am Chor festgelegt werden sollen, wäre auf den „Gebrauch“ abgestellt worden. Durch „privative“ wird deutlich, dass eine andere Rechtslage gewollt war.

Auch ein mehrfaches Alleineigentum am Grundstück kann nicht angenommen werden.[437] Es konnte kein Nachweis gefunden werden, dass in der Kurpfalz die Eigentumslage an einem Grundstück in dieser Form geregelt werden konnte. Zudem spricht der Wortlaut der Düsseldorfer Religionsdeklaration gegen diese Annahme. Auch in Artikel 17 wird das Wort „privative“ benutzt, wenn eine Kirche nicht aufgeteilt, sondern insgesamt einer Religionsgemeinschaft zugeteilt wird. In Artikel 51 wird sogar durch „privative“ die Eigentumslage an Kirchen bestimmt, die von Lutheranern zukünftig erbaut werden. Damit kann nur das Alleineigentum gemeint sein, denn ein weiterer Berechtigter kommt in diesem Fall nicht in Betracht. Deshalb ist auch in Artikel 18 davon auszugehen, dass durch den Begriff „privative“ das Grundstück an der Scheidemauer getrennt wurde und Alleineigentum an den neu entstandenen Grundstücken und den überbauten Gebäudeteilen entstand. Diese Auffassung wird bestätigt durch die anläßlich der Baupflichtverfahren 1924 und 1927 aus dem Grundbuch festgestellten Eigentumsverhältnisse. Danach ist im Grundbuch des Amtsgerichtsbezirks Heidelberg Band 28 Heft 21 für das Langhaus und den Turm (Kirchenplatz mit daraufstehender Kirche und Turm) die evangelische Kirchengemeinde Heidelberg eingetragen. Bestand ist der Eintrag im Grundbuch Band 53 Seite 907 Nr. 348 vom 27. Dezember 1866. Als Grund des Erwerbs wird der Auszug aus dem Rezess und der Deklaration des Kurfürst Johann Wilhelm d.d. Düsseldorf 21.11.1705, eingetragen im Grundbuch Band 53 Seite 907 Nr. 348 am 27. Dezember 1866, angegeben. Entsprechende Eintragungen finden sich im Grundbuch Band 29 Heft 6, nach dem Eigentümer der Heiliggeistchorkirche mit Platz die katholische Kirchengemeinde ist.[438] Demnach wird also auch bei der Grundbucheintragung 1866 aufgrund der Düsseldorfer Religionsdeklaration 1705 von zwei Grundstücken ausgegangen, an denen Alleineigentum bestand.

bb) Nutzungsrechte

Grundsätzlich werden die Nutzungsrechte durch Artikel 18, 3. Halbsatz der Religionsdeklaration bestimmt. Da das Nutzungsrecht am Turm schon Ausfluss des Eigentums der Reformierten ist, kann die Vorschrift nur ergeben, dass die Katholiken ein (Mit-)benutzungsrecht am Turm erhalten. Entsprechend sind die Rechte

437 Nach Hinweis von Prof. Nehlsen-v. Stryk, Freiburg, bestand in Baden im Gegensatz zum gemeinen Recht die Möglichkeit, mehrfaches Alleineigentum an einem Grundstück zu begründen.

438 EAF 9342

an den Glocken zu sehen. Die Glocken sind zwar nicht ausdrücklich Gegenstand der Eigentumsregelung, doch als Zubehör des Turmes stehen sie im Eigentum der Reformierten. Die Katholiken erhalten wiederum ein Nutzungsrecht.

Die Feststellung eines Mitbenutzungsrechts führt zurück auf das Rechtsinstitut des Simultaneums. Zwar wurde das Simultaneum durch die Düsseldorfer Religionsdeklaration aufgehoben. Dennoch kann man nach der obigen Definition, wonach ein Simultaneum ein Hoheitsakt ist, durch den verschiedene Religionsgemeinschaften das gemeinsame Nutzungsrecht an einem Kultgegenstand erhalten, von einem „anteiligen" Simultanverhältnis ausgehen. Denn an Turm und Glocken bestand eben ein gemeinsames Nutzungsrecht.[439]

cc) Baulastverteilung[440]

Die Baulastverteilung ergibt sich für die wesentlichen Gebäudeteile aus den Artikeln 33 und 36 bis 38. Insofern kann den vorherigen Feststellungen gefolgt werden. Weiterhin muss aber geklärt werden, in welchem Verhältnis die Katholiken und die Reformierten bei der gemeinsamen Unterhaltung von Turm und Glocken die Kosten aufzuteilen hatten. Auch ergibt sich aus der Düsseldorfer Religionsdeklaration nicht direkt eine Kostentragungspflicht für die notwendigen Baumaßnahmen bei der Kirchenteilung. Gerade das Tor zum Chor erscheint dabei als Problemfall. Es ist zwar Teil des Chors und könnte damit der Baulast der Katholiken unterliegen. Gleichsam ist die Schaffung eines Tors auch Gegenstand der Aufteilung der Kirche und könnte deshalb gemeinsam zu tragen sein.

Zunächst zeigt die Aktenlage eine jeweilige Zuständigkeit der reformierten oder katholischen Administratoren in der Administrationskommission. Denn die Rechnungen für Reparaturen am Chor erhalten nunmehr in einem Fall unmittelbar die katholischen Administratoren. Die Kommission ist also nicht mehr insgesamt für die Unterhaltung zuständig, sondern innerhalb der Kommission wurden die Aufgaben verteilt. Die Beträge, die entsprechend den Ausführungen zu Artikeln 36 bis 38 aufgeteilt wurden, wurden wohl nicht an die Gemeinde weitergegeben, sondern die fälligen Rechnungen unmittelbar von dieser „kirchlichen Güterverwaltung" bezahlt.[441]

---

439 Bei der Annahme einer anderen Definition könnte auch ein Simultaneum an der gesamten Kirche angenommen werden, so u.a. Köhler, S. 102

440 Zu den rechtshistorischen Zusammenhängen der Kirchenbaulast siehe vor allem Jung, S. 83 ff., 126 ff

441 GLA Karlsruhe Abt. 204 No. 1198, S. 84, 96, Mitteilung an die katholischen Administratoren Miller und Auben vom 10.9.1712 und Zahlungsanweisung vom 15. März 1714; siehe zur Rechnungsführung auch Niens, S. 56, der hier von einer Aufteilung ausgeht

Anhand der Rechnungsstellung wird zudem deutlich, dass die gemeinsamen Baupflichten nicht je zur Hälfte geteilt wurden, sondern, dass hier das allgemeine Verhältnis der Düsseldorfer Religionsdeklaration von 2/7 zu 5/7 angewandt wurde. Denn genau in diesem Verhältnis wurden die Kosten bei einer Rechnung für Arbeiten am Glockenstuhl aufgeteilt. Dabei wurde grundsätzlich festgestellt, dass Reformierte und Katholiken Turm und Glocken gemeinsam tragen müssen. Die Rechnungen werden aber im genannten *„pro rata"* Verhältnis aufgeteilt. Die Administrationskommission zahlt aus den jeweiligen Kassen den anteiligen Betrag.[442]

Auch weitere Rechnungen in späteren Jahren , u.a. für eine Reparatur an der Turmuhr gehen zu 2/7 an die Katholiken.[443] Dies zeigt, dass die Baulastverteilung in diesem Verhältnis dauerhaft angenommen und nicht bezweifelt wurde. Unter gemeinsamer Unterhaltung des Turms der Heiliggeistkirche verstand man, die Kosten entsprechend der allgemeinen Teilung der Düsseldorfer Religionsdeklaration im Verhältnis 2/7 an die Katholiken und 5/7 an die Protestanten aufzuteilen.[444]

Das oben aufgezeigte Problem des Tors zum Chor war Gegenstand einer heftigen Auseinandersetzung zwischen Reformierten und Katholiken. Die Reformierten waren der Auffassung, dass die Baupflicht dieser Tür den Katholiken obliege, weil sie ein Teil des Chors sei. Nach der Religionsdeklaration sei nämlich die Unterhaltung des Chors den Katholiken und des Schiffs den Reformierten zugewiesen worden. Die Katholiken sahen in der Tür eine gemeinsame Baupflicht aus der Religionsdeklaration, auch wenn sie grundsätzlich den Chor zu unterhalten hatten. Einig war man sich lediglich – zumindest zu diesem Zeitpunkt –, die Kosten für Turm und Glocken gemeinsam zu tragen, wie es in der Religionsdeklaration auch vorgesehen war.[445] Der Streit wurde erneut durch Kurfürst Johann Wilhelm entschieden. Die Reformierten verpflichtete er, an den geforderten Kosten für die Tür sich „pro rata" zu beteiligen. Er stellt klar, dass die baulichen Veränderungen aufgrund der Deklaration anteilsmäßig zu tragen sind.[446]

---

442 GLA Karlsruhe 204 No. 1198, S. 97 ff., Urkunden über die Prüfung der Zahlungsvorgänge durch die Administratoren vom 23. März 1716 bis zum 2. April 1717

443 Siehe aber zur späteren Entwicklung der Turmuhrbaulast unten und G. II. 3. d)

444 GLA Karlsruhe Abt. 204 No. 1198, S. 100 ff., Zahlungsanweisung vom 19. Oktober 1719

445 GLA Karlsruhe Abt. 204 No. 1180, S. 50, Urkunde vom 21. Februar 1708 über ein Protokoll der Religionsexekutionskommission vom 26. Januar 1708 an die reformierten Administratoren

446 GLA Karlsruhe Abt. 204 No. 1180, S. 54 f., Urkunde vom 25. März 1708, Kurfürstlicher Erlaß als Kopie an den Bischof von Speyer

Inwieweit Baupflichten zu ständigen Streitigkeiten führten, zeigt auch ein Schreiben der geistlichen Administration an die kurpfälzische Regierung. Darin wird die Rechtsansicht vertreten, dass die Stadt eine Baupflicht an der Turmuhr habe, weil sie allen Bürgern Heidelbergs und damit auch der Stadt diene. Daneben diene die Uhr als Zierde des Stadtbildes.[447]. Die Auseinandersetzungen in dieser Frage dauerten über viele Jahre an. Noch 1733 kam es zu einem Rechtsstreit über die Unterhaltung der Uhr vor dem kurfürstlichen Hofgericht. Beteiligte waren der Stadtrat und die geistliche Administration.[448] Bei der Untersuchung der Baupflicht am Turm durch den Evangelischen Oberkirchenrat im Jahr 1888 wird auf dieses Verfahren Bezug genommen. Dabei wurde festgestellt, dass das Hofgericht Mannheim in einem Urteil vom 9. Juli 1737 die Baupflicht am Turm offengelassen hat. Die geistliche Administration trage die Baupflicht zum Geläut. Zur Uhr sei allerdings festgestellt worden, dass sie durch die Stadt zu unterhalten sei.[449]

Späteren Rechnungen ist jedoch zu entnehmen, dass die Stadt an der Unterhaltung des Turms und der Glocken nicht beteiligt war. Denn in den Jahren ab 1738 vergibt die geistliche Administration die Handwerksaufträge an Glocken, Glockenstuhl und Turm. Die gemeinsame Baupflicht von Reformierten und Katholiken aus der Düsseldorfer Religionsdeklaration wird also fortgesetzt. Die Stadt wird in diesen Urkunden nicht erwähnt.[450] So fordert u.a. der Glockengießer von Landau im Jahr 1739 für die Herstellung von drei Glocken den noch ausstehenden Betrag von 2/7 der Rechnungssumme von der katholischen geistlichen Administration ein.[451] Wiederum wird die Baulastverteilung deutlich.[452]

Eine weitere interessante Rechtsfrage ist die Baulast am Dach und bei Baumaßnahmen an den Außenwänden der Kirche. Hier könnte die innere Teilung der Kirche auch auf die äußeren Verhältnisse zu übertragen sein. Dies ist bei den Außenwänden zumindest noch denkbar. Beim Dach, das als Einheit zu sehen ist, ist eine Kostentrennung nicht vorstellbar. So wird schon in einem zeitgenössischen Rechtsgutachten vom 12. Februar 1787 zu den Rechtsverhältnissen nach der Düsseldorfer Religionsdeklaration festgestellt:[453] *"Das äußere Gebäude der ganzen Kirche aber, sowie der Turm und das Geläut muss dermalen noch ge-*

---

447 GLA Karlsruhe Abt. 204 No. 1174, S. 17, Schreiben vom 13. April 1720
448 GLA Karlsruhe Abt. 204 No. 1174, S. 42, Verschiedene Berichte von 1733
449 LKA-KA SpA 4046; zur Turmuhrbaulast siehe G. II. 3.
450 GLA Karlsruhe Abt. 204 No. 1173, u.a. S. 51 ff.
451 Vgl. auch Hauß, M., Heiliggeistkirche, S. 145 ff.
452 GLA Karlsruhe Abt. 204 No. 1179, S. 19, Urkunde vom 13. Januar 1739
453 Als Autor wird ohne Angaben zur Person *Frisch* genannt

meinschaftlich bestritten werden." Demnach wurde auch die Baulast am Dach geteilt, wiederum im Verhältnis 2/7 zu 5/7.[454]

dd) Ergebnis

Die getroffenen Feststellungen lassen sich zu einem Ergebnis zusammenfassen, das dem oben genannten Rechtsgutachten von 1787 entspricht: *„Bei der Kirchenteilung im Jahr 1705 fiele die Heiliggeistkirche den Katholischen und Reformierten sowie sie dermalen verteilt ist zu, und den Turm und das Geläut behielten beide Religionen zum gemeinschaftlichen Gebrauch... . Diese Kirche ist die hochlöbliche geistige Administration aus den dahiesigen Stifts zu bauen und zu unterhalten schuldig, und wird das Gebäude katholischen Teils privative zu 2/7 und des reformierten Teils privative zu 5/7 gebaut und unterhalten".*

Daneben diskutiert das Gutachten noch eine Rechtsfrage, die für die Feststellung der Ergebnisse interessant ist. Offensichtlich beanspruchten neben Katholiken und Reformierten auch die Lutheraner an ihren Festtagen das Glockengeläut. Üblich war, dass auch das einzelne Gemeindemitglied aus privatem religiösen Anlass gegen Entgelt die Glocken läuten konnte. Ein bestimmter Personenkreis war davon befreit, ein Entgelt für diesen Dienst zu leisten. Das Gutachten behandelt nun, ob die Lutheraner diesem befreiten Personenkreis angehören:

„Im Januar 1739 wurden auf dem Turm drei neue Glocken statt den zu kleinen gewesenen drei Alten von (der) gemeinschaftlichen geistigen administration angschafft, welche von beiden Religionen bei dem Kirchgang gemeinschaftlich unentgeltlich gebraucht werden. Nun findet sich in denen alten Stiftsrechnungen, dass vor diesen großen Geläut bei Begräbnissen bis anno 1749 von unbefreiten Personen bezahlt werden musste. Es findet sich aber weder eine Urkunde noch Rechnung in welchen bestimmt ist, ob die Lutheraner gegen Bezahlung der gesetzten Gebühr das Geläute bei begräbnissen ect. pp. Gebrauchen dürfen. ... Wer eigentlich unter befreiten Personen zu verstehen ist.

---

454 Zum Ende des 18. Jahrhunderts veränderte sich die Baulast am Turm der Heiliggeistkirche nochmals. Durch einen Vertrag wurde die Pflicht zur Unterhaltung an die katholische Kirche (Schaffnei Lobenfeld) übertragen. Die evangelische Kirche verpflichtete sich zu Ausgleichszahlungen. Die genauen Vertragsbedingungen sind nicht bekannt, da der Vertrag in den Akten nicht mehr vorhanden ist. Somit ist auch der Zeitpunkt des Baulastübergangs nicht mehr nachzuweisen. Schon ausführliche Forschungen des Evangelischen Oberkirchenrats im Jahr 1888 kamen zu keinem weiteren Ergebnis. Dabei wurden ebenfalls die Bestände des GLA Karlsruhe herangezogen, vgl dazu LKA-KA SpA 4046; die evangelische Gemeinde Heidelberg nimmt 1799 an, siehe Jahreschronik der evangelischen Gemeinde Heidelberg, 1893, S. 17

Nach der Religionsdeklaration vom 21. September 1705 § 32 ist zwar entschieden, dass der Teil, dem Glocken und Kirchhof zu gefallen dem anderen jedoch um (gegen) gebühr bei Begräbnissen, Hochzeiten und dergleichen läuten solle.

An den mir bekannten Orten, wo dieser Fall eingetreten ist, ist es aber üblich, dass der theil dem das Geläute zugefallen solches auch bei allen Gelegenheiten unentgeltlich gebrauchen darf, und nun die andere Religionsteil die Gebühr bei diesem Gebrauch entrichten müsse. Ist aber hier bei der Kirchenteilung den Katholischen und Reformierten das Geläut gemeinschaftlich zugefallen, so wäre nach dem Herkommen an anderen Orten und auch nach dem Sinn des angeführteen § 32 auch beiden Religionen der Gebrauch des Geläutss frei, und nur die Lutheraner wären der Zahlung dieser Gebühr schuldig... .

Es entsteht also hier die Frage , ob dieses angeführte aus der Religionsdeklaration und das Herkommen an anderen Orten hier anwendbar sei oder nicht. Wäre es anwendbar, so sollten die Katholischen und die Reformierten für den Gebrauch des Geläuts nichts und nur die Lutheraner die Gebühr zahlen. Ist es nicht anwendbar, die beiden Religionen sollen für das Geläut bei Begräbnissen gegebenefalls zahlen, so ist es auch wahrscheinlich, dass die lutherischen, welche keinen Theil an dem Geläut haben ein gleiches Recht haben können, ...

Auf die Frage: wer unter den befreiten Personen verstanden werde, kann man eben so wohl wie oben gedacht keine Urkund finden, die eine bestimmte Anwort geben könnte – es gründet sich also alles was man auch hier sagen kann auf Vermutung".

Der Gutachter stellte also fest, dass diejenigen, die im Dienst der Kirche stehen, von der Gebühr befreit waren. Ob diese Befreiung auf andere Personen übertragen werden konnte, wird offengelassen. Die endgültige Entscheidung überließ er der geistlichen Administration.[455]

d) Tatsächliche Folgen der Teilung

Neben der rechtlichen Umsetzung der Religionsdeklaration und der Teilung der Kirche durch die Scheidemauer mit den damit verbundenen Fragen waren auch die tatsächlichen Folgen nicht immer unstreitig. Gerade die gemeinsame Benutzung des Turms sollte in den Folgejahren zu vielen Auseinandersetzungen führen. In einem Bericht an den reformierten Kirchenrat wird besonders deutlich, dass die Religionsdeklaration Fragen der Religionsausübung ungeregelt ließ. Denn beim Tod eines Katholiken sollten für das Begräbnis die Glocken geläutet

455 GLA Karlsruhe Abt. 204 No. 1174, S. 82 ff

werden. Dagegen widersetzte sich der Glöckner. Deshalb hat sich ein Junge in die Kirche geschlichen und die Glocken geläutet. Dieser Vorgang wird der kurfürstlichen Regierung geschildert, um eine Entscheidung für die zukünftige Praxis zu erhalten.[456] Die kurfürstliche Regierung antwortet mit dem Hinweis auf die Religionsdeklaration und deren Regelung. Diese müssten eingehalten werden. Die Glocken müssten gemeinsam benutzt werden. Deshalb würden die Katholiken auch am Unterhalt der Glocken beteiligt.[457]. Schon in der Karwoche 1706 hatte es einen ernsten Glockenstreit gegeben. Auch dieser wurde zunächst von der kurfürstlichen Regierung, später sogar vom Kurfürsten selbst entschieden.[458] So entwickelte sich die gemeinsame Nutzung von Turm und Glocken zu einem ständigen Streitpunkt, an dem nicht zuletzt konfessionelle Machtverhältnisse erprobt wurden.

5. *Bedeutung der Scheidemauer für die Heiliggeistkirche*

Die aufgrund der Düsseldorfer Religionsdeklaration vom 21. November 1705 errichtete Scheidemauer in der Heiliggeistkirche schuf eine in sich sowohl rechtlich als auch tatsächlich geteilte Kirche. Die sich daraus ergebenden – und bis zu diesem Zeitpunkt dargestellten – Rechtsverhältnisse waren bis zum Kauf der Chorkirche durch die Evangelische Kirche 1936 bedeutend. Denn die Teilung konnte trotz kurzer Unterbrechungen nicht aufgehoben werden. So wurde die gewaltsame Inbesitznahme der gesamten Heiliggeistkirche 1719 durch den protestantischen Widerstand und die Vereinigung anlässlich des Universitätsjubiläums 1886 durch das Reichsgericht beendet. Die Heiliggeistkirche war durch die Scheidemauer sichtbares Spiegelbild der religiösen Spaltung. Die mit der geteilten Kirche verbundenen rechtlichen Probleme waren Ansatz für zahlreiche Auseinandersetzungen zwischen der katholischen und der evangelischen Kirche. Dies wird insbesondere bei dem unten dargestellten Rechtsstreit aus dem Jahr 1891 deutlich.

Daneben war die von außen gut sichtbare – nach der Kirchenbaukunst wichtige Einheit von Chor und Schiff aufgehoben. Die Wirkung der beiden Gebäudeteile, die nur in ihrer Zusammenfassung als Ganzes erscheinen können, war über Jahrhunderte verloren.

---

456 GLA Karlsruhe Abt. 204 No. 1189, Kirchenratsprotokoll vom 28. Juni 1706

457 GLA Karlsruhe Abt. 204, No. 1189, Kurfürstliches Schreiben an den reformierten Kirchenrat vom 7. Juli 1706

458 Hans, S. 308

C. Die Entwicklung bis zum Fall der Mauer 1886

I. Die Wirren in den Jahren 1719 bis 1722

In der Folge der Düsseldorfer Religionsdeklaration von 1705 hatten die Auseinandersetzungen zwischen Protestanten und Katholiken nachgelassen. An den Widerständen der katholischen Beamten beim Vollzug der Religionsdeklaration lässt sich jedoch erkennen, welche tiefgreifenden Spannungen zwischen den Religionsparteien weiterhin bestanden. So war ein erneuter Konflikt schon zu diesem Zeitpunkt absehbar. Zudem starb am 18. Juni 1716 Kurfürst Johann Wilhelm. Sein Bruder und Nachfolger Karl Philip verlegte den Residenzsitz dauerhaft nach Heidelberg[459] Im Zuge dieser Maßnahme beanspruchte der neue Kurfürst die Heiliggeistkirche insgesamt als seine Hofkirche. Dieses Verlangen und die nachfolgende Inbesitznahme verursachten eine Reichskrise, die fast zu einem europäischen Religionskrieg geführt hätte. So rückte die Heiliggeistkirche wieder in das Zentrum der deutschen Geschichte.[460]

1. Ausgangspunkt erneuter Religionsstreitigkeiten

Der Auslöser öffentlicher Auseinandersetzungen zwischen Katholiken und Reformierten war eine Dissertation aus dem Jahr 1715, die der Jesuit und Professor für kanonisches Recht an der Universität Heidelberg Paul Usleber drucken ließ und zur Disputation stellte: *„de veteri et moderna ecclesiae disciplina.“*[461] Gegenstand dieser Ausarbeitung waren insbesondere Angriffe gegen diejenigen, die sich von der alten Kirche getrennt hatten. Calvin wurde dabei besonders hervorgehoben. Die Reformierten fühlten sich von der Form und dem Inhalt der Arbeit schwer angegriffen. Sicherlich ist in ihr auch ein Rückschritt zu den Kontroversen des 16. Und 17. Jahrhunderts zu sehen. Deshalb richteten sie ihre Beschwerden an den Kaiser und den Kurfürsten. Vom Kaiser war kurz zuvor ein Edikt

459 Johann Wilhelm hatte die Regierungsgeschäfte weitgehend aus Düsseldorf getätigt.

460 Menzel, S. 108 ff., 145 ff., bettet den Streit um die Heiliggeistkirche 1719/1720 in die deutsche Geschichte ein; im Überblick Benz, S. 277 ff.

461 Struve, S. 1358 ff.; Faber, 26. Teil, S. 744 ff.; vgl. auch Schreiben des Evangelischen Corporis in Regensburg an „Chur-Pfaltz“ vom 23. Mai 1716, 27. Teil, S. 761 ff; sowie Beilage „vetus et moderna ecclesiae disciplina“, 27. Teil, S. 767 ff..

ausgegangen, wonach Andersgläubige nicht geschmäht werden durften. So erhofften sich die Reformierten durch ihre Schreiben Abhilfe durch die Obrigkeit. Zunächst wurden auch die Exemplare der Dissertation durch den Reichshofrat eingezogen. Eine endgültige Entscheidung wurde aber durch den Tod Johann Wilhelms verhindert. Usleber blieb noch bis 1719 Professor an der Universität Heidelberg.

Eine weitere Glaubensfrage kann als Faktor auf dem Weg in die Krise angesehen werden. Die 80. Frage des Heidelberger Katechismus wurde von katholischer Seite stark angegriffen. Auf die Frage „*Was ist also für ein Unterschied zwischen dem Abendmahl des Herren und der babstlichen Meß?*“ wurde geantwortet: „*Das Abendmahl zeugt uns dass wir vollkommene Vergebung aller unser sünden haben, durch das einige Opffer Jesu Christi so er selbst einmal am creutzz vollbracht hat. Dass wir durch den Heiligen Geist Cristo werde eingeleibt d'jetztund mit seinem wahren Leib im Himmel zur rechten des Vaters ist , und derselbst will angebettet werden, die Meß aber lehret, dass die lebendigen und die toten nit durch das leiden Cristi vergebung der sünden haben, es sei denn, dass Cristus noch täglich für sie von den Meßpriestern geopffert werde: und das Cristus leiblich und der Gestalt brot vn weintz sei, und derhalben soll darin angebettet werden. Und ist also die Meß im grund nichts anders denn ein Verleugnung des einiges opffers vn leidens Jesu Cristi, und eine vermaledeite Abgötterey*“. Eine dazugehörige Glosse sollte diese scharfe Haltung noch bekräftigen.

Die Beanstandung dieser Frage durch die katholischen Gläubigen führte am 2. Mai 1719 zu einem Reskript der kurpfälzischen Regierung. Grundlage des Reskripts war ein Erlass des Kurfürsten vom 24. April 1719, der der kurpfälzischen Regierung das Mandat erteilte, den Heidelberger Katechismus einzuziehen.[462] Darin wurde der kurpfälzische reformierte Kirchenrat aufgefordert, alle Exemplare des Katechismus innerhalb einer Frist von drei Wochen zu beschlagnahmen und zukünftig eine Fassung ohne die strittige Frage zu benutzen. Ob diese Maßnahme durch den Fall Usleber beeinflusst war, ist nicht nachweisbar. Ein Zusammenhang erscheint dennoch als wahrscheinlich.[463] Sicher ist aber, dass dieser Glaubensstreit geistiger Hintergrund der politisch geprägten Auseinandersetzung um die Heiliggeistkirche war.

462 Schmidt, Kurfürst Karl Philip, S. 121

463 Reskript, GstA Koblenz 168/2, der kurpfälzischen Regierung vom 2. Mai 1719 an den Kirchenrat, abgedruckt bei Schmidt, Kurfürst Karl Philip, S. 296

2. *Residenzverlegung nach Heidelberg – Beanspruchung der Heiliggeistkirche als Hofkirche*

Auch wenn der Streit um die 80. Frage des Heidelberger Katechismus zu einem starken Konflikt zwischen dem Kurfürsten, der kurpfälzischen Regierung und dem reformierten Kirchenrat führte, so ist dennoch die Beanspruchung der Heiliggeistkirche als wesentlicher Grund für den Religionsstreit anzusehen. An ihm wird zum einen die Haltung eines absolutistischen Herrschers, wie sich Karl Philip sah, verstärkt deutlich. Zum anderen hatte die spätere gewaltsame Inbesitznahme durch ihre politische Dimension eine erhöhte Ausstrahlungswirkung auf den Corpus Evangelicorum, die Reichsstände und die auswärtigen Mächte.[464]

Schon im Jahr 1718 sind die ersten Bemühungen Karl Philips festzustellen, die Teilung der Heiliggeistkirche aufzuheben und wieder als katholische Hofkirche zu nutzen.[465] Im Jahr 1719 folgte auf das Reskript zur Regelung der 80. Frage des Katechismus ein weiteres mit der Bitte an den reformierten Kirchenrat, die Heiliggeistkirche in Heidelberg an die Katholiken abzutreten. Als Ersatz bot Kurfürst Karl Philip an, der reformierten Kirche ein neues Gotteshaus an einer anderen günstigen Stelle zu errichten.[466] Das Verlangen des Kurfürsten stieß auf erheblichen Widerstand seitens des reformierten Kirchenrates. Wie *Schmidt* in seinen Forschungen im Generalstaatsarchiv Koblenz feststellen konnte, hatte der Kurfürst im ersten Halbjahr 1719 den reformierten Kirchenrat mindestens drei Mal zur Übergabe der Heiliggeistkirche aufgefordert.[467] Die letzte Aufforderung datiert vom 29. August 1719, in welcher der reformierte Kirchenrat in der Regierungskanzlei durch den Präsidenten von Hillesheim zur Übertragung der Heiliggeistkirche aufgefordert wurde. Der Kurfürst erneuerte sein Angebot, eine Ersatzkirche bauen zu lassen.[468] Die Aufforderung wurde unterstützt durch die Drohung, bei Nichtgewährung das Gotteshaus mit Gewalt und entschädigungslos in Besitz zu nehmen.[469] Schon am darauffolgenden Tag wies der reformierte Kirchenrat das Verlangen des Kurfürsten zurück.[470] Als Gründe wurden dabei angegeben:[471]:

---

464 Dazu auch Maas, Festschrift, S. 23 ff.; Maas, Heiliggeistkirche, S. 23 ff.

465 Petry, S. 99

466 Schmidt, Kurfürst Karl Philip, S. 125

467 Zitiert nach Schmidt, Kurfürst Karl Philip, GstA Koblenz 268/2, Schreiben des kurpfälzischen Ministers von Sickingen an den Kaiser, S. 297

468 Siehe auch Wundt, Friedrich Peter, S. 164; Wundt, D. L., S. S. 138 f.

469 Borgmann, S. 31; Schmidt, Kurfürst Karl Philip, S. 126; zu den Gründen, die der Kurfürst nannte auch Wundt, Friedrich Peter, S. 165

470 Struve, S. 1376 ff.

471 Struve, S. 1376 ff.; Palatinus, S. 9, nimmt den 19. August an; Wundt, Friedrich Peter, S. 165, 166

- Die Heiliggeistkirche sei niemals eine Hof-, sondern immer eine Stadt- und Parochialkirche gewesen.
- Nicht das Schiff sondern der Chor hätte als kurfürstliche Begräbniskirche gedient.
- Die Maßnahme widerspräche dem Westfälischen Frieden.
- Den Reformierten stünde neben Heiliggeist nur noch St. Peter zur Verfügung, während die Katholiken noch sechs oder sieben weitere Kirchen besäßen.
- Schon beim Vollzug der Düsseldorfer Religionsdeklaration seien die Reformierten hinsichtlich des 5/7 Anteils bei der Betrachtung der Heidelberger Verhältnisse benachteiligt gewesen.
- Die Teilung sei bisher von Karl Philip nicht beanstandet, sondern vielmehr bestätigt worden.
- Das ius reformandi, wie es auch Johann Casimir beansprucht hätte, sei durch die Normaljahresregelung aufgehoben.
- Die Erweiterung der Chorkirche sei kostengünstiger als der Neubau einer weiteren Kirche auf dem Marktplatz.

An der Argumentation wird deutlich, dass es – ungeachtet der inhaltlichen Richtigkeit – für den reformierten Kirchenrat wichtig war, in dieser Frage nicht weiter nachzugeben. Offensichtlich nahm man die Heiliggeistkirche als Sinnbild für den Versuch, das reformierte Glaubensbekenntnis an sich zurückzudrängen und zu schwächen.

Trotz seiner Androhung begnügte sich Karl Philip damit, am 2. September 1719 die Übergabe der Schlüssel der Heiliggeistkirche zum 4. September und ihre Räumung innerhalb von acht Tagen zu befehlen. Um weitere Religionsauseinandersetzungen zu vermeiden, bot er zudem an, die Frage durch eine Schlichtungskommission mit reformierter Beteiligung klären zu lassen, reformierte Gefälle auf die neue Kirche zu übertragen, und die gemeinschaftliche geistliche Güteradministration aufzuteilen.[472] Dieses Angebot spaltete den reformierten Kirchenrat in Befürworter und Gegner.[473] Dennoch wurde das Angebot erneut abgelehnt.

Am 4. September 1719 ließ der Kurfürst Karl Philip – in Anwesenheit des Regierungspräsidenten von Hillesheim, des Weihbischofs von Worms, des Dechanten und des Stadtkommandanten[474] – die Heiliggeistkirche gewaltsam in Be-

472 Hecht, S. 226,227
473 Hecht, S. 227, 228
474 Struve, S. 1380, wonach der Regierungspräsident im Namen des Kurfürsten den ersten Stein aus der Mauer brach; Hecht, S. 227

sitz nehmen und Handwerksmeister begannen, die Scheidemauer einzureissen.[475] Diese Maßnahme diente aus der Sicht des Kurfürsten sicherlich auch dazu, seine Stellung gegenüber den Untertanen im Sinne seines Rechtsempfindens zu verdeutlichen. Das Vorgehen Karl Philips beruhte zwar auf dem von ihm beanspruchten ius reformandi, war aber gleichzeitig eine eindeutige Verletzung der Düsseldorfer Religionsdeklaration von 1705. Die Betrachtung des dargestellten Tatbestandes macht verständlich, dass das Vorgehen dem Rechtsempfinden eines absolutistischen Herrschers entsprach. Dennoch ergibt sich aus den oben genannten Verträgen die Rechtswidrigkeit der Inbesitznahme. Das von Karl Philip beanspruchte ius reformandi war durch die Normaljahresregelung des Westfälischen Friedens in der Kurpfalz eingeschränkt worden. Weiterhin war die Rijswijker Klausel auf die Heiliggeistkirche nicht anwendbar. Auch die Simultaneumsverordnung vom 26. 10. 1698 steht dem Vorgehen des Kurfürsten in diesem Zeitraum entgegen. Daraus ergibt sich, dass der Kurfürst geltendes Reichsrecht verletzt hat. Hätte Karl Philip allerdings sein Handeln durch ein Edikt legitimiert, das in seiner rechtlichen Wirkung den Regelungen der Düsseldorfer Religionsdeklaration – wenn auch mit anderem Vorzeichen – entsprochen hätte, müsste man die Inbesitznahme einer neuen Würdigung unterziehen. Daran wird deutlich, wie nah bei einer kurfürstlichen Maßnahme dieser Zeit Rechtmäßigkeit und Rechtswidrigkeit beieinander liegen.

Der Religionsstreit erreichte damit seinen Höhepunkt und breitete sich schnell über das Reich aus. Denn der reformierte Kirchenrat richtete umgehend seine Beschwerden an die protestantischen Fürsten, den Corpus Evangelicorum und insbesondere an Preußen.[476] Besonders mit dem preußischen Minister ergab sich ein reger Briefwechsel, in dem dieser und der Kurfürst jeweils die Rechtswidrigkeit bzw. Rechtmäßigkeit der Maßnahme darzulegen versuchten.[477]

3. *Folgen der Inbesitznahme*

Die Folgen der Inbesitznahme der Heiliggeistkirche durch Karl Philip am 4. Juli 1719 sind vielfätig, sowohl im konkreten Fall der Heiliggeistkirche als auch bei der generellen Betrachtung der europaweiten Wirkung.

---

475 Borgmann, S. 31; siehe zu den Einzelheiten der Inbesitznahme, Mass, Heiliggeistkirche, S. 23

476 Siehe Struve, S. 1381 ff.; Borgmann, S. 45

477 Struve, S. 1391 ff.

a) Rechtliche und tatsächliche Folgen für die Heiliggeistkirche

Die Inbesitznahme konnte aufgrund der fehlenden Rechtsgrundlage und der kurzen Dauer die Rechtsverhältnisse der Heiliggeistkirche nicht verändern. Die oben festgestellten Eigentums- und Baulastverhältnisse nach der Düsseldorfer Religionsdeklaration bestanden fort. Lediglich der unmittelbare Besitz ist auf Karl Philip und die Katholiken übergegangen. Dieser war aber zu keinem Zeitpunkt reichsrechtlich rechtmäßig. Erstaunlicherweise spricht sogar Kurfürst Karl Philip vom „occupierten Schiff".[478]

Tatsächliche Folge war, dass die bauliche Teilung der Kirche in Chor und Langhaus aufgehoben war. Daraus folgte aber auch der Verlust der Heiliggeistkirche für die reformierte Gemeinde als Glaubensstätte.[479] Die Heiliggeistkirche wurde wieder dem katholischen Gottesdienst eingeräumt.

b) Europapolitische Folgen

Die Reformierten suchten den Beistand der auswärtigen evangelischen Mächte. Insbesondere riefen sie Preußen an, das durch die Verhandlungen um die Düsseldorfer Religionsdeklaration stark an den kurpfälzischen Religionsverhältnissen interessiert war. Schon nach den ersten Bemühungen Karl Philips um die Heiliggeistkirche sollte der preußische Gesandte Hecht Anfang 1719 beim kurpfälzischen Hof vorstellig werden.[480] Zwar wurde dieses Angebot zu jenem Zeitpunkt noch abgelehnt; die preußischen politischen Interessen drangen aber schon durch. Folgerichtig wurde nach der Okkupierung der Heiliggeistkirche Hecht nach Heidelberg gesandt, um mit dem Kurfürsten in Verhandlungen über die Heiliggeistkirche einzutreten. Am 20. Oktober trat er am Hof auf und in der Folgezeit tauschte man die unterschiedlichen Rechtsvorträge in Form von Noten aus.[481] Daneben wurden auch die protestantischen Reichsstände und der Corpus Evangelicorum angerufen.[482] Trotz des herrschenden internen Streits im Corpus Evangelicorum[483] entschloss dieses sich zu sofortigen Maßnahmen.[484] Kurpfalz wurde aufgefordert, die Religionsbeschwerden abzustellen. Eine Pro Memoria wurde an

---

478 Struve, S. 1399

479 Zu diesem Zeitpunkt lebten ungefähr 400 reformierte Familien in Heidelberg, vgl. Struve, S. 1452; Hecht, S. 225; Esser S. 37

480 Hecht, S. 228, Fn 26 zitiert ein Schreiben des Königs von Preußen an den Kirchenrat in Heidelberg vom 14 . Februar 1719, GLA Karlsruhe, Handschrift 1093

481 Hecht, S. 229; der Schriftwechsel ist abgedruckt bei Struve, S. 1391 ff.

482 Schmidt, Karl Philip, S. 129; Borgmann, S. 44

483 Borgmann, S. 44 ff.

484 Im Einzelnen Borgmann, S. 46 ff

den Kaiser gerichtet[485], und der englische[486] sowie der preußische König wurden aufgefordert, den kurpfälzischen Reformierten – gegebenenfalls auch nach Art. 16 und 17 des Westfälischen Friedens mit Waffengewalt – beizustehen.[487]

Fast gleichzeitig drohten England und Preußen mit Repressalien gegen die Katholiken in ihrem Land. Im November 1719 wurden diese Vorhaben auch durchgeführt, sodass Kirchen und Klöster in Celle, Hammersleben, Halberstadt und Minden geschlossen wurden.[488] Zu diesem Zeitpunkt waren die Heidelberger Verhandlungen, denen sich auch Gesandte Hollands, Dänemarks und Hessen-Kassels angeschlossen hatten[489], schon ins Stocken geraten. Schließlich muss man sie Anfang Dezember als gescheitert ansehen.[490] Aus der kurpfälzischen Krise um die Heiliggeistkirche war zunächst eine Reichskrise, zu diesem Zeitpunkt mit einer zusätzlichen europäischen Dimension geworden. Durch die Weigerung Kurfürst Karl Philips, in der Frage des Heidelberger Katechismus und insbesondere der Heiliggeistkirche nachzugeben, stand Europa vor einem Religionskrieg.[491]

Karl Philip hatte sich aber schließlich mit einem Schreiben vom 7. Dezember 1719 in den streitigen Punkten dem kaiserlichen Schiedsspruch unterworfen, sodass noch eine Einigung möglich erschien. So wartete ganz Europa in dieser angespannten Lage auf eine Stellungnahme des Wiener Hofes.[492] Diese verzögerte

---

485 Schauroth, S. 539 ff., 541, wobei wiederum die staatsrechtliche Gültigkeit der Rijswijker Klausel angezweifelt und Bezug genommen wurde auf die Normaljahresregelung von 1624 im Westfälischen Frieden.

486 Auch dieser schickte einen Gesandten, Haldane, an den kurpfälzischen Hof; insgesamt zu den Ereignissen auf der Grundlage von Akten aus dem Staatsarchiv Hannover siehe Michael, S. 151 ff.

487 Conclusum vom 10. Oktober 1719, abgedruckt bei Schauroth, S. 538

488 Borgmann, S. 52 ff.

489 Schmidt, Kurfürst Karl Philip, S. 130

490 Zum Verlauf der Verhandlungen vgl. Borgmann, S. 48 ff., der den Ablauf anhand von Briefen Haldanes an St. Saphorin aus dem hannoverschen Archiv darstellt; zum gleichen Zeitpunkt waren auch die protestantischen Stände unter sich uneins. Es wurden sogar Möglichkeiten diskutiert, die Düsseldorfer Religionsdeklaration von 1705 aufzuheben. Gestützt wurde diese Ansicht durch die Kassation der Religionsdeklaration durch die Conderentia Evangelicorum vom 22. Dezember 1719, worin man erklärt, dass man sich aufgrund der fehlenden Approbation und Ratifizierung nicht weiter an die Düsseldorfer Religionsdeklaration gebunden fühle, abgedruckt bei Schauroth, S. 430. Dabei ist man davon ausgegangen, dass der Rezess insgesamt Vertragscharakter hat und Preußen ihn deshalb aufkündigen könne, vgl Borgmann, S. 62 ff; dagegen wird oben angenommen, dass lediglich der Nebenrezeß einen Vertrag darstellt, siehe B. III. 3.; auch Naumann nimmt zu diesem Vorgang Stellung, spricht aber wiederholt irrtümlicherweise vom Halleschen Rezess, u.a. S. 33

491 So auch Michael, S. 156

492 Die Lage am Kaiserhof beschreibt Borgmann, S. 66 ff.

sich, da der Religionsstreit zudem verfassungsrechtliche Fragen aufgeworfen hatte. Insbesondere Preußen versuchte, seine Stellung gegenüber dem Kaiser zu stärken und entschied eigenmächtig über die Repressalien gegen die Katholiken im eigenen Land. Zudem machte man deutlich, dass man mit dem kaiserlichen Richteramt unzufrieden sei. Auch Preußen und der Wiener Hof standen deshalb zu diesem Zeitpunkt am Rande eines Krieges.[493]

4. *Die Wiedereinräumung des Langhauses der Heiliggeistkirche durch die kurfürstliche Finalresolution vom 29. Februar 1720*

Im Februar und März 1720 gehen verschiedene kaiserliche Schreiben an den König von Preußen[494], den König von England und weitere Beteiligte sowie an den Pfälzer Kurfürsten. Karl Philip wird aufgefordert, die Religionsmaßnahmen zurückzunehmen, soweit sie dem Westfälischen Frieden widersprechen.[495] Ausdrücklich wird auch befohlen, die Heiliggeistkirche zu restituieren.[496] Bevor diese Schreiben in Heidelberg eintrafen, konnte der Kurfürst dem wachsenden Druck nicht mehr standhalten. Wohl hatten ihn seine Berater – insbesondere der Regierungspräsident von Hillesheim – auf die erhebliche Gegenwehr nicht vorbereitet. Es war ihm nicht bewusst, welche Folgen seine Religionsneuerungen auslösen würden. So beschloss er am 8. Februar 1720, die Beschwerden abstellen zu lassen und bot dem Kirchenrat erneut die gütliche Abtretung der Heiliggeistkirche an. Der Vorschlag erschien dem Gesandten Haldane offensichtlich tragbar, denn er schlug vor, das Angebot anzunehmen. Doch die Reformierten gingen auf das Angebot nicht ein.[497] Deshalb beschloss der Kurfürst durch eine Resolution vom 29. Februar 1720, den reformierten Untertanen das Schiff der Heiliggeistkirche wieder einzuräumen und unter Auflagen ihnen den Gebrauch des Heidelberger Katechismus zu erlauben.[498] Die erneute Übergabe von Heiliggeist an die

---

493 Siehe auch Borgmann, S. 79 ff, 80, zum Verhältnis zwischen Österreich, England und dem Reich aufgrund der Religionsstreitigkeiten vgl. Naumann, S. 29 ff.

494 Dazu Droysen, S. 293 f.

495 Schauroth, S. 678 ff.

496 Kayserliches Schreiben an den Churfürsten vom 9. März 1720, abgedruckt bei Schauroth, S. 696. Daraus ergibt sich, dass Karl VI die Finalresolution des Kurfürsten noch nicht übermittelt war; Droysen geht hier von falschen Daten aus und zieht dadurch den falschen Schluß, die Restitution der Heiliggeistkirche sei aufgrund des kaiserlichen Befehls erfolgt, Droysen, S. 297; Naumann, S. 39; siehe auch Palatinus, S. 10

497 Schmidt, Kurfürst Karl Philip, S. 134

498 Struve, S. 1446

Reformierten wurde zugleich der kurfürstlichen Regierung befohlen.[499] Kurfürst Karl Philip bestätigte weiterhin, dass er den Westfälischen Frieden und die Düsseldorfer Religionsdeklaration anerkenne. Dennoch versuchte er weiterhin, die Heiliggeistkirche auf dem Weg der Einigung zu erlangen. Sein Bemühen brachte sogar Teile des Kirchenrates auf seine Seite. Deren Einlenken wurde aber von Preußen, England und Hannover abgelehnt.[500] Auch der Corpus Evangelicorum erklärte am 6. Mai 1720 durch ein Konklusum, dass ein möglicher Vertrag zwischen Protestanten und dem Kurfürsten in der Pfalz von Anfang an nichtig sei.[501]

Da in der Zwischenzeit an der Wiedererrichtung der Scheidemauer mit Nachdruck gearbeitet worden war, konnten die Reformierten schon am 19. April 1720 die Heiliggeistkirche wieder in Besitz nehmen. Am selben Tag wurde die Kirche in Anwesenheit der preußischen und holländischen Gesandten erneut eingeweiht.[502] Die Fertigstellung der Mauer dauerte noch bis zum 11. Mai 1720 an.[503] Mit diesem Datum kann man von der vollständigen Restituierung der Heiliggeistkirche sprechen.[504]

Der halbjährige Streit um die Heiliggeistkirche hatte letztendlich auf die Rechtsverhältnisse des Baus keine Auswirkungen. Die in der Folge von 1705 festgestellten Ergebnisse waren weiterhin gültig. Für die Stadt Heidelberg hatte die Auseinandersetzung allerdings fatale Folgen. Denn Karl Philip antwortete auf seine Niederlage mit der Residenzverlegung nach Mannheim.[505] Am 10. Mai siedelten die geheime Kanzlei und das Archiv nach Mannheim um. Am 11. Mai folgte die Regierung.[506] Das Hofgericht und die geistliche Administration tagten ab dem 15. Mai in der neuen Residenz, am 2. Juli wurde der Grundstein für das Mannheimer Schloss gelegt.[507] Allerdings wird der Streit um die Heiliggeistkirche nicht alleiniger Grund für die Residenzverlegung gewesen sein. Denn die großen Schlossbauten der Zeit wurden regelmäßig in der Ebene errichtet[508] und

499 Struve, S. 1447

500 Borgmann, S. 111

501 Conclusum vom 6. Mai 1720, abgedruckt bei Schauroth, S. 432

502 Ebenfalls am 19. April traf beim Mannheimer Stadtrat die Nachricht ein, dass Karl Philip die kurpfälzische Residenz verlegen will, Walter, S. 402

503 Vgl. auch Palatinus, S. 11

504 Struve, S. 1465

505 Reskript vom 12. April 1720, Walter, S. 402 ff

506 Struve, S. 1466

507 Walter, S. 406, der dafür eine Aufzeichnung im Ratsprotokoll heranzieht, gleichzeitig aber auch angibt, dass andere Quellen vom 11. Juli sprechen; Schmidt, Karl Philip, S. 135

508 So auch Walter, S. 402 f.; Borgmann, S. 112 f.

Schwetzingen konnte nur zum Sommeraufenthalt dienen. Dennoch hat die Heiliggeistkirche das Schicksal der Stadt entscheidend beeinflusst.[509]

II. Von der Religionsdeklaration bis zu den Folgen der staatlichen Veränderungen 1803 und 1806

Im ausgehenden 18. und beginnenden 19. Jahrhundert veränderten sich trotz der großen staats- und damit auch landesrechtlichen Umbrüche die Verhältnisse der Heiliggeistkirche nicht wesentlich. Die neue Gesetzgebung betraf die Heiliggeistkirche nie direkt, selten indirekt. Die rechtlichen Auseinandersetzungen, die sich unmittelbar auf die Heiliggeistkirche bezogen, wurden auf das ausgehende 19. Jahrhundert verlagert. Der Untersuchungszeitraum ist vielmehr geprägt von einem Ausgleich der religiösen Spannungen. Insofern soll er hier im Überblick behandelt werden, um den Blick auf die wesentlichen Fragen nicht zu verstellen.

1. Die Religionsdeklaration von 1799

In den letzten Jahren des 18. Jahrhunderts war das Ende der Herrschaft von Kurfürst Karl Theodor über die Pfalz absehbar.[510] So kam es zwischen dem reformierten Kirchenrat und dem Nachfolger im Kurfürstenamt Herzog Max Josef auf dem Religionsfriedenskongress in Rastatt erneut zu Verhandlungen über einen Religionsvertrag.[511] Entscheidender Streitpunkt war eine Restitution der reformierten Kirchen in der Kurpfalz, die von Max Josef strikt abgelehnt wurde. Eine Einigung konnte nicht erzielt werden.[512]

Kurfürst Karl Theodor starb am 16. Febraur 1799. Der neue Kurfürst Max Josef von Zweibrücken sah nun nicht mehr die Notwendigkeit, seine kirchlichen Interessen in einem Religionsvertrag festzulegen. Jetzt stand ihm auch der Weg

509 Zu den folgenden Ereignissen, den weiteren Verhandlungen in Wien und dem Ende des Religionskonflikts im Reich siehe Borgmann, S. 113 ff.; Schmidt, Kurfürst Karl Philip, S. 136 ff.; Michael, S. 157 ff.; die preußische Sicht gibt Droysen wieder, S. 297 ff.; auch Naumann, S. 43 ff.

510 Vgl. zur Regierungszeit des Kurfürsten Karl Theodor, insbesondere zu seinem Verhältnis zur Religion, Mörz, Karl Theodor, S. 1 ff., 73 ff., 293 ff.

511 Pfeiffer, S. 38 ff., 49, wonach auch der Pfarrer an der Heiliggeistkirche Dr. Joh. Karl Reimold an den Verhandlungen beteiligt war

512 Maesel, Kirchenrat, S. 204 f.

durch ein Landesgesetz offen. Dieses wurde als Religionsdeklaration vom 9. Mai 1799 verkündet und trat am 25. Juni 1799 in Kraft.[513]

Darin wurde den Reformierten zwar in § 1 die vollkommene Religions- und Gewissensfreiheit zugesichert[514], eine Restitution nach der Normaljahresregelung von 1618 wurde ihnen aber nicht zuerkannt (§ 5). Dennoch erhielten sie bei den Kirchengütern Vorteile gegenüber der bisherigen Regelung. Zunächst wurde die konfessionell gemischte Administration aufgehoben und die *„katholische Präponderanz“*[515] damit beseitigt. Die Reformierten konnten so ihr Vermögen selbst verwalten. Die Gefälle sollten nun nicht mehr zwischen den Katholiken und Reformierten aufgeteilt sein, sondern in eine Masse fließen, deren Erträge dann wiederum im seit 1705 bekannten Verhältnis von 5/7 den Reformierten und 2/7 den Katholiken zufließen sollten (§ 5).[516] Grundlage dieser Regelung war die Ansicht, dass die *„katholische Kirche das nicht zurückgeben könne, was der Reformierten im Normaljahr 1618 gehört habe, sondern bei dem jetzigen Besitzstand alles bleiben müsse.“*.[517] Durch diese Vorschrift erhielten die Katholiken das Heiliggeiststift.[518] Die Eigentumsverhältnisse an der Heiliggeistkirche veränderten sich durch die Religionsdeklaration von 1799 aber nicht. Denn das Eigentum nach der Aufteilung von 1705 sollte erhalten bleiben (§§ 5 und 6).[519] Eine Ausnahme wurde gemacht, „wo der Besitz streitig ist“. In diesen Fällen wurde die Sache an eine „vermischte“ Kommission weitergegeben, die den Besitzstand auf der Grundlage der Religionsdeklaration von 1705 feststellen sollte.[520] Die Voraussetzungen lagen bei der Heiliggeistkirche nicht vor.

Die Religionsdeklaration behandelt die Lutheraner entsprechend den Regelungen von 1705. Sie wurden wiederum nicht berücksichtigt.[521] Deshalb liegen

---

513 Abschrift in EAF 9365; auch GLA Karlsruhe Abt. 77, No.3447, 4251, 4348, 4722

514 Siehe auch Bauer, S. 150

515 Schaab, Band 2, S. 250

516 Maesel, Kirchenrat, S. 207; Schaab, Band 2, nicht ganz eindeutig, S. 250; Niens, S. 62 und Vierordt, Band 2, S. 369 gehen richtigerweise noch von einem Wahlrecht des Reformierten Kirchenrates aus, ob die Gefälle der Katholiken ausgeschieden werden sollten ober durch die Reformierten mitverwaltet werden sollten, vgl hierzu § 6 Religionsdeklaration von 1799

517 Vierordt, Band 2, S. 369

518 Gleichzeitig wurde das Stift, dessen Gefälle 1557 an die Geistliche Verwaltung übertragen wurden (vgl. auch A. IV. und Wundt, Friedrich Peter, S. 160), mit der Kollektur und dem Stift Heidelberg in der Schaffnei Heidelberg vereinigt, Niens, S. 63 und Anhang 16, S. 315

519 Maesel, Kirchenrat, S. 208

520 Schmitt, Simultankirchenrecht, S. 61; mit einer anderen Auslegung, aber im Ergebnis übereinstimmend Bauer, S. 152

521 Zur Lage der Lutheraner vgl. Pfeiffer, S. 60 ff.

zu dem festgestellten Ergebnis nach der Religionsdeklaration von 1705 keine Veränderungen vor.

Die Religionsdeklaration von 1799 hat demnach für die Heiliggeistkirche keine entscheidende Bedeutung.[522] Aber durch die Bestätigung der Rechtsverhältnisse schuf sie einen dauerhaften Status, der auch nach dem Übergang der rechtsrheinischen Pfalz an Baden fortbestand. Bei der Einordnung der Deklaration in die kurpfälzische und deutsche Geschichte insgesamt tritt sie durch den kurzen Gültigkeitszeitraum in den Hintergrund. Der Reichsdeputationshauptschluss vom 25. Februar 1803 bedeutete das Ende der rechtsrheinischen Pfalz als eigenständiges Fürstenterritorium.[523] Die Religionsdeklaration war damit überholt.

2. *Der Reichsdeputationshauptschluss von 1803 und kirchliche Gesetze die Heiliggeistkirche betreffend in den Folgejahren*

Mit dem Anfall der Kurpfalz an Baden im Zuge des Reichsdeputationshauptschlusses und dem Untergang des alten Reiches 1806 haben sich sowohl die staatsrechtlichen als auch die kirchenrechtlichen Grundlagen verändert.[524] Neue Gesetze und Verordnungen haben das Reichsrecht aufgehoben oder ergänzt. Die Rechtsgrundlagen, die sich auf die Rechtsverhältnisse der Heiliggeistkirche ausgewirkt haben, sollen dazu im Überblick dargestellt werden:

a) *Reichsdeputationshauptschluss*[525] *und III. badisches Organisationsedikt von 1803*[526]

In der Präambel zum Dritten Organisationsedikt vom 11. Hornung[527] 1803 wird die Notwendigkeit einer neuen Regelung der Religionsverhältnisse vor allem darin gesehen, dass *„mittelst Unserer Pfalzgrafschaft am Rhein weiter solche Gebiete erhalten haben, worinn, nebst der katholischen , beede protestantische*

---

522 Zur zeitgenössischen Einordnung, vgl . Pfeiffer, S. 59 ff.; Bauer, S. 154 ff

523 Friedrich, Kirchenrecht, S. 148; die Zuteilung erfolgte aber schon im Herbst 1802, nachdem die diesbezüglichen Verhandlungen abgeschlossen waren

524 Zur Entwicklung von Baden siehe Winter, S. 168 ff.

525 Siehe auch Winter, S. 20

526 Drittes Organisationsedikt, abgedruckt in Kurfürstliche Badische Landes-Organisation, 1803; auch das Erste Organisationsedikt enthielt kirchenrechtliche Regelungen, insbesondere zur kirchlichen Verwaltung, die aber bei der hier gestellten Aufgabe nicht entscheidend sind, Erstes Organisationsedikt abgedruckt in Kurfürstliche Badische Landes-Organisation, 1803.

527 Februar

Confessionen des StaatsBürgeRechts theilhaftig sind." Diese wollten die „*freie und ungeschränkte Religionsübung*" zugesichert wissen. Ein Bedürfnis bestünde, da die Religionsdeklaration nicht mehr durchweg anwendbar sei und obwohl „*die Reichsgesetze und der Reichsdeputationsabschied*" die Pflichten des Regenten gegenüber seinen Untertanen in Religionssachen festgelegt hätten.

Rechtsgrundlage für die Religionsübung und das Kirchengut war Ziffer 18 Drittes Organisationsedikt. Die Vorschrift nahm direkt und wörtlich Bezug auf § 63 Reichsdeputationshauptschluss. § 63 RDH garantiert „*die bisherige Religionsausübung*" und „*insbesondere den Besitz und Genuß ihres eigentümlichen Kirchenguts nach der Vorschrift des Westfälischen Friedens*".[528] Insofern sollten beide Vorschriften das Eigentum am Kirchengut festlegen. Soweit der „Besitz" im Jahr 1618 (1624) mit dem von 1803 übereinstimmte, wurde das Recht lediglich bestätigt. Falls die Rechtsverhältnisse nicht mehr dem Stand des Normaljahres entsprachen, wie es nicht nur bei der Heiliggeistkirche der Fall war, bedurfte die Regelung der Auslegung. Es ist anzunehmen, dass bei der Abfassung des § 63 RDH diese Problematik übersehen wurde. Denn durch den RDH sollten nicht die Eigentumsverhältnisse von 1618 wiederhergestellt werden. Vielmehr sollte die „*bisherige Religionsausübung*" geschützt werden. Dies ist nur auf der Grundlage der bestehenden Eigentumsverhältnisse möglich. Maßgeblich musste deshalb als neues Normaljahr 1803 sein.

Diese Auslegung ergibt sich daneben auch aus Ziffer 18 Drittes Organisationsedikt, die im Zusammenhang mit § 63 RDH gelesen werden muss. Denn bei der Regelung der Eigentumsverhältnisse an den Kirchengütern wurde auf den Stand abgestellt, „*in deren unbestrittenen Genuß ein anderer Religionsteil dermalen steht*". Die Rechtsverhältnisse von 1618 wurden nicht herangezogen. Entscheidend war für die Aufteilung in „bestrittenen und unbestrittenen Besitzstand" der Zeitpunkt der Abfassung, also 1803.

Diese Auslegung wird zudem durch Ziffer 21 gestützt, die Stifter und Klöster von dieser Regelung ausschloss[529] Ziffer 21 bestätigte allerdings nochmals: „*Jenes Verbleiben des Kirchenguts in seiner vorigen Verfassung ...*"

Falls der „*Besitzstand*" nicht bestritten wurde, durfte keine andere Religionsgemeinschaft „*sich eindringen, oder von Jemanden darein eingewiesen oder zugelassen werden*". Ziffer 18 Drittes Organisationsedikt war insoweit ein Eigentumsrecht.[530] Demnach ergaben sich die Eigentumsverhältnisse an der Heiliggeistkirche nicht nur aus der Religionsdeklaration von 1705, sondern auch aus

528 § 63 Hauptschluß der außerordentlichen Reichsdeputation vom 25. Februar 1803 abgedruckt u.a. in Huber/Huber, S. 18, 19

529 Das Vierte Organisationsedikt regelt die Fragen der Stifter und Klöster

530 So auch Schmitt, Simultankirchenrecht, S. 64

Ziffer 18 Drittes Organisationsedikt. Einer Veränderung unterlagen sie zu diesem Zeitpunkt nicht.[531]

b) Konstitutionsedikt über die kirchliche Staatsverfassung vom 14. Mai 1807[532]

Das Erste Konstitutionsedikt vom 14. Mai 1807 regelte erstmals umfassend das Verhältnis zwischen Staat und Kirche.[533] Die Normen bildeten die Grundlage für das Staatskirchenrecht im Großherzogtum Baden bis zum Jahr 1860.

Die Präambel lautete:„... *Nachdem durch Aufhebung der Kraft aller ehemaligen Grundgesetze des deutschen Reiches die Verfassung aller derer Lande schwankend und unsicher geworden ist, deren Rechtszustand vorhin durch jene Gesetze regiert wurde, so finden wir unumgänglich nöthig, die Stelle jener veralteten Grundgesetze mit neuen der Lage unseres Großherzogthums angemessen zu ersetzen*". Soweit im Konstitutionsedikt deshalb Eigentumsrechte der Kirche festgelegt wurden, so fanden die Vorschriften auch auf die Heiliggeistkirche Anwendung.

Aus § 9 Erstes Konstitutionsedikt ergab sich, dass „*jede Kirche ohne Unterschied der Confession oder Religion alles dasjenige Eigenthum an Liegenschaften, Renten, Bauansprachen und beweglichem Gut, das sie dermalen zum Gebrauch ihres Gottesdienstes auch ihrer Kirchen-, Pfarr- und Schuleinrichtungen wirklich und unbestritten besitzt, ohne darin, zumal zu Gunsten irgend einer anderen Kirche, geschmälert oder beeinträchtigt werden zu können, der Auskunftstitel ihrer Inhabung und dessen Rechtswerth nach den ältern Reichsgesetzen sey, welcher er wolle.* Maßgeblich für das Eigentum am Kirchengut war erneut ein „*Normaljahr*", indem auf den Besitz, der „dermalen" vorlag, abgestellt wurde. § 9 Erstes Konstitutionsedikt bestätigte die oben festgestellten Eigentumsverhältnisse an der Heiliggeistkirche.

---

531 Staatskirchenrechtliche Bedeutung hatte auch das Erste Organisationsedikt vom 4. Februar 1803, das jeweils für die Konfessionen verschiedene zentrale staatliche Verwaltungsstellen einrichtete: Den Evangelisch Lutherischen Kirchenrat in Karlsruhe, Das Evangelisch Reformierte Kirchenratskollegium in Heidelberg und die Katholische Kirchenkommission in Bruchsal, teilweise abgedruckt in Huber/Huber, Band I, S. 78; die evangelischen Behörden wurden durch ein Ausführungsedikt des Konstitutionsedikts von 1807 wieder abgeschafft und im Evangelischen Oberkirchenrat zusammengefasst, abgedruckt in Huber/Huber, Band I, S. 95.

532 Konstitutionsedikt abgedruckt in Vollständige Sammlung aller in den Großherzoglich Badischen Staats- u. Regierungs-Blättern von 1805 bis 1825 inclusive enthaltenen Gesetze, Edikte, Ministerialverordnungen und Rechtsbelehrungen, Erster Theil, Karlsruhe 1826, S. 340 ff. und Huber/Huber, Band I, S. 81 ff

533 Winter, S. 169, 170 mwN

Auf das gemeinsame Gebrauchsrecht der Katholiken und Reformierten am Turm und den Glocken fand § 10 Erstes Konstitutionsedikt Anwendung. Grundsätzlich sollte zwar *„getheiltes oder gemeinschaftliches Recht des Gebrauchs oder Genusses der Kirchen, der Pfarr- und Schulgebäude oder des kirchlichen Vermögens, das den Kirchenspielen einer oder der anderen Confession angehört, soll unter keinerlei Vorwand eingeführt, noch mit irgend einer Angabe der Unschädlichkeit gerechtfertigt werden"*. Falls aber ein solches *„schon bestehet oder angeordnet ist, bleibet es ferner, so lange nicht die Theilhaber unter sich eine Abtheilung einverständlich beschließen, oder die Staatsgewalt durch eine Auskunft, die jedem Theil gleichheitlich und billig seine separate Kirchenconvenienz zuweiset, sich in den stand gesetzt hat, ihre Theilungsanordnungen gegen etwaige eigenwillige Hindernisse durchzusetzen, ..."*. Nach § 10 Erstes Konstitutionsedikt bestanden also die Nutzungsrechte fort. Auch insofern waren deshalb die Rechtsverhältnisse aufgrund der Religionsdeklaration von 1705 weiter zutreffend.[534].

c) Das Gesetz über Kirchen- und Schulbaulichkeiten vom 26. April 1808 (Kirchenbauedikt)[535]

Das Kirchenbauedikt von 1808 fasste in Baden die Baupflicht an Kirchen- und Schulgebäuden zusammen. Seine Bedeutung erstreckt sich bis heute. Nach Ziffer 31 war es Ziel des Bauedikts, „Regel für unaufgeklärte und streitige Fälle" zu sein. Darüberhinaus sollten – soweit anwendbar – die Art. 1 bis 5 Baupflichten begründen können. Diese regelten das Baufaktum, das Anerkenntnis, das Fehlen eines Baupflichtigen sowie die Rechtslage beim Neubau aufgrund einer Verordnung der Oberpolizei-Behörde. Soweit die Baupflicht eindeutig festgestellt werden konnte, unterlag das Gebäude nicht der Verordnung (Ziffer 31, Satz 2). Die Vorschriften konnten aber analog auf andere Fragen der Baupflicht übertragen werden.

Als das Bauedikt 1808 in Kraft trat, bestanden an der Heiliggeistkirche unbestrittene Baupflichten. Die Vorschriften waren deshalb in diesem Fall zunächst nicht anwendbar. Zweifelhaft könnte die Rechtslage am Chor der Heiliggeistkirche seit 1808/1809 gewesen sein. Die katholische Kirche hatte durch die Säkularisation der Klöster einige Kirchen verloren, sodass nach 1806 die Heiliggeistkirche als einzige Kirche der katholischen Gemeinde verblieb. Aufgrund von Ver-

---

534 Mit Ausnahme der veränderten Baupflicht am Turm, die durch Vertrag auf die Katholiken übergegangen war; siehe Fn 452

535 Abgedruckt in Niens, Textsammlung, 60; auch Großherzoglich-Badisches Regierungsblatt, Sechster Jahrgang, Nro. 1 bis 42, 1808, Nro. 13 S. 114 ff.; auch Stempf, S. 1 ff; siehe dazu auch Schmitt, Gesetz, S. 40 ff

handlungen wurde ihr seitens der Regierung die Jesuitenkirche zugewiesen.[536] Zunächst sollte die Chorkirche deshalb eine andere Funktion erhalten.[537] Die Katholiken wollten die Kirche aber für drei Bruderschaften erhalten.[538] Deshalb verpflichteten sie sich, trotz des Rechtscharakters als Nebenkirche, die Baulast zu übernehmen, die Kultusbedürfnisse zu tragen und die Kirche nur zu Privatandachten zu benützen.[539]. Als Nebenkirche könnten sich Baulasten nach Ziffer 16 Bauedikt verändert haben. Das Bauedikt wird nochmals als Rechtsgrundlage bei Auseinandersetzungen zwischen der katholischen und der altkatholischen Gemeinde in den Jahren 1917 und 1924 herangezogen. Bei der Darstellung dieser Vorgänge wird insoweit erneut und im Einzelnen auf die Problematik eingegangen.[540]

Nachdem die Chorkirche im August als Pfarrkirche aufgehoben worden war, siedelten die Marianisch Academische oder lateinische Congregation, die Marianische Bürgersodalität und das Josephinische Bündnis aufgrund eines Regierungserlasses vom 29. December 1808 in die *„beibehaltene Nebenkirche"* über.[541]

3. *Vorschlag der Katholiken von 1804 zwecks Tauschs des Schiffs der Heiliggeistkirche*[542]

Am 9. Februar 1804 schlug die katholische Kirchenkommission vor, die Jesuitenkirche gegen das Schiff der Heiliggeistkirche einzutauschen.[543] Der reformierte Kirchenrat in Heidelberg wurde daraufhin am 28. Februar aufgefordert, zu diesem Gedanken Stellung zu nehmen. Kirchenrat Müller fertigte ein Gutachten an, in dem er den Tausch der Kirchen kategorisch ablehnte. Insbesondere merkte er an, dass die evangelische Gemeinde auf den Turm und die Glocken der Heiliggeistkirche nicht verzichten könnten. Die Jesuitenkirche sei im Gegensatz zum Schiff der Heiliggeistkirche in einem schlechten Zustand. Eine entsprechende Herrichtung sei mit einem großen Aufwand verbunden und würde deshalb einen

536 Vgl. u.a. Esser, S. 43
537 Lindau, S. 5, 20
538 Siehe auch Maesel, Chorkirche, S. 60 ff.
539 Lindau, S. 5, 20; Kuhr, S. 85; Maesel, Chorkirche, S. 60; Riedl, S. 60 ff
540 Vgl. E.
541 Lindau, S. 11; siehe zu den Bruderschaften in der Chorkirche im 19. Jahrhundert Maesel, S. 60 ff.
542 Zusammenfassende Akte LKA-KA SpA 4051
543 Vgl. auch Maesel, Chorkirche, S. 59, der vor dem Tauschangebot auch ein Kaufangebot annimmt und der Kaufpreis zur Neueinrichtung der Jesuitenkirche dienen sollte

Schaden verursachen. Auf der Grundlage seines Gutachtens vom 23. März 1804 schlug Müller am 25. März vor, auf die Anfrage nicht zu reagieren und den Vorschlag auf sich *„beruhen (zu) lassen"*. In ähnlicher Weise äußerten sich in einem Schreiben vom 16. März 1804 an den Kirchenrat die Pfarrer von Heiliggeist. Zwar sei richtig, dass die Gemeinden nun seit 25 Jahren ohne Streit die angrenzenden Kirchenräume nutzen würden. Dennoch könnte die Heiliggeistkirche nicht aufgegeben werden. Deshalb schlossen sie sich der Stellungnahme des Kirchenrats Müller an.

Aus diesen Ereignissen im Februar und März 1804 wird deutlich, dass die Ablösung der gemeinsamen Benutzung der Heiliggeistkirche schon 130 Jahre vor dem endgültigen Fall der Scheidemauer das Interesse der Beteiligten weckte. Rang und Bedeutung der Heiliggeistkirche für beide Gemeinden ließen aber diesen ersten Versuch scheitern. [544]

III. Weitere Rechtsgrundlagen im 19. Jhd. die Heiliggeistkirche betreffend[545]

Da diese Arbeit die Schwerpunkte auf die Rechtsentwicklung der Heiliggeistkirche durch die Scheidemauer setzt, muss die Darstellung der Entwicklung im 19. Jhd. bis zum ersten Fall der Mauer 1886 auf einen Überblick beschränkt werden.

1. Die Kirchengesetze von 1860 und die Kirchenverordnungen von 1861 und 1862[546]

Nachdem das badische Konkordat von 1859[547] verworfen worden war, strebte Großherzog Friedrich I. danach, die kirchlichen Verhältnisse durch ein Staatsgesetz neu zu regeln. Dies geschah mit dem Gesetz, die rechtliche Stellung der Kirchen und kirchlichen Vereine im Staat betreffend vom 9. Oktober 1860.[548]

---

544 Zur weiteren Entwicklung siehe D. und F.

545 Zu den wichtigsten baulichen Erneuerungen und Veränderungen siehe Schwarz, S. 40 ff.

546 Diese Vorschriften werden im Verfahren des Erzbischöflichen Ordinariats und des Katholischen Oberstiftungsrates gegen die Badische Regierung im Jahr 1891 relevant; zur badischen Kirchenverfassung von 1861 siehe Winter, S. 21

547 Siehe dazu im Überblick Huber/Huber, S. 219 ff.; Friedrich, Kirchenrecht, S. 167, 184 ff.

548 Abgedruckt Gorßherzoglich Badisches Regierungsblatt, 58. Jahrgang, Karlsruhe 1860, S. 375 ff; Huber/Huber, Band II, S. 234 ff.; Spohn, S. 3 ff; Folge war die

Entscheidende Regelungen waren zum einen, dass das Erste Konstitutionsedikt von 1807 nach § 17 aufgehoben wurde. Zum anderen wurden nach § 7 die katholische und evangelische Kirche unabhängig vom Staat, indem sie ihre Angelegenheiten *„frei und selbstständig"* ordnen und verwalten konnten.[549] Aufgrund dieser Regelung war es notwendig, die kirchlichen Verwaltungsstellen neu zu ordnen. Die großherzogliche Regierung sah im Gesetz vom 9. Oktober 1860 die Rechtsgrundlage für erforderliche Verordnungen.[550] Der Evangelische Oberkirchenrat als zuständige Aufsichtsbehörde für die Vermögensverwaltung der Heiliggeistkirche durch die Pflege Schönau wurde durch Verordnung vom 28. Dezember 1860 eine kirchliche Behörde.[551] Mit Verordnung vom 28. Februar 1862 wurde dieser obersten evangelischen Behörde dann die Verwaltung der kirchlichen Landesfonds aber auch die Aufsicht über die Verwaltung der kirchlichen Ortsfonds übertragen.[552] Die Verwaltung des örtlichen Kirchenvermögens legte man in die Hände des evangelischen Kirchengemeinderates.[553] Jedoch wurde bestimmt, dass der Bürgermeister oder – falls dieser nicht evangelisch war – das *„dienstälteste evangelische Mitglied des Gemeindevorstandes den Beratungen und Beschlüssen des Kirchengemeinderates über die Verwaltung des örtlichen Kirchenvermögens beiwohnen mußte"*.[554]

Auch die katholische Vermögensverwaltung wurde neu geregelt. Als Aufsichtsbehörde des örtlichen katholischen Kirchenvermögens war nun nicht mehr der katholische Oberkirchenrat sondern der katholische Oberstiftungsrat zuständig.[555] Die Verwaltung desselben oblag einem Stiftungsrat unter dem Vorsitz ei-

---

„Verfassung der vereinigten evangelisch-protestantischen Kirche des Großherzogtums Baden" vom 5. September 1861, dazu Winter, S. 170

549 Winter, S. 171: *„Ein weiterer Schritt zur Trennung von staatlichen und kirchlichen Funktionen erfolgte durch die Verordnung des Großherzogs, ..., in der die bisherigen kirchenaufsichtsrechtlichen Zuständigkeiten des Staates vom Evangelischen Oberkirchenrat auf das Innenministerium übergingen, so dass sich dieser in ein Organ zur Wahrnehmung rein innerkirchlicher Aufgaben verwandelte"*; Spohn, S. 15 mit vertiefenden Erläuterungen

550 So auch Huber/Huber, S. 241

551 Abgedruckt bei Huber/Huber, S. 380 f.

552 Landesherrrliche Verordnung vom 28. Februar 1862, Großherzoglich Badisches Regierungsblatt, 60. Jahrgang, Karlsruhe, 1862, S. 87; dazu auch Friedrich. Kirchenrecht, S. 194

553 Walz, S. 471

554 Winter, S. 172

555 Landesherrliche Verordnung, die Verwaltung des katholischen Kirchenvermögens betreffend vom 20. November 1861 Großherzoglich Badisches Regierungsblatt, 59. Jahrgang, Karlsruhe, 1861, S. 465 ff. Huber/Huber, Band 2, S. 241 ff; dort auch im Einzelnen zur katholischen Vermögensverwaltung durch die Verordnungen und die Zusammensetzung der Behörden, Entschließungen, die Aufhebung des katholischen

nes Geistlichen. Die Mitglieder wurden für eine Amtszeit von sechs Jahren von der Pfarrei gewählt. Weiterhin war der Oberbürgermeister Mitglied im Stiftungsrat oder – sofern dieser nicht katholisch war – der dienstälteste Gemeindevorstand.[556]

2. Das Ortskirchensteuergesetz vom 26. Juli 1888

Das Ortskirchensteuergesetz ist – obwohl es erst später in Kraft trat – aufgrund des inhaltlichen Zusammenhangs schon an dieser Stelle zu betrachten. Bis auf die Besteuerungsmöglichkeiten für den Aufwand für Kirchen- und Pfarrhausbaulichkeiten im Kirchenbauedikt von 1808 bestand keine gesetzliche Regelung über die Bestreitung des kirchlichen Aufwandes durch Besteuerung. Auch aus dem Kirchengesetz von 1860 ergab sich die Notwendigkeit einer Regelung.[557] Das Kirchenbauedikt wurde als Übergangsbestimmung und mit Veränderungen beibehalten

Wesentlicher Gegenstand der Regelung war die Besteuerung für örtliche und allgemeine kirchliche Bedürfnisse. Dafür musste in die Verfassungsorganisation der Kirchen eingegriffen werden, um für die örtliche Kirchenbesteuerung ein eindeutiges Rechtssubjekt zu definieren. Durch Artikel 1 Ortskirchensteuergesetz wurde nämlich festgelegt, dass Kirchengemeinden den Status der selbständigen öffentlichen Körperschaften erhalten. Ihr räumlicher Umfang entspricht dem früheren Kirchenspiel. Das Kirchenspiel wurde aufgehoben und durch die Kirchengemeinde ersetzt.[558] Diese Regelung bedeutete insbesondere für die katholische Gemeinde an der Heiliggeistkirche einen Eingriff in die innere Organisation.[559]

IV. Bedeutung der Entstehung der altkatholischen Kirche für die Heiliggeistkirche

Die altkatholische Kirche bildete sich nach dem Ersten Vatikanischen Konzil.[560] In Baden und besonders in Heidelberg gewann sie schnell an Gewicht. Dadurch

---

Oberkirchenraths betreffend vom 1. Dezember 1862, Großherzoglich Badisches Regierungs-Blatt, 60. Jahrgang, Karlsruhe, 1862, S. 561 f.

556 Walz, S. 470

557 Walz, S. 473

558 Siehe auch Niens, S. 138

559 Vgl. dazu auch Walz, S. 469

560 Vorgeschichte, Verlauf und Bedeutung des Ersten Vatikanischen Konzils im Hinblick auf den Altkatholizismus siehe Küry, S. 49 ff.

erhielt die altkatholische Gemeinde Nutzungsrechte an der Heiliggeistchorkirche, die bis zum Verkauf 1936 bestanden.[561]

1. Kirchengeschichtlicher Hintergrund

Die altkatholische Bewegung entstand, nachdem auf dem Ersten Vatikanischen Konzil 1870 die Unfehlbarkeit und das Jurisdiktionsprimat des Papstes verkündet wurde.[562] Damit erreichte eine Entwicklung den Höhepunkt, die mit dem *„Syllabus errorum“* 1864 begann.[563] Darin hatte Pius IX. die 80 größten Irrlehren der Zeit zusammengefasst. Diese Zusammenstellung hatte das im 19. Jahrhundert entwickelte Verhältnis zwischen Staat und Kirche erschüttert. Die Dogmen lösten im Reich den allgemeinen Kulturkampf aus, der lokal beschränkt schon in den Jahren zuvor durch den Streit u.a. über die Schulaufsicht und das Kulturexamen die kirchenpolitische Lage in Baden veränderte hatte.

Teile der Katholiken weigerten sich, die neuen Dogmen anzunehmen. Die Widersacher hatten das gemeinsame Ziel, die alte katholische Kirche zu erhalten. Die Gegner der neuen Papstdogmen konnten ihre Haltung schon im Herbst 1871 auf dem ersten Altkatholiken-Kongress bündeln[564] und wählten 1873 einen Bischof für das katholische Bistum der Altkatholiken.[565]

Auch in Heidelberg wandten sich einige Gläubige dem Altkatholizismus zu. Am 26. Januar 1873 wurde der erste Gottesdienst in der Peterskirche für die exkommunizierten Altkatholiken gehalten.[566] Am 8. März 1874 hielt Rieks, der als altkatholischer Stadtpfarrer nach Heidelberg gekommen war, seinen ersten Gottesdienst. In der Folge konnte eine altkatholische Gemeinde in der Stadt aufgebaut werden.[567]

---

561 Zu den Rechtsverhältnissen der altkatholischen Kirchengemeinden im Allgemeinen siehe Schmitt, Simultankirchenrecht, S. 189 ff.

562 Siehe zur Entwicklung auch Spitzer, S. 111 ff.

563 Syllabus errorum vom 8. Dezember 1864, abgedruckt in Huber/Huber, S. 400 ff.

564 Küry, S. 65 ff.; Panizzi/Keßler, S. 77

565 Solte, HdbStKirchR, Band 1, S. 417 ff., 424; Kessler, S. 370 ff.; Küry, S. 69 f.; Anerkennung durch den preußischen König am 19. August 1873, Küry. S. 75

566 Panizzi/Keßler, S. 77; die Peterskirche war vom evangelischen Pfarramt zur Verfügung gestellt worden.

567 Panizzi/Keßler, S. 77

2. *Das badische Altkatholikengesetz vom 15. Juni 1874*[568] *und die Vollzugsverordnung vom 27. Juni 1874*[569]

Um die wachsenden altkatholischen Gemeinden in Baden nicht schlechter als die übrigen Katholiken zu stellen, führte die Regierung in einigen Kirchen den Simultangebrauch ein. Auf diese Maßnahme reagierte die Katholische Kirche – aufgrund eines Breve von Pius IX vom 12. März 1873 mit dem Interdikt.[570] Daraufhin wurde das Altkatholikengesetz verabschiedet.[571]

a) Regelungsinhalt

Grundsätzlich sollten die Altkatholiken Gleichbehandlung beanspruchen können. Deshalb wurden die Gesetze, die zuvor nur die katholische Kirche betrafen, nun auch auf die Altkatholiken angewendet. Damit sollte insbesondere ein Rechtsverlust – auch hinsichtlich der Pfründen und Einkünfte – vermieden werden (Art. 1). Zudem unterlagen die Altkatholiken nicht mehr der *„Jurisdiktionsgewalt der bisherigen kirchlichen Oberen"* (Art. 2). Dadurch konnten sie eigene Gemeinden bilden und öffentlich Gottesdienst abhalten (Art. 2). Die Bildung bedurfte der staatlichen Anerkennung (Art. 3), aus der aber weitere Rechte hergeleitet werden konnten. Entscheidend war hier die Möglichkeit, die Mitbenutzung einer Kirche eingeräumt zu bekommen (Art. 4 Nr. 1) und den Ertrag aus dem Kirchenvermögen aufzuteilen (Art. 4 Nr. 3).[572] Das Innenminsterium wurde beauftragt, das Altkatholikengesetz durchzuführen (Art. 6).

Das Ministerium des Inneren legte in der Vollzugsverordnung vom 15. Juni 1874 die Anforderungen für die Antragstellung fest. So musste nach § 2 der altkatholische Bischof selbst den Antrag beim Innenministerium stellen oder vor der Einreichung beim Bezirksamt bestätigen, dass die kirchliche Konstituierung der Gemeinschaft erfolgt war (§ 1). Gemäß § 3 konnten dann die Anträge auf *„Ordnung der Verhältnisse der Gemeinschaft"*, also auch auf Mitbenutzung einer Kirche, gleichzeitig gestellt werden. Das Bezirksamt legt die Anträge mit einem eigenen Gutachten dem Innenministerium zur Entscheidung vor (§ 4).

---

568 Abgedruckt Gesetzes- und Verordnungs-Blatt für das Großherzogtum Baden, Jahrgang 1874, Karlsruhe, 1874, S. 277 ff; auch Huber/Huber, Band 2, S. 739 f.

569 Ebd. S. 335 ff

570 Huber/Huber, Band II, S. 739

571 Zur Einordnung des badischen Altkatholikengesetzes in die Geschichte der altkatholischen Kirchen siehe Küry, S. 75 ff.; siehe zu den Ereignissen in Heidelberg auch Maesel, Chorkirche,S. 62 f.

572 Friedrich in Zahn, S. 170 nimmt versehentlich Art 6 Ziff. 3 an

Das Gesetz regelte lediglich die (Mit-)Benutzung der Kirchen und Vermögenserträge. Regelungen zur Veränderung der Eigentumsverhältnisse wurden nicht getroffen.[573]

b) *Anwendung auf die Heiliggeistkirche*

Aufgrund des Gesetzes entschied der altkatholische Kirchengemeinderat Heidelbergs am 21. Juli 1874, den Antrag auf staatliche Anerkennung zu stellen und ein Nutzungsrecht an der Heiliggeistkirche zu beanspruchen.[574] Die erforderliche Bestätigung über die Konstituierung der altkatholischen Gemeinde in Heidelberg durch altkatholischen Bischof Reinkens wurde erbracht. Zudem verbürgten sich die Gemeinderatsmitglieder, die Kosten für die Besoldung eines Gemeindepfarrers und für Kultusgegenstände zu übernehmen. Diese sollten aus den Beiträgen der Gemeindemitglieder aufgebracht werden. Dem Antrag wurde ein notarielles Mitgliederverzeichnis beigefügt, aus dem hervorging, dass die altkatholische Gemeinde 326 Selbständige und 786 Familienmitglieder zählte. Dies sei zwar eine geringe Anzahl im Verhältnis zu 6552 röm.-katholischen Glaubensangehörigen. Jedoch seien diese in ihrer Haltung indifferent und die Altkatholiken könnten die *„bessere Gesellschaft"* zu sich zählen.[575]. Der Antrag auf Zuweisung der Heiliggeistkirche wurde unterstützt mit dem Hinweis, dass den Röm.-Katholischen weiterhin die Jesuitenkirche, die Spitalkirche und die Schulkapelle zur Verfügung stünden.

Das Innenministerium beschied am 20. August 1874, die altkatholische Gemeinschaft staatlich anzuerkennen[576]. Gleichzeitig erhielt sie nach Artikel 4 Ziffer 1 Altkatholikengesetz das Recht, die Heiliggeistchorkirche und *„der dazu gehörigen kirchlichen Gerätschaften"* mitzubenutzen. Dem großherzoglichen Bezirksamt in Heidelberg wurde übertragen, die Einzelheiten der Regelung zu bestimmen. .Es wurde angeregt, zunächst eine Vereinbarung über die Benutzungszeiten zwischen der altkatholischen und der röm.-katholischen Kirche zu versuchen. Sollte eine Einigung nicht erzielt werden, wurde dem Bezirksamt die Regelung anheim gegeben[577]

Daraufhin beantragte die altkatholische Gemeinde aufgrund eines Sitzungsbeschlusses vom 1. September 1874, die Heiliggeistchorkirche sonntags um 9 und um 14 Uhr, an einem Wochentag und in *„Casualfällen"* benutzen zu dürfen. Mit Verfügung vom 10. September beschied das Bezirksamt die Nutzungszeiten an-

573 So auch Schmitt, Simultankirchenrecht, S. 211; auch Zahn, S. 67
574 Rieks, Altkatholizismus, S. 133
575 Rieks, Altkatholizismus, S. 133 f.
576 Vgl. auch Esser, S. 44
577 Kopie des Bescheides vom 20. August 1874, EAF 9341; auch StAHD UA 156, 6

tragsgemäß.[578] Die Schlüsselübergabe sollte bis zum 15. September erfolgen, was der katholische Stadtpfarrer aber ablehnte. Deshalb wurde die Kirchentür mit amtlicher Ermächtigung aufgebrochen.[579] Dabei wurde festgestellt, dass die Orgel in der Zwischenzeit entfernt worden war.[580] Dennoch fand am 20. September 1874 der erste altkatholische Gottesdienst in der Heiliggeistchorkirche statt.[581]

Neben der Übertragung des Nutzungsrechts an der Heiliggeistkirche mussten die Erträge aus dem Kirchenvermögen anteilig übertragen werden. Der altkatholische Kirchengemeinderat stellte deshalb mit Schreiben vom 20. Oktober 1874 beim Innenministerium den Antrag, das St. Anna –Benefizium und den Mitgenuss und die Mitverwaltung des Vermögens der Gemeinde der Heiliggeistchorkirche zu übertragen. Mit Bescheid vom 4. Dezemeber 1876 entschied das Ministerium, dass aufgrund des Altkatholikengesetzes die Verwaltung des Vermögens bei der katholischen Gemeinde verbleiben müsste. Aus den Erträgen erhielten die Altkatholiken aber ein Anspruch auf die jährliche Summe von 400 Mark.[582] Diese wurde mit Bescheid vom 20. August 1877 auf 310 Mark gemindert.[583] Der Betrag veränderte sich in den Folgejahren regelmäßig, sofern aus dem Grundstockvermögen des Fonds Reparaturen verrichtet werden mussten.[584] Der Fonds wurde dann durch eine angepasste Leistung an die Altkatholiken wieder aufgefüllt. Zudem wurde der altkatholischen Gemeinschaft durch einen weiteren Erlass vom

578 Rechtsgrundlage war der Bescheid vom 20. August 1874

579 StAHD UA 156, 6, S. 28 ff.

580 Jakob Lindau hatte die Orgel zum Dekan Benz nach Dilsberg schaffen lassen. Das Innenministerium wies das Bezirksamt an, die Orgel in die Heiliggeistchorkirche zurückzuschaffen. Dies geschah – zunächst in das Rathaus – durch Erlasse vom 21. und 24. September 1874. Der Vorgang löste einen heftigen Streit in Heidelberg aus, der in einem Strafantrag des altkatholischen Gemeinderats im Februar 1875 gipfelte. Benz und Lindau wurden u.a. verurteilt, die Kosten für die Rückbringung zu tragen. Die Strafkammer in Mannheim verurteilte Lindau zu vier und Benz zu drei Monaten Haft wegen der Verbringung der Orgel. Der gerichtliche Orgelstreit erstreckte sich bis ins Jahr 1876, siehe StAHD UA 156, 5, u.a. S. 7 ff.; 27 ff., 33 ff.; StAHD UA 156, 6; Pfälzer Bote v. 13. Februar 1875 in StAHD UA 156, 5; vgl auch Rieks, Altkatholizismus, S. 136 ff (altkatholische Sicht); vgl. auch Maesel, Chorkirche, S. 62 f.

581 Zu diesen Vorgängen Rieks, Altkatholizismus, S. 134 ff.

582 Schmitt, Simultankirchenrecht, S. 212, Fn 13; siehe auch Entscheidung des Bezirksrates Heidelberg vom 26. Juli 1917, EAF 9342

583 Siehe Entscheidung des Bezirksrates Heidelberg vom 26. Juli 1917, EAF 9342

584 U.a. durch Ministerialerlaß vom 1. Juli 1878, 1. Juli 1883, 13. Januar 1886, 12. September 1891, 17. Oktober 1896; siehe Entscheidung des Bezirksrates Heidelberg vom 26. Juli 1917, EAF 9342

16. Dezember 1875 das St. Anna-Benefizium übertragen, womit deren Pfarrer besoldet wurde.[585]

Durch die aufgezeigten Bescheide waren die Ansprüche auf Nutzungsrechte der Altkatholiken an der Heiliggeistchorkirche aufgrund des Altkatholikengesetzes umgesetzt worden.[586] Eine Veränderung der Eigentumsverhältnisse – wie oben schon festgestellt wurde – ergab sich daraus nicht. Allerdings wurden durch die Einweisung der Altkatholiken die Baupflichten streitig. Die Folgen dieser Auseinandersetzung reichten bis in die zwanziger Jahre des 20. Jahrhunderts. In den Jahren 1917 und 1924 kam es zu Rechtsstreitigkeiten über die Baupflichten an der Heiliggeistchorkirche.[587] Dort soll auf diese Frage bezüglich der Baulasten erneut eingegangen werden.

Hintergrund für die Verfahren im 20. Jahrhundert war zudem, dass die katholische Kirche ihre Haltung zu Kirchengebäuden, die gemeinsam mit Altkatholiken genutzt werden sollten, neu definiert hatte. Daraus ergaben sich auch Folgen für den Chor der Heiliggeistkirche.[588]

c) Folgen des Altkatholikengesetzes für die Heiliggeistchorkirche aus röm.-kath. Sicht

Seit der Einweisung der katholischen Gemeinde Heidelbergs in die Jesuitenkirche Anfang des 19. Jahrhunderts wurde der Chor der Heiliggeistkirche nur von den Bruderschaften verwendet. Die Übertragung der Nutzungsrechte an die Altkatholiken hatte nun weitergehende Folgen, die sich aus der grundsätzlichen Haltung der katholischen Kirche zur simultanen Benutzung von Kirchengebäuden ergaben.[589]

Ein Breve von Papst Pius IX vom 13. März 1873 untersagte den Katholiken, Kirchen zu nutzen, die im simultanen Gebrauch mit den Altkatholiken standen.[590]

---

585 Rieks, Altkatholizismus, S. 138 ff.; Panizzi/Keßler, S. 78; Friedrich in Zahn S. 170 übersieht diese Aufteilung der Erträge

586 Die Spitalkirche wurde 1876 zur Mitbenutzung überwiesen, nachdem eine Beschwerde der Katholiken vom Innenministerium zurückgewiesen worden war, siehe Rieks, Altkatholizismus, S. 151

587 Siehe dazu E.

588 Vgl. auch Schmitt, Simultankirchenrecht, S. 216 ff.; Kuhr, S. 88 ff.

589 Siehe dazu B. II. 1. b)

590 Breve vom 12. März 1873 abgedruckt in AKKR 29. Band, Neue Folge 23. Band, Mainz 1873, S. 434: „... *In casu, de quo agitur, nempe quando civilis auctoritas aliquam catholicam ecclesiam contra Episcopi voluntatem neohaereticis adjudicare praesumit, tunc ab Ordinario, praemissis opportunis oppositionibus et etiam scriptis reclamationibus coram tribunali, si haec omnia inutilia evadant, interdicenda est ecclesia neohaereticis attributa; et meliori quo fieri poterit modo consulendum erit*

Die Verordnung wurde den deutschen Bischöfen durch den päpstlichen Nuntius in München mitgeteilt. Diese legt fest: „*Da jede Duldsamkeit gegenüber den Altkatholiken als Gleichgültigkeit und Mangel an Festigkeit angesehen werden könne, da Einfältigen dadurch ein Aergernis gegeben und für Schwankende die Gefahr des Abfalls vom Glauben nahe gelegt würde, so sei, falls eine weltliche Behörde sich herausnehmen sollte, den Altkatholiken eine Kirche zu überweisen, nach erfolgter Opposition die Kirche zu interdizieren*". Durch den Erlass des Innenministeriums waren die Voraussetzungen des Breve erfüllt und die Benutzung der Heiligggeistkirche untersagt. Der Chor wurde deshalb von der katholischen Gemeinde Heidelbergs nicht mehr gebraucht und bis zum Verkauf an die Evangelische Kirche 1936 die Nutzung auch nicht wieder aufgenommen.[591]

---

fidelium catholicorum necessitatibus. Si ex una parte aliquod materiale incommodum vel damnum emanat, ex altera salva et firma remanebunt saltem principia. ..."; Hinschius, Band IV, S. 374 Fn 1; Kuhr, S. 83, 84; Schmitt, Simultankirchenrecht, S. 18; Rieks, Altkatholizismus, S. 153

591 Die Ansicht der katholischen Kirche zum Altkatholikengesetz wird aufgezeigt von Hirschel, Altkatholiken, S. 38 ff

D. Der Fall der Mauer in der Heiliggeistkirche zum 500-jährigen Universitätsjubiläum 1886

Das 500-jährige Universitätsjubiläum 1886 fand in der Heiliggeistkirche statt. Da das Schiff für die Feierlichkeiten nicht den notwendigen Raum bot, wurde die Scheidemauer nach langen Verhandlungen – und der Zusage der Landesregierung auf Wiederherstellung des ursprünglichen Zustandes – abgetragen. Nach der Jubelfeier versuchten die Protestanten und die Altkatholiken, den Zustand durch einen Simultangebrauch zu erhalten. Die katholische Kirche strebte die Wiedererrichtung der Scheidemauer an. Diese erfolgte nach einem Urteil des Reichsgerichts von 1891 und wurde 1895 vollendet.

I. Verhandlungen über die Mauerniederlegung und deren rechtliche Regelung

Die ersten Überlegungen und Anregungen zur Entfernung der Scheidemauer gingen von der badischen Regierung im Herbst 1884 aus.[592] Mit Schreiben vom 30. Oktober 1884 fragte das Ministerium der Justiz, des Kultus und Unterrichts (im Folgenden „Ministerium") beim Evangelischen Oberkirchenrat an, ob die Heiliggeistkirche für das Universitätsjubiläum benutzt werden könne.[593] Kurz danach – im November 1884 – bat das Heidelberger Bezirksamt den evangelischen Kirchengemeinderat um die Einwilligung, die Scheidemauer aus Anlass des Universitätsfestes niederzulegen.[594] Hintergrund dieses Gedankens war, dass nach den Berechnungen des Ministeriums der Platz für die notwendigerweise zu ladenden Gäste nicht ausreiche.[595] Um die Gespräche – zunächst mit dem Oberkirchenrat – zu forcieren, schlug das Ministerium vor, dass es sich „*verbindlich machen*" könne, für die Wiederherstellung der Mauer Sorge zu tragen. Mit dieser Maßgabe bat es deshalb um Stellungnahme.[596]

Der Oberkirchenrat leitete das Schreiben weiter an die Pflege Schönau, damit diese sich zu den Kosten der notwendigen Bauarbeiten äußere. In einem Bericht vom 19. Dezember 1884 stellte die Pflege Schönau fest, dass die Maßnahme ei-

592 Dazu auch Hönig, Sp. 674, 675
593 LKA-KA SpA 4046
594 Heidelberger Zeitung vom 26. September 1892, LKA-KA SpA 4046
595 LKA-KA SpA 4046
596 LKA-KA SpA 4046

nen erheblichen Aufwand bedeute. Sie nahm an, dass die Niederlegung 20000 Mark Kosten verursachen werde und der Gesamtbetrag mit der Ausstattung der Feier sich auf 25000 Mark belaufen werde.[597] Zu diesem Zeitpunkt wird erstmals angemerkt, dass mit diesem Betrag allerdings die dauerhafte Vereinigung der Heiliggeistkirche möglich wäre. Derzeit stünden aber die Nutzungsrechte der Katholiken entgegen.[598] Grundsätzlich wünsche man sich kein Simultaneum. Die Pflege Schönau ging also von der Wiederherstellung der Scheidemauer aus. Dazu stellte sie fest, dass der Unterländer Kirchenfonds nicht bereit sei , die Kosten der Wiederherstellung zu übernehmen. Das Langhaus sei 1880/1881 gründlich renoviert worden und entspräche den Bedürfnissen der evangelischen Gemeinde. Die Pflege Schönau war demnach gewillt, der Niederlegung zuzustimmen. Als Voraussetzung sah sie aber an, dass das Ministerium sich zur Übernahme der Kosten verpflichte.

Diese Haltung wurde auch vom Oberkirchenrat eingenommen und eine verbindliche Zusage des Ministeriums gefordert. Mit Schreiben vom 15. Februar 1885 versicherte das Ministerium dem evangelischen Oberkirchenrat deshalb, dass *„Rechte des Besitzes und der Nutznießung“* an dem ihr zustehenden Kirchenteil unangetastet bleiben und aus der Niederlegung der Mauer keine Nachteile entstehen würden. Darüber hinaus wurde zugesagt, dass für den Fall der Entfernung der Scheidewand zwischen Schiff und Chor der Fiskus sowohl für die Kosten einer entsprechenden Herrichtung des Gesamtkirchenraums für den fraglichen besonderen Zweck, als auch für den Aufwand der Wiederinstandsetzung desselben für den kirchlichen Gebrauch aufkommen werde. Zudem werde man auch dafür sorgen, dass diese Wiederinstandsetzung auf Verlangen so geschieht, dass der gegenwärtige Zustand wiederhergestellt wird.[599] Auf eine erneute Anfrage stellte das Ministerium zudem fest, dass die dauerhafte Beseitigung der Scheidemauer außerhalb seines Zuständigkeitsbereichs liege und deshalb nicht erörtert werden könne.[600]

Das Ministerium führte mit dem Erzbischöflichen Ordinariat einen ähnlichen Schriftverkehr: Am 15. Januar 1885 bat es das Erzbischöfliche Ordinariat, *„die Zustimmung zur vorübergehenden Entfernung der Scheidemauer“* zu geben. Dazu wurde erklärt, dass es sich selbstverständlich nur um eine Vereinigung der

---

597 LKA-KA SpA 4046

598 Da die Katholiken aufgrund des Altkatholikengesetzes die Heiliggeistkirche damals nicht benutzten, werden offensichtlich deren Rechte nicht genau geprüft. Unstreitig war die katholische Kirchengemeinde weiterhin Eigentümerin der Heiliggeistchorkirche.

599 LKA-KA SpA 4046

600 Schreiben vom 28. Februar 1885 des Ministeriums an den evangelischen Oberkirchenrat, LKA-KA SpA 4046

Kirchenteile für die Feierlichkeiten handele und das Ministerium für die Wiederherstellung *„des gegenwärtigen Zustandes“* Sorge tragen werde. Sowohl die Aufwendung der Entfernung als auch der Wiederherstellung würden durch das Ministerium getragen. [601] Daraufhin stimmte das Erzbischöfliche Ordinariat nach Absprache mit der katholischen Stiftungskommission *„unter der zugesicherten Voraussetzung (zu), dass nach Abhaltung dieser Jubelfeier Großh. Staatsregierung diese Scheidemauer wiederherstelle“*.[602] Das Ministerium erwiderte mit einer Erklärung vom 28. Februar 1885 und versicherte, *„dass wir auf Verlangen zur Wiederherstellung des gegenwärtigen Zustandes auf unsere Kosten nach Abhaltung der Jubelfeier bereit sind.“*[603]

Den Tatbeständen der Urteile des Landgerichts Mannheim und des Oberlandesgerichts Karlsruhe[604] ist indirekt zudem zu entnehmen, dass auch mit den drei Gemeinden in Heidelberg Verhandlungen geführt wurden. Ergebnis war wohl eine entsprechende Zusage, mit der sich das Ministerium auf Verlangen zur Wiederherstellung der Scheidemauer verpflichtet hatte.

So wurde mit Ministerialerlass vom 15. Januar 1885 auch der altkatholischen Kirchengemeinde bestätigt, dass die Scheidemauer wiedererrichtet werde. Daraufhin beschlossen die Altkatholiken am 28. Januar 1885, der Entfernung mit der Maßgabe zuzustimmen, *„dass alsbald nach der Feier, der Versicherung des Ministeriums entsprechend, die Kirche wieder zur Abhaltung unseres Gottesdienstes hergestellt werde“*.[605] Dem Beschluss der altkatholischen Gemeinde folgte am 5. Februar 1885 das Einverständnis des altkatholischen Bischofs Reinkens.

Nachdem damit die notwendigen Zustimmungen vorlagen, konnte mit den Umbauarbeiten begonnen werden. Im Wesentlichen fanden sie in der Zeit vom 16. August bis zum 10. Oktober 1885 statt. Während dieses Zeitraums konnte die Heiliggeistkirche nicht benutzt werden. Sobald die Zusammenfügung vollendet war, traten die Rechtsverhältnisse aufgrund der religiösen Bedürfnisse schnell wieder in den Vordergrund. So mussten Regelungen gefunden werden, die insbesondere der protestantischen und der altkatholischen Gemeinde ermöglichten, ihre Gottesdienste zu halten. Auch die Möglichkeit das ungeteilte Gotteshaus nach der Jubiläumsfeier zu erhalten, wurde schon im Jahr 1885 – also noch ein halbes Jahr vor dem eigentlichen Universitätsfest – diskutiert.

So fand am 1. Dezember 1885 eine Sitzung des Oberkirchenrats statt. Dem Protokoll ist zu entnehmen, dass die Scheidemauer zu diesem Zeitpunkt vollstän-

601 Freib. KK, 1892, Sp. 229
602 Freib.KK, 1892, Sp. 229
603 EAF, EO 4374
604 Siehe unter III.
605 Freib.KK, 1892, Sp. 229

dig entfernt war.[606] Erneut wurde festgestellt, dass ein Simultaneum dauerhaft nicht eingeführt werden sollte. Zudem sei dieses auch nach Art. 18 des Dritten Organisationsedikts unzulässig. Der Erwerb des „*ausschließlichen Rechts*“ an der Heiliggeistkirche sei deshalb die einzige Möglichkeit, die Wiedererrichtung zu vermeiden. Dafür wurden aber zum damaligen Zeitpunkt unüberbrückbare Schwierigkeiten gesehen. Dennoch wurde beschlossen, nach der Jubelfeier auf die alleinige Nutzung hinzuwirken oder eine Einigung mit der altkatholischen Gemeinde zu erzielen. Verkannt wurde, dass auch die röm. –kath. Kirche die Wiederherstellung verlangen konnte.[607]

Aus der unsicheren Einschätzung des Oberkirchenrats zu den tatsächlichen und rechtlichen Verhältnissen der Heiliggeistkirche durch die Entfernung wird deutlich, dass die Rechtslage bezüglich der ungeteilten Kirche festgestellt werden muss.

Ungeachtet dessen konnte die Säkularfeier der Universität Heidelberg im August 1886 in der – in ihrer Ganzheit erstrahlenden – Heiliggeistkirche stattfinden. So wurden die akademischen Feierlichkeiten durch einen Festgottesdienst am 3. August 1886 eröffnet. Der eigentliche Festakt am 4. August fand am gleichen Ort statt, und am darauffolgenden Tag wurde das Jubiläum in der Heiliggeist durch die Verleihung der Ehrenpromotionen abgeschlossen. Die ursprüngliche Verbindung der Heiliggeistkirche zur Universität war symbolisch in diesen Tagen wieder hergestellt.[608]

II. Die Rechtsverhältnisse ohne die Scheidemauer in den Jahren von 1886 bis zum Reichsgerichtsurteil vom 20. Oktober 1891

Die Rechtsverhältnisse der vereinten Heiliggeistkirche zwischen 1886 und 1891 ergeben sich aus der tatsächlichen Niederlegung, deren rechtliche Regelung durch die Zusage der Landesregierung und den Vereinbarungen der beteiligten Religionsgemeinschaften über die Benutzungsrechte. Insofern sind diese Fragen getrennt voneinander zu untersuchen. Die rechtliche Einordnung der Zusicherung der Wiedererrichtung durch das Ministerium der Justiz, des Kultus und Unterrichts soll zunächst in diesem Abschnitt ausgeklammert werden, da sie wesentlicher Gegenstand des gerichtlichen Verfahrens von 1891 ist und deshalb dort betrachtet werden muss.

---

606 Einem vom Stadtrat herausgegebenen Adressbuch ist zu entnehmen, dass die Scheidemauer am 30. September 1885 niedergelegt war, Freib.KK, 1892, Sp. 244

607 LKA-KA SpA 4046

608 Siehe insgesamt dazu den Ruperto Carola, Nr. 1, 1886

1. Die Rechtsverhältnisse aufgrund der Niederlegung der Scheidemauer

Bei der Untersuchung der Rechtsverhältnisse durch die entfernte Scheidemauer muss wiederum zwischen Eigentum, Nutzungsrechten und Baulasten unterschieden werden. Wie wiederholt dargestellt, können die diesbezüglichen Rechte und Pflichten auseinanderfallen.

a) Eigentum

Die Eigentumsverhältnisse am Chor und am Langhaus veränderten sich durch die Niederlegung der Scheidemauer nicht. Weiterhin stand der katholischen Gemeinde Heidelberg das Alleineigentum am Chor zu, der evangelischen Gemeinde am Langhaus und am Turm.[609] Die Altkatholiken erwarben durch den Vollzug des Altkatholikengesetzes kein Eigentumsrecht. Diese Rechtslage bestand selbstverständlich fort.

Auch an der entfernten Scheidemauer bestanden Eigentumsrechte: Die Prüfung der Rechtsverhältnisse aufgrund der Religionsdeklaration von 1705 hatte das Miteigentum der Protestanten und der Katholiken an der Scheidemauer ergeben. Dieser Ansicht folgten nun auch das Landgericht Mannheim und das Oberlandesgericht Karlsruhe in ihren Entscheidungen von 1891. Das Landgericht leitete das Miteigentum zudem aus LRS 653 ab. Da durch die Entfernung der Scheidemauer neuer Raum entstanden war, ist dieser auch eigentumsrechtlich zuzuordnen. Dabei geht das Landgericht davon aus, dass „*an dem Platze, auf dem sie stand und an dem Raum, den sie einnahm, das Eigentumsrecht vom Boden her bis zum First dem evangelischen und dem katholischen Religionsteile je hälftig zu(steht)*“.[610] Das Landgericht nimmt also an, dass das Miteigentum fortgesetzt wird. Dem ist zuzustimmen. Eine Aufteilung des Raumes – entsprechend dem heute entwickelten Grundsatz der Bodenakzesssion – ist abzulehnen. Die Niederlegung der Scheidemauer sollte nämlich zunächst nur vorübergehend sein. Würde man annehmen, dass der betreffende Bereich aufgeteilt wird, so stünde das Verfügungsrecht der jeweiligen Gemeinde an ihrem dann vorliegenden Alleineigentum der Wiederherstellung gegebenenfalls entgegen.

---

609 Wohl versehentlich nimmt das OLG Karlsruhe bei der Prüfung eines rechtlichen Interesses Miteigentum der Gemeinden an der Heiliggeistkirche an, EAF, EO 4374; Dies ist offensichtlich unzutreffend.

610 EAF, EO 4374

b) *Nutzungsrechte*

Auch die Nutzungsrechte an der Heiliggeistkirche bestanden trotz der Entfernung der Scheidemauer unverändert weiter.

c) *Baulasten*

Die bestehenden Baulasten an der vereinigten Heiliggeistkirche wurden ebenfalls nicht neu geordnet. Der katholische Ortsfonds ist bauunterhaltspflichtig am Chor, die Pfälzer Katholische Kirchenschaffnei trägt die Baupflicht am Turm[611] und der Unterländer Evangelische Kirchenfonds am Langhaus der Kirche.

Daneben könnte eine weitere Baupflicht der großherzoglichen Regierung an der entfernten und wiederherzustellenden Scheidemauer entstanden sein. Ob tatsächlich eine Pflicht zum Aufbau bestand, soll der Darstellung und Würdigung des diesbezüglichen Verfahrens vor dem Landgericht Mannheim, dem Oberlandesgericht Karlsruhe und dem Reichsgericht vorbehalten bleiben.[612]

2. *Rechtsverhältnisse aufgrund einer Nutzungsvereinbarung zwischen der altkatholischen und der evangelischen Gemeinde*

Die altkatholische und die protestantische Gemeinde legten die Benutzungszeiten in der Heiliggeistkirche durch einen „*Vertrag*" fest, um den Gottesdienst in der ungeteilten Kirche zu ermöglichen.

a) *Zustandekommen der Vereinbarung*

Noch vor der Säkularfeier, nämlich am 26. Mai 1886, schlug der altkatholische Pfarrer Rieks der evangelischen Gemeinde Heidelberg vor, sich über einen vorübergehenden Simultangebrauch der Heiliggeistkirche im direkten Anschluss an die Festlichkeiten zu einigen. Damit könne man die Benutzung unmittelbar nach dem Fest sicherstellen und die Wiederherstellung der Scheidemauer zunächst „*hintan(zu)halten*".[613]

Der evangelische Kirchengemeinderat stimmte diesem Vorschlag zu, so dass bereits am 10. August ein Vertrag unterzeichnet werden konnte.[614] Darin einigten

611 Sitzungsprotokoll des Evangelischen Oberkirchenrats vom 1. Dezember 1885, EAF, EO 4374

612 Siehe unter III.

613 Rieks, Kirchenregiment, S. 94

614 Urteil LG Mannheim vom 10. Januar 1891, Abschrift in EAF, EO 4374

sich die evangelische und die altkatholische Gemeinde, die Nutzungszeiten wie folgt festzulegen[615]:

§ 1 *Sämtliche Anwesende sind mit einer alsbaldigen Wiederbenutzung der Kirche einverstanden , selbstverständlich jede Konfession in ihrem Teil.*

§ 2 *In betreff der Zeit kommt man überein, dass die gewöhnlichen Sonn – und Festtagsgottesdienste seitens der Altkatholiken morgens von 9-10 Uhr abgehalten werden, mit Ausnahme der Sonntage Lätare und Judica, an denen der evangelische Gottesdienst (Konfirmation) schon um 9 Uhr beginnen muss. Der Sylvestergottesdienst wird seitens der Altkatholiken abends 4 Uhr, seitens der Evangelischen um 6 Uhr beginnen*

§ 3 *bezüglich der Sakristei entfällt*

§ 4 *Die Orgel wird den Altkatholiken zur Mitbenutzung überlassen, wogegen sie ein Viertel der Stimmungskosten tragen und für allfällige ihresteils verursachte Beschädigungen der Orgel die Wiederherstellungskosten tragen*

§ 5 *Die Beheizung macht im Chorteil zwei weitere Öfen nötig, welche der altkatholischen Gemeinde obliegen. Die Heizungskosten sämtlicher Öfen, Material etc. werden nach der Zahl der Öfen repartiert.*

§ 6 *Die Beleuchtung kommt für gewöhnlich nicht in Betracht und nur an den Tagen, da etwa die Altkatholiken sie gebrauchen, wird der Aufwand besonders in bisheriger Weise berechnet.*

§ 7 *Die Kirchendiener betreffend hat jeder für seinen Teil die Reinigung, das Schließen der Thüren etc. zu besorgen.*

§ 8 *Diese Vereinbarung wird den beiderseitigen Kirchengemeinderäten zur Beratung bezw. Genehmigung unterbreitet.*

Dem Vertrag stimmten am 27. August der evangelische Kirchengemeinderat und am 5. September 1886 die altkatholische Kirchenversammlung zu. Der Vertrag wurde an das großherzogliche Ministerium mit dem Hinweis übersandt, dass die Wiederherstellung der Scheidemauer nicht gewollt sei. Deshalb könne das Ministerium aufgrund der Kosteneinsparung für die Neuerrichtung der Mauer die Kosten für die Heizungswartung in der Kirche übernehmen. Mit Erlass vom 11. Oktober 1886 erklärte sich das Ministerium bereit, die Aufwendungen für die Heizung zu übernehmen.[616]

Bedenken des altkatholischen Bischofs gegen einen Verzicht auf die Wiederherstellung der Mauer[617] versuchte man auszuräumen, indem die Regierung auf

---

615 Rieks, Kirchenregiment, S. 94 f.

616 Rieks, Kirchenregiment, S. 96

617 Rieks, Kirchenregiment; S. 95 ff, der die Auseinandersetzungen zwischen altkath. Gemeinderat und Bischof ausführlich darstellt, insbesondere hinsichtlich der jeweiligen Kompetenzen in dieser Sache

Anregung des altkatholischen Kirchengemeinderats den bestehenden Zustand (der vereinigten Heiliggeistkirche) unterstützen und schützen wollte. Damit war die Regierung vom Vertrag in Kenntnis gesetzt. Der altkatholische Bischof rückte allerdings nicht vollends von seiner Position ab.[618]

b) Rechtliche Einordnung der Vereinbarung

Entgegen einer katholischen Auffassung ist in der Mittelbewilligung für die Orgelarbeiten nicht die *„staatliche Genehmigung"* des Vertrages zwischen den Altkatholiken und den Protestanten zu sehen.[619] Denn durch die Vereinbarung werden lediglich die bestehenden Nutzungsrechte aus dem Eigentum und dem Altkatholikengesetz ausgestaltet. Einer staatlichen Genehmigung bedurfte diese Maßnahme nicht. Auch widerspricht die Nutzungsvereinbarung nicht Ziffer 18 Drittes Organisationsedikt.[620] Zwar durfte ein *„Religionstheil"* nicht in eine Kirche *„sich eindringen"*, die im *„unbestrittenem Genuß"* eines anderen Religionsteils ist. Die Einführung eines Simultaneums sollte mit dieser Regelung verhindert werden. Protestanten und Altkatholiken sind mit der Vereinbarung aber nicht in die Heiliggeistkirche eingedrungen. Auch sollte kein neuer Mitgebrauch begründet werden. Nach der hier vertretenen Auffassung ist die vorübergehende gemeinsame Nutzungsregelung zudem nicht als Simultaneum zu sehen.[621]

Darüber hinaus kann die Vereinbarung zwischen den Protestanten und den Altkatholiken die Rechte der katholischen Gemeinde Heidelberg nicht beschneiden. Dies gilt sicherlich für ihr Eigentum am Chor und dem Nutzungsrecht an Turm und Glocken. Es bezieht sich aber auch auf das Recht gegenüber der Landesregierung aus deren Zusicherung auf Wiederherstellung. Eine Auswirkung auf die Katholiken wäre der Vereinbarung lediglich in dem Fall zugekommen, wenn die Wiederherstellung vom kumulativen Verlangen aller drei beteiligten Religionsgemeinschaften abhängig gewesen wäre. Die Vereinbarung hätte als Verzicht gewertet werden können, wodurch die Pflicht des Ministeriums entfallen wäre. Die Zusicherung des Ministeriums, die Scheidemauer wiederherzustellen, setzt aber nur ein alternatives Verlangen voraus. Da dieses Recht der katholischen Gemeinde durch die Vereinbarung nicht eingeschränkt wurde, hat sie neben der Regelung der Benutzungszeiten unter den Beteiligten keine weitere rechtliche Wirkung.

---

618 Rieks, Kirchenregiment, S. 101 f.
619 Freib.KK, 1892, Sp. 231
620 Abgedruckt in Badische Landes-Organisation, Karlsruhe, 1803
621 Siehe oben B. II. 1.

III. Das gerichtliche Verfahren

Die Wiederherstellung der Mauer wurde über Jahre hinausgezögert. Die dargestellte Benutzungsregelung war für die Protestanten und Altkatholiken ein annehmbarer Zustand. Auch die Katholiken drängten zunächst nicht auf die Einhaltung der ministeriellen Zusicherung, da sie ihren Nutzungsanspruch weiterhin nicht wahrnahmen. So kam es zu Verhandlungen über die Wiederherstellung der Scheidemauer oder den Verkauf der Chorkirche. Deren Scheitern führte zum gerichtlichen Verfahren, das schließlich erst in der letzten Instanz entschieden wurde.

1. Die Entwicklung bis zum Klageverfahren

Die Zeit nach der Säkularfeier war geprägt von widerstreitenden, auch kirchenpolitischen Interessen. Die katholische Kirche sah in der vereinbarten Nutzungsregelung zwischen Protestanten und Altkatholiken eine Gefährdung ihrer Rechte am Chor, insbesondere ihres Eigentums. Anlass waren u.a. die Feier des protestantischen Landes-Kirchengesangsfestes in Schiff und Chor am 9. Juni 1887[622] sowie ein Konzert des Heidelberger „Bachverein" am 12. Juni desselben Jahres.[623] Die evangelische Kirche war bemüht, den Zustand der vereinigten Heiliggeistkirche zu erhalten, gegebenenfalls auch durch einen Kauf der Chorkirche.

Die katholische Stiftungskommission Heidelberg verlangte deshalb, die Scheidemauer zum Schutz der katholischen Rechte wieder zu errichten. Diese Forderung wurde durch das Erzbischöfliche Ordinariat am 24. März[624] und am 23. Juni 1887[625] an das Ministerium gerichtet. Nachdem eine Reaktion über 1 ½ Jahre ausgeblieben war, wiederholte die Stiftungskommission ihre Aufforderung mit Schreiben vom 13. September 1888.

Mit einem Kaufangebot der Protestanten begründete das Ministerium die späte Reaktion auf die Forderung des Ordinariats aus den Jahren 1887 und 1888. Am 18. Januar 1889 antwortete das Ministerium mit der Aussage, dass die Rechte der Katholiken durch die gegenwärtige Rechtslage nicht gefährdet seien. Das Verlangen auf Wiederherstellung könne durch die Protestanten nicht verhindert

622 Esser, S. 47

623 Freib.KK 1892, Sp. 245; den ersten Gottesdienst in der ganzen Heiliggeistkirche feierte die evangelische Gemeinde schon kurz nach der Vereinbarung, am 10. Oktober 1886, siehe Schwarz, S. 46

624 So der Tatbestand des LG Mannheim; auch dort wird ein erneutes Schreiben vom 20. Juni erwähnt

625 So FreibKK 1892, Sp. 245

werden, vielmehr sei das *„ausschließliche Recht der Katholiken ... ein durch das Gesetz garantiertes...* ." Das Ministerium schlug aber vor, aufgrund der Verkaufsverhandlungen und der angespannten Haushaltslage das Verlangen auf Wiederherstellung zurückzustellen.[626]

Tatsächlich hatte mit Schreiben vom 22. Juni 1887 der Evangelische Kirchengemeinderat bei der katholischen Stiftungskommission angefragt, ob der Verkauf des Chors möglich sei. Daraufhin wurden Verkaufsverhandlungen auf der Grundlage eines Kaufpreises von 91200 Mark, die von der röm.-kath. Stiftungskommission vorgeschlagen wurden, geführt. Zunächst war der Evangelische Oberkirchenrat zur Zahlung von 50000 Mark bereit. Die Verhandlungen zogen sich bis in das Jahr 1890 und wurden aus den verschiedensten Interessen der Beteiligten hinausgezögert.[627] Letztlich mussten die Gespräche als gescheitert angesehen werden. Hintergrund war sicherlich, dass die Beteiligten weder zum Kauf noch zum Verkauf wirklich bereit waren.

Mit Schreiben vom 14. Februar 1889 erneuerte die katholische Kirchenbehörde ihre Forderung an das Ministerium. Die evangelische Gemeinde hätte eine Erklärung nicht abgegeben, in der sie die Eigentumsverhältnisse anerkennen sollte. Weiterhin würde sie den Chor benutzen und an diesem Bauarbeiten vornehmen, ohne zuvor die Genehmigung durch die Katholiken einzuholen. Das Ministerium sagte am 31. März 1889 zu, bei der folgenden Haushaltsbudgetierung die Baumaßnahmen zu prüfen. Auf Anfrage vom 21. November 1889 entschied das Ministerium am 30. November, dass der Vorgang im Budget 1890/1891 nicht berücksichtigt werden könnte. Daraufhin mahnte das Erzbischöfliche Ordinariat unter Hinweis auf den Gerichtsweg die Wiederherstellung am 4. Juni 1890 erneut an. Ein Ministerialerlass vom 10. Juni 1890 lehnte den Aufbau der Scheidemauer ohne Angabe von Gründen ab.[628]

Die Interessen konnten zu diesem Zeitpunkt nicht mehr ausgeglichen werden. Das Erzbischöfliche Ordinariat in Freiburg und der katholische Oberstiftungsrat reichten beim Großh. Landgericht Mannheim Klage ein.[629]

2. *Urteil des Großh. Landgerichts Mannheim vom 10. Januar 1891*[630]

Das Verfahren vor dem Landgericht Mannheim war von kirchenpolitischen Motiven bestimmt, denen sich das Gericht zu entziehen versuchte. Eine Entschei-

---

626 Freib KK 1892, Sp. 246
627 Vgl. Tatbestand LG Mannheim; FreibKK, 1892, Sp. 246
628 Tatbestand LG Mannheim; FreibKK 1892, Sp. 246
629 Freib.KK 1892, Sp. 247
630 Ausfertigung in EAF, EO 4374

dung in materiellen Rechtsfragen blieb deshalb weitgehend aus. Das Landgericht Mannheim kam zu dem Urteil ‚dass *„die Kläger mit der erhobenen Klage unter Verfällung in die Kosten des Rechtsstreits*“ abgewiesen werden.

a) Vortrag der Kläger

Der katholische Oberstiftungsrat in Karlsruhe und das erzbischöfliche Ordinariat in Freiburg erhoben Klage gegen den Großherzoglichen Fiskus, vertreten durch das Großherzogliche Ministerium der Justiz, des Kultus und Unterrichts in Karlsruhe.

Ordinariat und Oberstiftungsrat strebten dabei die Wiederherstellung der Scheidemauer und deren Kostenübernahme durch den Fiskus an. Sie trugen dazu vor, dass die Erklärungen von 1885 ein Vertrag seien und die Wiederherstellung eine privatrechtliche Leistung. Der Oberstiftungsrat sei Anspruchsberechtigter, da der Anspruch zum katholischen Kirchenvermögen, speziell dem der Gemeinde Heidelberg, gehöre. Dies ergebe sich aus § 11 Abs. 3 V.O. vom 20. November 1861.

Zudem bestünde eine Pflicht nicht nur aus Vertrag, sondern auch aus den *„feierlichen Verfassungsurkunden“*, durch die das Kirchenvermögen geschützt werde und neue Simultaneen verboten seien.[631] Ein solches würde aber widerrechtlich tatsächlich eingeführt; eine vorübergehende Gemeinschaft sei eben nicht ausgeschlossen gewesen. Vorsorglich wurde vorgetragen, es ergebe sich auch ein Bauanspruch, der dem – unter Aufsicht des Oberstiftungsrats stehenden – Chorkirchenfonds zustehe.

b) Vortrag des Beklagten und Replik

Das Ministerium beantragte die kostenfällige Abweisung der Klage. Keine der benützenden Kirchengemeinden begehre eine Änderung. Die Wiederherstellung der Scheidemauer könne nicht entgegen deren Willen erfolgen. Weiterhin gehöre der Anspruch allenfalls zum örtlichen Vermögen der Kirchengemeinde Heidelberg. Die Verwaltung des Vermögens – und deshalb auch die Geltendmachung des Anspruchs – obliege nicht den Aufsichtsbehörden. Ein Beschluss durch den örtlichen katholischen Stiftungsrat – gegebenenfalls gemeinsam mit dem altkatholischen Gemeinderat – sei erforderlich. Diese Zuständigkeiten entsprächen auch der Gesetzeslage nach dem Kirchensteuergesetz (1888), der Dienstinstruktion für die katholischen Stiftungsbaukommissionen und der Verwaltungsordnung

631 Genannt werden u.a. die Religionsdeklarationen von 1705 und 1799 sowie das Dritte Organisationsedikt von 1803

(1861). Die Verpflichtung stehe auch nicht in einem Verhältnis zum Heidelberger Chorkirchenfonds, solange dessen Mittel für den fraglichen Zweck nicht in Anspruch genommen würden.

Ein Vertragsverhältnis zwischen Ordinariat und Ministerium liege nicht vor. Die Erklärungen seien gegenüber den Kirchengemeinden abgegeben worden. Der Schriftverkehr mit den Aufsichtsbehörden hätte nicht dazu gedient, über Rechte Dritter (der Gemeinden) zu kontrahieren. Die Gemeinden hätten nämlich schon zuvor zugestimmt. Demgemäß zielte das Schreiben an das Ordinariat lediglich auf die Einholung der Genehmigung.

Weiterhin wurde vorgetragen, dass die Wiederherstellung der Scheidemauer gemeinsam und in einem Verfahren geltend gemacht werden müssten. Es bestünde ein einheitliches Rechtsverhältnis, woraus sich eine notwendige Streitgenossenschaft ergebe.

Daneben hätten Ordinariat und Oberstiftungsrat auch kein eigenes rechtliches Interesse. Ihr Interesse richte sich vielmehr auf die Beseitigung der Nutzung durch die Altkatholiken. Weiterhin sei nicht von einem Simultaneum auszugehen. Ein gemeinsames Gebrauchsrecht liege gerade nicht vor.

Diesem Vortrag hielten Ordinariat und Oberstiftungsrat entgegen, dass aus dem Eigentumsrecht am Chor der Anspruch entstünde, Maßnahmen zur Sicherstellung vorzunehmen. Ein rechtliches Interesse ergebe sich zudem aus dem Eigentum, dem Vertrag und der Weigerung des Ministeriums zur Wiederherstellung. Weiterhin sei auch das Ordinariat Vertragspartner und deshalb zur Klage berechtigt. Dies zeige auch der Wortlaut der Erklärung, die das Ministerium gegenüber dem Ordinariat abgegeben habe. Auch eine notwendige Streitgenossenschaft sei nicht gegeben, da das alleinige Eigentumsrecht das Objekt der mit der Klage bezweckten Sicherstellung bilde. Das Ministerium habe die Erklärung ohne Bedingung abgegeben.

Darüber hinaus wurde darauf hingewiesen, dass auch der Evangelische Oberkirchenrat Klage erheben könne. Falls das Ministerium befürchte, dieses Verfahren würde sich auf sein Verhältnis zu den Protestanten auswirken, so könnte es diesen den Streit verkünden.

Rechtlich sei auch die Unterscheidung zwischen faktischem gemeinsamen Benutzungsverhältnis und Simultaneum nicht zutreffend. Die dasselbe ausschließenden Gesetze seien noch in Kraft. So würde das Organisationsedikt vom Verwaltungsgerichtshof anerkannt.

Soweit die Aktivlegitimation bestritten werde, stünde nach der Praxis der Gerichte dem Oberstiftungsrat die selbständige Rechtsvertretung des gesamten örtlichen Vermögens –und nicht nur der Ortskirchenstiftungen – zu. Dies sei unabhängig von einem Beschluss des Ortsstiftungsrats. Die diesbezügliche Verordnung von 1861 sei noch gültig und durch das Kirchensteuergesetz vom Jahr 1888 in keiner Weise abgeändert worden. Daneben sei die Ortsverwaltungsbehörde nicht umgangen worden. Die katholische Stiftungskommission regte nach Aktenlage an, auf die Wiederherstellung zu drängen. Auch habe sich der Katholische Stiftungsrat Heidelberg der Klage angeschlossen und werde diesbezügliche Erklärung abgeben. Die Erklärung wurde nachgereicht und datiert vom 19. November 1890.

c) Entscheidung des Gerichts

Das Gericht begründet seine Entscheidung damit, dass nach dem Wortlaut der Erklärungen vom Januar und Februar nicht angenommen werden könne, dass ein Vertragsverhältnis zwischen dem Ministerium und dem Ordinariat hätte entstehen sollen und geschaffen worden sei. Die drei obersten Kirchenbehörden seien lediglich in ihrer Funktion als Aufsichtsbehörden zur Genehmigungserteilung einbezogen worden. Der Hinweis auf Wiederherstellung sei nicht als ein eigener Anspruch der Aufsichtsbehörden zu werten, auch wenn die Zusage Grundlage der Zustimmung sei. Vertragspartner seien nur die drei Kirchengemeinden gewesen. „*Dem Erzbischöflichen Ordinariate fehlt somit zur Contraktsklage die Aktivlegitimation. Was den katholischen Oberstiftungsrat betrifft, so tritt dieser nicht kraft eigenen Rechts, sondern als gesetzlicher Vertreter des örtlichen katholischen Kirchenvermögens zu Heidelberg klagend auf.*“ …

Weiterhin wurde festgestellt, dass der Anspruch nicht zum Chorkirchenfonds gehöre, sondern zum Vermögen der katholischen Gemeinde. Dies habe schon der Beklagte zugestanden. Daneben ergebe sich dies auch aus dem „*Vertragsschluß*“ mit dem katholischen Ortsstiftungsrat als Kirchengemeindeorgan. Der Gr. Fiskus habe nun auch nicht bestritten, dass dem katholischen Oberstiftungsrat die Besorgung der Rechtsvertretung des Vermögens der katholischen Ortskirchengemeinde obliege. Diese ergebe sich auch aus §§ 4 und 11. Abs. 3 der V.O. vom 20. November 1861 i.V.m Artikel 9 Abs. 1 des Kirchensteuergesetzes von 1888. Ob der katholische Stiftungsrat selbständig die Rechte wahrnehmen könne, sei deshalb nicht streiterheblich. Weiterhin habe sich der katholische Ortsstiftungsrat Heidelberg mit Erklärung vom 18. November 1890 angeschlossen. Dass die Erklärung erst nach Klageerhebung erfolgt ist, sei nach § 54 cpo unerheblich.

Dennoch sei aber auch der Oberstiftungsrat mit der Klage abzuweisen, „*weil die vom Beklagten vorgeschützte exceptio plurium litis consortium zutreffend erscheint.*“ Dies folge aus der Natur des in Frage kommenden materiellen Rechtsverhältnisses. Die Verpflichtung des Ministeriums sei gegenüber allen drei Gemeinden – nicht nur der röm.-kath.- erfolgt „*und zwar jeder einzelnen gegenüber besonders*“. Daraus würden sich drei parallele obligatorische Verhältnisse ergeben, deren Gegenstand die gleiche Bauleistung sei. Dies bedinge zwar noch nicht eine notwendige Streitgenossenschaft, aber durch den „*eigenartigen Inhalt*" der Bauleistung selbst müsse dies angenommen werden.

„*Das Verlangen der Wiederherstellung des früheren baulichen Zustandes, möge es von wem immer gestellt werden, lässt sich also nur realisieren im Wege der Disposition über ein nicht einem einzigen Rechtswillen unterliegendes Objekt; es kommen, als über dasselbe dispositionsbefugt vielmehr notwendig immer alle drei, die beiden Religionsteile darstellenden Kirchengemeinden in Betracht. Die fragliche Bauleistung selbst an diesem Objekt ist aber ihrer Natur nach nur als ein einheitliches Faktum denkbar, das entweder ganz bewerkstelligt werden oder ganz unterbleiben muss.*"

Aufgrund des einheitlichen Rechtsverhältnisses sei die klageweise Anspruchsdurchsetzung nur unter Zuziehung aller drei Kirchengemeinden möglich. Das Klagerecht stünde zwar nicht nur den drei Kirchengemeinden gemeinsam zu. Auch eine allein könnte den Anspruch stellen. Die Gemeinden müssten sich aber auf einer Seite dem Anspruch anschließen oder ihm entgegentreten. Divergierende Urteile in verschiedenen Verfahren seien zu vermeiden. Somit hätte das Gericht auch der Klage des Oberstiftungsrats nicht stattgeben können.

Zudem läge die verbotene Einführung eines Simultaneums nicht vor. Selbst wenn nach LRS 1882 eine „*unrechte Tat*" vorläge, so könnte ein Schadensersatzanspruch nicht zivilgerichtlich geltend gemacht werden. Ob die genannten Gesetze, die ein Simultaneum verbieten, noch in Kraft sind, sei somit nicht zu entscheiden gewesen.

3. *Urteil des Oberlandesgerichts Karlsruhe vom 2. Juni 1891*[632]

Das OLG Karlsruhe entschied wie folgt: „*Auf die Berufung des Klägers gegen das Urtheil des Großhe. Landgerichts Mannheim, Civilkammer I vom 10. Januar 1891, wird dieses Urtheil aufgehoben und ausgesprochen: Der Beklagte wird verurtheilt die Scheidewand zwischen dem Chor und dem Schiff der Kirche zum Heiligen Geist in Heidelberg, wie solche bis zum Jahre 1886 bestanden hat, wiederherzustellen. Der Beklagte hat die Kosten des Rechtsstreits zu tragen.*"

Bezüglich des Sach- und Streitstandes verwies das Oberlandesgericht nach kurzen Erläuterungen zum Sachverhalt auf den Tatbestand der Entscheidung des Landgerichts Mannheim. Die Entscheidungsgründe des erstinstanzlichen Urteils werden im Überblick dargestellt. Der Kläger hatte in der Berufung den Antrag gestellt, „*abändernd nach dem Klagebegehren zu erkennen*". Der Beklagte hatte beantragt, die Berufung zu verwerfen.

632 Ausfertigung in EAF, EO 4374

a) *Vortrag des Erzbischöflichen Ordinariats und des katholischen Oberstiftungsrats*

In der Berufungsschrift tragen das Ordinariat und der Oberstiftungsrat vor, dass das Ordinariat selbständig zur Klage berechtigt sei. Denn bei dem Schriftverkehr zwischen dem Ordinariat und dem Ministerium habe es sich um die Frage gehandelt, ob die Heiliggeistkirche zu profanen Zwecken benutzt werden dürfte. Die Zustimmung dazu dürfte nur vom Ordinariat erteilt werden. Da bei dieser Frage die Zusage des Ministeriums gegenüber dem Ordinariat ausgesprochen worden sei, könnte das Ordinariat als „Gegenkontrahent" den Anspruch geltend machen. Das Ordinariat sei nicht nur kirchliche Aufsichtsbehörde, sondern auch Vertretungsberechtigter des örtlichen Kirchenvermögens. Denn nach katholischem Kirchenrecht stünde dem Bischof ein Verfügungsrecht zu. Dies sei auch in der badischen Kirchengesetzgebung anerkannt und ergebe sich aus der Kompetenz des Erzbischofs gegenüber dem Oberstiftungsrat bei der Geltendmachung eines Anspruchs.[633]

Weiterhin sei auch der Oberstiftungsrat selbständig zur Klageerhebung berechtigt, unabhängig von einem Beschluss der örtlichen Stiftungskommission.[634] Die Prozessführung sei im Übrigen gerade von der Stiftungskommission angeregt worden. Dies genüge den Voraussetzungen von § 54 cpo.

Weiterhin wird ausgeführt, dass jede einzelne der drei Gemeinden den Abbruch hätte verhindern können. Deshalb könne auch jede Gemeinde unabhängig von den anderen die Wiedererrichtung verlangen. Dies ergebe sich auch aus dem Miteigentum nach LRS 577 bb ff. Weiterhin würde das Ministerium in einem Erlass vom 30. Mai 1895 gegenüber der Marianischen Bürgersodalität davon ausgehen, dass die Wiederherstellung erfolge, sofern nicht alle beteiligten Gemeinden von dem Verlangen absehen würden. Diese rechtliche Wertung des Inhalts der Zusage durch das Ministerium entspräche der Ansicht des Klägers.

Die Abrede eines zivilrechtlichen Vertragsverhältnisses widerspreche den bisherigen Äußerungen des Ministeriums. Dieses habe nämlich erklärt, dass der Anspruch zum örtlichen Kirchenvermögen gehöre und deshalb ein Beschluss der Stiftungskommission vorliegen müsse. Auch die wörtliche Auslegung der Erlasse ergebe, dass ausdrücklich die Pflicht zur Wiedererrichtung übernommen worden sei.

633 Friedberg, S. 141; Verordnung vom 20. November 1861 und die ihr zugrundeliegenden Vereinbarungen zwischen Gr. Staatsregierung und Ordinariat

634 Verwiesen wird auf § 11 Verordnung vom 20. November 1861 die Verwaltung des katholischen Kirchenvermögens betreffend

Zudem sei es nicht erforderlich, dass der Kläger zur Geltendmachung der Forderung einen Zweck oder ein rechtliches Interesse habe. Dennoch haben das Ordinariat und der Oberstiftungsrat ein rechtliches Interesse an der Wiederherstellung der Scheidemauer. Deshalb habe man auch die Zusage der Landesregierung gefordert.

b) Vortrag des Ministeriums

Das Ministerium setzt dem klägerischen Vortrag entgegen, dass dieser zur Begründung der Aktivlegitimation keinen positiven Rechtssatz, sondern mit dem Verfügungsrecht des Bischofs über das örtliche Kirchenvermögen lediglich eine „*Prätention*" angeführt habe, die zudem in der Kirchenrechtslehre umstritten sei. Nach Auffassung der Staatsregierung müsse die Vermögenssubjektivität der Gemeinde zuerkannt werden. Im Gegensatz zur Evangelischen Kirche hätte man die Vermögensverwaltung in der katholischen Kirche vom Bischof und damit dem Ordinariat abgeschieden. Es sei deshalb als eigenständige Vermögensverwaltungsbehörde der Oberstiftungsrat errichtet worden. Das örtliche Kirchenvermögen würde unter der Kontrolle desselben durch die örtliche Stiftungskommission verwaltet. Das Ordinariat könne deshalb über das örtliche Kirchenvermögen keine Verträge schließen.

Zur Mauerniederlegung sei man im Verhältnis zu den Gemeinden durch Verwaltungsakt vorgegangen. Gegenüber den Aufsichtsbehörden würde es sich bei der Einholung der Genehmigung um einen reinen politischen Akt handeln. Ein zivilrechtliches Vertragsverhältnis sei beiderseits nicht gewollt und nicht vereinbart worden. Ein „*politischer Akt*" könne nicht zum Gegenstand einer Klage vor den bürgerlichen Gerichten gemacht werden.

Der Klage stehe zudem die exeptio doli generali entgegen. Das Verlangen des Klägers diene nur dazu, die Interessen der anderen beteiligten Gemeinden zu verletzen. Ein eigenes Interesse an der Wiederherstellung bestünde nicht, da die katholische Gemeinde die Heiliggeistkirche nicht benutze (LRS 1135). Der Vertrag dürfe weiterhin nicht entgegen seinem Sinn ausgelegt werden. Die Wiederherstellung könne ohne eigenes Interesse nicht verlangt werden.

Die exeptio plurium litis consortium sei im Hinblick auf die altkatholische Gemeinde zutreffend. Es gäbe nur eine katholische Kirche und aus dem Miteigentum leite sich ab, dass das alleinige Verlangen der röm.-kath. Gemeinde nicht ausreichend sei (melior est conditio prohibentis).

Ein Simultanverhältnis läge weiterhin nicht vor. Der tatsächliche Zustand würde den rechtlichen Zustand nicht verändern. Auch sei das Zivilgericht nicht zuständig, über die Frage der Zulässigkeit eines Simultanverhältnisses zu entscheiden (§ 18 Drittes Organisationsedikt).

c) Entscheidung des Gerichts

Das OLG stimmte mit dem Landgericht überein, dass zwischen Ordinariat und Ministerium kein Vertragsverhältnis entstanden sei. Die drei obersten Kirchenbehörden seien lediglich als Aufsichtsbehörden in das Verfahren einbezogen worden, um deren Zustimmung einzuholen. Mitkontrahenten seien nur die drei Heidelberger Kirchengemeinden geworden. Das Ministerium habe als Organ der Staatsgewalt die Verhandlungen geführt und das Erzbischöfliche Ordinariat als Organ des Kirchenregiments mit der Kompetenz, die profane Nutzung eines Kirchengebäudes zu gestatten. Das Ordinariat sei aber nicht Vertreter des örtlichen Kirchenvermögens. Deshalb habe sich das Ministerium dem Ordinariat gegenüber nicht verpflichtet, die Kosten der Niederlegung und der Aufrichtung zu übernehmen. Dies sei vielmehr gegenüber den drei Kirchengemeinden geschehen.

Die zugesagten Leistungen hätten einen privatrechtlichen Charakter. Sie stünden im Zusammenhang mit einem Akt der politischen Verwaltung. Letzterer sei Gegenstand der Beziehungen zwischen Ministerium und Ordinariat gewesen.

Mit der Klage werde diese privatrechtliche Leistung geltend gemacht. Die Einrede der Unzulässigkeit des Rechtsweges könne ihr nicht entgegengesetzt werden. Vielmehr folge aus der obigen Darstellung, dass der Oberstiftungsrat als gesetzlicher Vertreter des örtlichen Kirchenvermögens berechtigt sei, den Anspruch geltend zu machen. Die Legitimation sei auch in der mündlichen Berufungsverhandlung „*in concreto*" eingeräumt worden. Ob die Legitimation des Oberstiftungsrats sich deshalb aus einem eigenen Recht, der Vertretung der Stiftungskommission oder des Chorkirchenfonds ergebe, sei deshalb unerheblich.

Demgegenüber sei das Ordinariat „ *kraft eigenen Rechts*" nicht aktivlegitimiert. Dem Vortrag des Berufungsklägers, der Bischof sei kirchenrechtlich befugt, über das örtliche Kirchenvermögen zu verfügen und über eine diesbezügliche Anspruchserhebung des Oberstiftungsrats zu bestimmen, sei nicht zu folgen. Eine gesetzliche Grundlage für diese Ansicht sei nicht ersichtlich. Eine teilweise gegenteilige Auffassung der Kirchenrechtslehre sei aufgrund der eindeutigen badischen Gesetzgebung unerheblich.

Zwar sei am 13. März 1861 zwischen dem Ordinariat und der Regierung eine Vereinbarung zur Verwaltung des katholischen Kirchenvermögens mit dem Inhalt getroffen worden, dass das katholische Kirchenvermögen im Namen der Kirche unter Leitung und Aufsicht des erzbischöflichen Ordinariats verwaltet und rechtlich vertreten wird. Diese Vereinbarung hätte jedoch die erforderliche Genehmigung der Staatsregierung nicht erhalten. Die Entstehung und der Regelungsinhalt der Verordnungen vom 2. und 20. November 1861 ergeben, dass die Verwaltung des örtlichen Kirchenvermögens den Stiftungskommissionen unter Aufsicht des Oberstiftungsrats zustehe (§§ 4, 11). Zu gewissen Maßnahmen sei allerdings die Zustimmung des Ordinariats erforderlich (§§ 16, 18). Das Ordinariat habe aber nicht die Verwaltung inne. Die Rechtsvertretung würde nach § 11 ausschließlich vom Oberstiftungsrat besorgt.

Der Klage auf Wiederherstellung der Scheidemauer aufgrund des durch die Zusage des Ministeriums mit den Gemeinden geschlossenen zivilrechtlichen Vertrages und dem sich daraus ergebenden obligatorischen Anspruch könne nicht entgegengehalten werden, die katholische Gemeinde hätte kein rechtliches Interesse. Dies bestünde im Miteigentum.[635] Im Übrigen hätte es eines rechtlichen Interesses zur Geltendmachung des Wiederherstellungsanspruchs nicht bedurft. Der Vortrag des Beklagten, die katholische Gemeinde würde die Chorkirche nicht benutzen und die Klage stünde im Widerspruch zu den Interessen der anderen Gemeinden und würde diese schädigen (exeptio doli generalis/LRS 1135), sei nicht begründet. Zum einen könne die päpstliche Breve zurückgenommen werden, zum anderen sei die Zusage bedingungslos gemacht worden. Insbesondere könne man sich bei ihrer Auslegung nicht darauf berufen, die Aufrichtung der Scheidemauer sei nicht gewollt gewesen, sofern eine Vereinbarung der altkatholischen und der evangelischen Gemeinde vorläge. Denn diese Vereinbarung liege zeitlich nach der Zusage und könne deshalb bei der Auslegung der Zusage nicht berücksichtigt werden.

Auch eine notwendige Streitgenossenschaft läge nicht vor. Maßgeblich sei hier das Miteigentum an der Scheidemauer. Ihre Niederlegung sei nur möglich gewesen, da alle Miteigentümer hierzu eingewilligt haben. Da die Einwilligung der katholischen Gemeinde aber unter der Bedingung abgegeben wurde, dass die Wiederherstellung erfolge, so seien auch die anderen Gemeinden an diese Bedingung gebunden gewesen. Auch diese hätten unter dieser Beschränkung eingewilligt. Die Niederlegung sei eine Änderung der Benutzung der Mauer, zeitlich beschränkt bis zum Ende der Universitätsfeier. Danach hätte jeder Miteigentümer allein das Recht, die Aufrichtung der Mauer zu verlangen. Alle Beteiligten seien damit einverstanden gewesen, dass nur während der Säkularfeier eine Änderung der Benützungsweise erfolgen solle. Eine darüberhinausgehende Benutzung sei deshalb unrechtmäßig. Jeder Einzelne konnte also die Niederlegung verhindern, gleichsam kann jeder Einzelne die Wiedererrichtung verlangen (potior est conditio prohibentis). Die katholische Gemeinde könne deshalb ihren obligatorischen Anspruch gegenüber dem Fiskus geltend machen, ohne dass der Wille der übrigen Gemeinden erheblich sei. Es handele sich nämlich nun nicht mehr um eine Zustimmung der anderen Gemeinden zum Verlangen der Wiedererrichtung. Diese war schon durch die Zustimmung zur Niederlegung erteilt worden. Hier han-

635 Die Annahme des Miteigentums ist wohl ein Redaktionsfehler, der aber nicht zu einem anderen rechtlichen Ergebnis führt.

dele es sich vielmehr um die Erfüllung eines „*Samtrechtes*". Auch eine Einwilligung der altkatholischen Gemeinde ergebe sich nicht, weder aus dem vorliegenden Benutzungsrecht, noch aus dem behaupteten Eigentumsrecht (potior est conditio prohibentis). Dieser Grundsatz stünde – entgegen seiner Ansicht –dem Vortrag des Ministeriums entgegen.

Auch der vom Kläger vorgetragene Erlass des Ministeriums an das Bezirksamt vom 30. November 1885 stünde einer notwendigen Streitgenossenschaft entgegen, da das Ministerium darin selbst vorgetragen habe, dass die Scheidemauer wieder hergestellt werde, sofern nicht alle Gemeinden darauf verzichten würden.

Ob durch die Vereinbarung der gemeinsamen Benutzung durch die altkatholische und die evangelische Gemeinde ein verbotenes Simultaneum vorliege, müsse in diesem Verfahren nicht entschieden werden.

Einer ausdrücklichen Abweisung der Klage des Ordinariats bedürfe es nicht. Das Ordinariat sei der begründeten Klage des Oberstiftungsrats nur beigetreten. Dies habe auch keine weiteren Kosten verursacht. Die Kostenentscheidung ergebe sich aus § 87 cpo.

4. Urteil des Reichsgerichts vom 20. Oktober 1891[636]

Im Revisionsverfahren hat das Urteil des Reichsgerichts folgenden Tenor: *Das Urteil des Zweiten Zivilsenats des Großherzoglich Badischen Oberlandesgerichts zu Karlsruhe vom 11. Mai, verkündet 2. Juni 1891, wird insoweit aufgehoben, als dasselbe auch zugunsten des Erzbischöflichen Ordinariats erlassen ist. Statt dessen wird die Klage des Ordinariats abgewiesen und bleiben demselben die Kosten seiner anwaltlichen Vertretung in allen drei Instanzen zur Last, während im Übrigen die Kostenentscheidung aufrechterhalten bleibt. Dagegen wird dem katholischen Oberstiftungsrat gegenüber die Revision des Fiskus zurückgewiesen und werden sämtliche Kosten der Revisionsinstanz dem Revisionskläger auferlegt mit Ausnahme der dem erzbischöflichen Ordinariat zur Last bleibenden Kosten seiner anwaltlichen Vertretung.*

a) Tatbestand

Im Tatbestand gab das Reichsgericht den Sachverhalt im Überblick wieder. Im Übrigen verwies es auf den Tatbestand und die Entscheidungsgründe des ober-

636 Reichsgericht AZ II. 170/91; Ausfertigung EAF, EO 4374; Abschrift StAHD AA 210, 10, S. 189 ff.

landesgerichtlichen Urteils. Es wurde festgestellt, dass die Regierung, vertreten durch das Ministerium, die Revision gegen das Urteil des OLG Karlsruhe ergriffen und beantragt hatte, das Urteil aufzuheben und nach dem beklagterseits in der Berufungsinstanz gestellten Antrag zu erkennen. Das Ordinariat und der Oberstiftungsrat hatten beantragt, die Revision zurückzuweisen.

b) Entscheidungsgründe

Die Revision sei nur teilweise begründet gewesen. In der Hauptsache – der Wiederherstellung der Scheidemauer – sei die Revision gegenüber dem katholischen Oberstiftungsrat unbegründet. Zwar würden die Ausführungen des OLG nicht eindeutig erkennen lassen, in welchen Akten die privatrechtliche Verpflichtung gegenüber den drei Gemeinden in Heidelberg liege. Aber aus den Schriftsätzen des Ministeriums im landgerichtlichen Verfahren sei zu entnehmen, dass sich der Fiskus gegenüber den Gemeinden zivilrechtlich verpflichtet habe. Dies sei zwar kein gerichtliches Geständnis, aber doch eine *„Aufstellung des Beklagten"*. Lediglich aus anderen Gründen sei bestritten worden, dass der Oberstiftungsrat den Anspruch nicht geltend machen könne. Deshalb sei eine nähere Darlegung durch das OLG nicht notwendig gewesen.

Weiterhin sei von den Klägern – wie dies notwendig sei – auch ein Vertragsverhältnis zwischen dem Fiskus und den Gemeinden behauptet worden, auch wenn die Ausführungen im wesentlichen das Verhältnis zum Erzbischöflichen Ordinariat darlegen. So sei in diesem Sinne auch schon im Verfahren vor dem Landgericht das Wort *„Mitkontrahent"* gebraucht worden. Daneben seien auch die Akten der katholischen Stiftungskommission – vom Ministerium anerkannt – Gegenstand der mündlichen Verhandlung vor dem Landgericht geworden. Auch aus diesen ergebe sich, dass die Verpflichtung zur Wiederherstellung gegenüber der katholischen Gemeinde Heidelberg übernommen worden sei. Ob auch die evangelische oder die altkatholische Gemeinde einen Anspruch haben, sei in diesem Verfahren nicht entscheidend.

Ausgeschlossen sei ferner nicht, dass die Zusage gegenüber dem Ordinariat zwar nicht diesem selbst einen Anspruch gebe, dennoch sei aber dadurch eine Verpflichtung gegenüber der katholischen Gemeinde erzeugt worden. Auch wenn das Ordinariat und das Ministerium sich als öffentliche Behörden gegenüberstanden, so könne das Ministerium dennoch in seiner Funktion als politische Verwaltung eine vermögensrechtliche Verpflichtung gegenüber der Gemeinde eingehen, um die Zustimmung des Ordinariats zu erhalten. Aus der Zusage des Ministeriums gegenüber dem Ordinariat sei deshalb ein Anspruch der Gemeinden gegen den Fiskus zu entnehmen.

Auch die Einrede der notwendigen Streitgenossenschaft würde nicht durchgreifen. Die Verpflichtung zur Wiederherstellung der Mauer müsse gegenüber der katholischen Gemeinde erfüllt werden, unabhängig von möglichen weiteren Verpflichtungen gegenüber den anderen Gemeinden. Der Anspruch könnte auch bestehen, falls der Fiskus gegenüber den Altkatholiken und den Protestanten nicht zur Wiederherstellung der Trennmauer verpflichtet sei. Eine gleichzeitige und einheitliche Entscheidung sei deshalb nicht notwendig.

Ebenso sei die Rüge des Ministeriums, die katholische Gemeinde hätte kein rechtliches Interesse an der Aufrichtung, verfehlt. Zum einen setze das Gesetz zur Durchsetzung eines bestehenden Anspruchs kein Interesse voraus, zum anderen bestünde ein solches aus dem Miteigentum an der Heiliggeistkirche. Dabei sei auch unerheblich, dass sich die altkatholische und die evangelische Gemeinde auf die gemeinsame Benutzung geeinigt hätten. Hierzu sei im Revisionsverfahren zwar vorgetragen worden, die Rechte des Nutznießers gegenüber dem Eigentümer seien zu berücksichtigen. Das Reichsgericht stellt jedoch klar, dass es sich beim vorliegenden Rechtsstreit lediglich um das Rechtsverhältnis zwischen dem Fiskus und der katholischen Gemeinde handele.

Weiterhin wird erörtert, dass das OLG angenommen habe, das Erzbischöfliche Ordinariat sei nicht zur Klage berechtigt gewesen, da es keinen eigenen Anspruch gegenüber dem Fiskus habe. Soweit revisibel ließen die Feststellungen keinen Rechtsirrtum erkennen. Daraus müsse sich aber eine ausdrückliche Abweisung der Klage des Ordinariats ergeben. Folglich müssten dem Erzbischöflichen Ordinariat die Kosten seiner anwaltlichen Vertretung in den drei Instanzen auferlegt werden. Die übrigen Kosten fallen dem Revisionskläger zur Last.

5. Rechtliche Würdigung der Entscheidungen

Die drei Instanzen kommen zu unterschiedlichen Urteilen. Dabei weichen sie nicht nur im Tenor voneinander ab, sondern setzen ihre rechtliche Würdigung auch an divergierenden Fragen an. Insofern werden sie hier getrennt voneinander betrachtet.

a) Landgericht Mannheim

Das Landgericht Mannheim verneint ein Vertragsverhältnis zwischen dem Ministerium und dem Erzbischöflichen Ordinariat aufgrund des Wortlauts der Zusage im Schriftverkehr der beiden Organe. Diese Ansicht erscheint zumindest zweifelhaft, denn indem das Ministerium sich „*verbindlich macht*“, “*auf Verlangen zur*

Wiederherstellung des gegenwärtigen Zustandes"[637], wird deutlich, dass eine rechtliche Verpflichtung gewollt war. Insofern ist der Wortlaut nicht geeignet, ein Vertragsverhältnis grundsätzlich zu verneinen. Daneben stellt das Landgericht auch auf die Funktion des Ordinariats als Aufsichtsbehörde ab. Der Ansicht des Gerichts, dass das Ordinariat lediglich für die Genehmigungserteilung zuständig war, in dieser Funktion handelte und deshalb kein Vertragsverhältnis über das örtliche Kirchenvermögen entstehen konnte, ist zu folgen. Im Ergebnis kann dem Landgericht deshalb zugestimmt werden.

Das Landgericht stellt zur Herleitung des Anspruchs auf ein Vertragsverhältnis mit den drei betroffenen Gemeinden ab. Durch welche Erklärungen dieses zustandegekommen war, bleibt unerwähnt. Diese Ungenauigkeit, der auch das OLG Karlsruhe folgt, wird durch das Reichsgericht erkannt und aufgehoben.

Die Vertretungsberechtigung des Oberstiftungsrats wird richtigerweise aus § 4 und 11 Abs. 3 VO vom 20. November 1861[638] i.V.m. § 9 Abs. 1 Kirchensteuergesetz vom 26. Juli 1888[639] hergeleitet.

Auch die Annahme, dass der katholische Ortsstiftungsrat sich nach § 54 cpo mit Erklärung vom 18. November der Klage angeschlossen hat, ist sachlich richtig. Dabei ist die Formulierung aber ungenau, denn nach § 54 cpo erfolgt die Ermächtigung zur gesetzlichen Vertretung. Diese kann auch nachträglich erteilt werden. Nach §§ 513 Nr. 5, 542 Nr. 4 cpo können bei einer ausdrücklichen oder stillschweigenden Genehmigung der Prozessführung die Revision und die Nichtigkeitsklage nicht auf einen Mangel in der Vertretung gestützt werden. Diese Regelung muss entsprechend auf frühere Stadien des Verfahrens angewendet werden.[640] Die zeitlich nach Klageerhebung erfolgte Erklärung des katholischen Ortsstiftungsrats ist deshalb als ordnungsgemäße Ermächtigung auszulegen und anzusehen.

Dennoch weist das Landgericht die Klage des Oberstiftungsrats aufgrund der exeptio plurium litis consortitium ab[641], was abzulehnen ist. Dies folgt schon aus der vom Landgericht getroffenen Feststellung, dass das Ministerium die Verpflichtung gegenüber den Gemeinden einzeln eingegangen ist. Somit müssen die Beteiligten auch unabhängig voneinander die Leistung beanspruchen und klageweise geltend machen können. Dem steht auch nicht der „*eigenartige Inhalt*" der Bauleistung entgegen. Zum einen erscheint nicht ersichtlich, warum die Ver-

---

637 FreibKK, 1892, Sp. 229

638 Abgedruckt in Großherzoglich Badisches Regierungsblatt, 1861, S. 465 ff

639 Abgedruckt in Gesetzes-und Verordnungs-Blatt für das Großherzogtum Baden, 1888, S. 383

640 So auch Seuffert, § 54, Nr. 2, wobei dort fälschlicherweise auf § 543 Nr. 5 verwiesen wird.

641 Vgl. dazu Seuffert, § 59, Nr. 3, Ad b

pflichtung des Ministeriums zur Wiedererrichtung aufgrund ihrer Natur – im Gegensatz zum Regelfall – eine exeptio plurium litis consortitium begründen soll. Richtig ist zwar die Feststellung, dass die bestehende Mauer nicht einem einzigen Rechtswillen unterliegt. Aus diesem Grund konnte nicht eine Gemeinde verlangen, dass die Mauer niederlegt wird. Vielmehr hätte ein Beteiligter die Niederlegung verhindern können. Dem letzten Recht entspricht der Anspruch auf Wiedererrichtung. Deshalb kann gerade eine Gemeinde auch allein die Verpflichtung des Ministeriums beanspruchen. Die Ausführungen des Landgerichts beziehen sich deshalb nicht auf den entscheidungserheblichen Gegenstand der Klage.

Die Entscheidungsgründe zur verbotenen Einführung eines Simultaneums beziehen sich auf einen Anspruch, den die Kläger nicht geltend gemacht haben. Ein Schadensersatzanspruch ist im vorliegenden Verfahren nicht Streitgegenstand. Der Verweis auf LRS 1882 und den unzulässigen Klageweg ist deshalb unverständlich.

b) Oberlandesgericht Karlsruhe

Das Oberlandesgericht stellt die Funktion des Ordinariats als Kirchenregimentsorgan deutlich heraus und setzt damit am entscheidenden Punkt für die Verneinung eines Vertragsverhältnisses an. Aufgrund seiner Funktion ist das Ordinariat nicht zur Vertretung des örtlichen Kirchenvermögens berechtigt. §§ 4 und 11 Abs. 3 Satz 2 der Verordnung über die Verwaltung des katholischen Kirchenvermögens vom 20. November 1861 bilden hierfür die gesetzliche Grundlage.[642] Danach ist – wie auch das OLG annimmt – ausschließlich der Oberstiftungsrat berechtigt. Eine erweiternde Auslegung zugunsten des Ordinariats ist nach der Verordnung nicht möglich .

Angenommen, aber nicht schlüssig dargelegt wurde, in welcher Weise ein Vertragsverhältnis zwischen dem Ministerium und den drei Gemeinden in Heidelberg entstanden war. Das Vorliegen wurde zwar vom Ministerium nicht bestritten. Näherer Erörterungen des OLG hätte es aber bedurft.

Der Ablehnung der vorgetragenen exeptio doli generalis ist nichts hinzuzufügen. Auch die Verneinung der notwendigen Streitgenossenschaft entspricht den obigen Ausführungen. Der zumindest zweifelhaften Annahme einer Benutzungsänderung hätte es hier nicht bedurft. Vielmehr ist die Zustimmung zur Entfernung wohl eine Verfügung über die Sache selbst, die in LRS 577 bb geregelt ist. Diese

642 Abgedruckt in Großherzoglich Badisches Regierungsblatt, 1861, S. 465 ff.

bedarf aber auch der Zustimmung aller Miteigentümer.[643] Insofern kann den weiteren Ausführungen des OLG wieder zugestimmt werden.

Die Ansicht des Gerichts, die Klage des erzbischöflichen Ordinariats sei nicht ausdrücklich abzuweisen, da das Ordinariat der Klage des Oberstiftungsrats nur beigetreten sei, ist abzulehnen. Das Ordinariat war nicht Nebenintervenient nach § 63 cpo, sondern Kläger. Das Ordinariat hat nicht nur ein rechtliches Interesse an dem Obsiegen des Oberstiftungsrats im vorliegenden Verfahren, sondern macht als Kläger einen eigenen Anspruch geltend. Grundsätzlich tritt der Nebenintervenient der Klage auch erst nach Rechtshängigkeit bei. Hier hat das Erzbischöfliche Ordinariat selbst Klage erhoben. Die Feststellung des OLG ist deshalb unzutreffend.

Danach ist auch der Kostenentscheidung nach § 87 cpo zu widersprechen. Die Kosten hätten dem Ordinariat als unterliegender Partei teilweise auferlegt werden müssen. Diese Ansicht wird auch vom Reichsgericht in der Revision vertreten und wird deshalb dort näher betrachtet.

c) *Reichsgericht*

Die im Urteil des OLG fehlende Herleitung des Vertragsverhältnisses zwischen dem Ministerium und den drei Gemeinden in Heidelberg stellte das Reichsgericht fest und holte sie nach. Dabei hat es stringent auf das bisherige Verfahren zurückgegriffen. Aus dem Wort „*Mitkontrahent*" ein behauptetes Vertragsverhältnis zu entnehmen, ist zwar nicht zwingend, aber wohl dennoch zulässig. Wie oben schon dargelegt, wurde diese Behauptung zu keinem Zeitpunkt vom Ministerium bestritten. Eine Verpflichtung wurde sogar von diesem selbst vorausgesetzt. Deshalb kann dem Reichsgericht in der Annahme eines Vertragsverhältnisses zwischen dem Ministerium und den Gemeinden gefolgt werden.

Zweifelhaft erscheint der Versuch, eine vermögensrechtliche Verpflichtung des Ministeriums gegenüber den Gemeinden aus den Verhandlungen mit dem Erzbischöflichen Ordinariat herzuleiten. Zwar war ein Vertrag zwischen Ministerium und Ordinariat zugunsten der katholischen Gemeinde denkbar. Auch ist dem RG zu folgen, dass das Ministerium grundsätzlich eine Verpflichtung eingehen konnte, um die Zustimmung des Ordinariats zu erhalten. Dennoch sind aus dem Schriftverkehr keine Anhaltspunkte ersichtlich, dass die Parteien eine solche Verpflichtung wollten oder von ihr ausgegangen seien. Lehnt man zudem ein direktes Vertragsverhältnis zwischen Ministerium und Ordinariat ab, da es sich lediglich um einen Akt der politischen Verwaltung gehandelt habe, so muss eine

643 Vgl. dazu auch Platenius, S. 165 ff.; Ob es der Zustimmung der altkatholischen Gemeinde bedurfte, ist hier nicht zu entscheiden.

Verpflichtung auch bei Erörterung eines Vertrages zugunsten Dritter verneint werden. Aus der Zusage des Ministeriums gegenüber dem Ordinariat kann deshalb wohl kein Anspruch der katholischen Gemeinde hergeleitet werden. Dies ist aufgrund der obigen Feststellungen auch nicht notwendig.

In den Ausführungen zur notwendigen Streitgenossenschaft folgt das RG der hier vertretenen Ansicht. Dem Reichsgericht ist darin uneingeschränkt zuzustimmen, die Annahme einer solchen abzulehnen.

Weiterhin nahm das RG an, dass zwar ein rechtliches Interesse nicht vorliegen müsse, ein solches aber vorhanden sei. Grundsätzlich kann man sich dieser Meinung anschließen, wenn auch deren Herleitung teilweise zu berichtigen ist. Das RG geht dabei von einem Miteigentum der katholischen Gemeinde an der Heiliggeistkirche aus. Diese Ansicht ist offensichtlich unrichtig. Das rechtliche Interesse ergibt sich aber erst recht aus dem Alleineigentum an der Chorkirche.

Das RG vertritt hinsichtlich der ausdrücklichen Abweisung der Klage des Ordinariats die oben vertretene Auffassung ohne nähere Begründung. Es legt dem Ordinariat die Kosten seiner anwaltlichen Vertretung in den ersten drei Instanzen auf. Eine Rechtsgrundlage für die Kostenteilung gibt das RG nicht an. Dennoch ist die Kostenentscheidung im Ergebnis überzeugend. Sie beruht auf dem Rechtsgedanken der §§ 87, 88 cpo. Danach nimmt das Gesetz an, dass die unterlegene Partei in der Hauptsache die Prozesskosten zu verantworten hat. Deshalb soll sie nicht nur die ihr entstandenen Kosten, sondern insbesondere die gegnerischen Kosten ersetzen. Aufgrund dieses „Motivs“ des Gesetzgebers ist wohl das OLG zu dem Schluss gekommen, sämtliche Kosten der badischen Regierung aufzuerlegen. Dabei wurde aber eine Einschränkung des Gesetzes in § 87 cpo nicht beachtet. Der Grundsatz wird nämlich beschränkt auf die Kosten, die nach dem freien Ermessen des Gerichts zur Rechtsverfolgung notwendig waren.[644] Danach mussten die Kosten der anwaltlichen Vertretung des Erzbischöflichen Ordinariats ausgeklammert werden. Die anderweitigen Prozesskosten sind schon durch die Rechtsverfolgung durch den Oberstiftungsrat entstanden. Sie können und müssen deshalb der Regierung als unterliegender Partei auferlegt werden. Die Anwaltskosten des Ordinariats sind „zusätzliche“ Kosten, die nicht notwendig waren. Im Ergebnis wird eine Kostenteilung vorgenommen. Diese Möglichkeit ergibt sich aus § 88 cpo. Die Kostenentscheidung des RG ist somit schlüssig nachvollziehbar.

Das Urteil des Reichsgerichts bewertet den Sachverhalt umfassend und kommt zu einem „gerechten“ Ergebnis. Betrachtet man die Verhandlungen vor

644 Seuffert, § 87, Ziffer 1; Grundlage dieser Wertung ist der Grundsatz, dass den Unterliegenden nur diejenigen Kosten treffen, welche durch seine Prozessführung verursacht worden sind, vgl. schon Wetzell,, S. 511

der Mauerniederlegung und die Zusage des Ministeriums losgelöst von kirchenpolitischen Aspekten, erscheint die gerichtliche Entscheidung als die von den Parteien ursprünglich gewollte Regelung.

IV. Wiedererrichtung der Mauer

Trotz des reichsgerichtlichen Urteils wurde mit den Bauarbeiten nicht unverzüglich begonnen. Die Interessenlage der evangelischen Gemeinde und der katholischen Gemeinde hatte sich nicht grundsätzlich gegenüber der vor dem Verfahren geändert. So wurde wieder versucht, die Errichtung der Scheidemauer zu verhindern.

1. Erneute Verkaufsverhandlungen

Die evangelische Kirchengemeinde versuchte – entsprechend den Bestrebungen in den Jahren nach der Säkularfeier – durch einen Ankauf der Heiliggeistchorkirche, die Wiederherstellung der Trennmauer abzuwenden und die Heiliggeistkirche als vereinte Kirche zu gewinnen.[645] Im Februar 1889 waren die Verhandlungen unterbrochen worden, als die katholische Kirche den Feuerversicherungswert von 91200 Mark forderte und der evangelische Kirchengemeinderat einen Kaufpreis von 50000 Mark bot.[646] Die Protestanten hatten angenommen, dass die Badische Regierung in ihrem Sinne durch ihr amtliches Einschreiten das dann erfolgte Gerichtsverfahren verhindern würde.

Aufgrund der nach dem Reichsgerichtsurteil neu entstandenen Sachlage sah man sich nun gezwungen, die Verhandlungen wieder aufzunehmen. Schon im März 1891 hatte der evangelische Gemeinderat sich erneut zwecks Verkaufsverhandlungen an den katholischen Stiftungsrat gewandt. Auf seine Anfrage erhielt er keine Antwort.[647]

Am 7. Januar 1892 forderte das erzbischöfliche Ordinariat die Badische Regierung auf, das Urteil des Reichsgerichts zu vollziehen. In deren Antwortschreiben vom 11. Januar 1892 hieß es, die Bezirksbauinspektion Heidelberg sei schon mit Erlass vom 3. Dezember 1891 mit der Wiederherstellung beauftragt wor-

645 Siehe auch FreibKK, 1892, Sp. 678
646 Freib KK, 1892, Sp. 679; Hönig, Sp. 676
647 Jahreschronik 1893, S. 15

den.[648] Man verwies aber erneut auf die laufenden Vertragsverhandlungen und schlug ein Gitter anstatt einer Scheidemauer vor.[649]

Die Gespräche wurden fortgesetzt, nachdem das Großherzogliche Bezirksamt mit Schreiben vom 23. Februar 1892 auch gegenüber dem evangelischen[650] Gemeinderat drei Formen einer neuen Scheidewand vorschlug, die von der Bezirksbauinspektion entwickelt worden waren: Eine Mauer, ein verglastes Gitter oder ein einfaches Gitter.[651] In der Antwort vom 7. März 1892 erklärte sich der Kirchengemeinderat mit einem verglasten Gitter einverstanden, äußerte aber erneut den Wunsch, die Errichtung einer Scheidemauer zu unterlassen.[652] Eine diesbezügliche – vom Bezirksamt vorgeschlagene – Sitzung aller Beteiligten ließ der Vertreter des katholischen Stiftungsrates verstreichen. Hintergrund dieses Verhaltens war sicherlich die grundsätzliche Haltung der katholischen Aufsichtsbehörden. Das Erzbischöfliche Ordinariat erklärte in einem Beschluss vom 24. März 1892, dass man einen Verkauf des Chors nicht genehmigen könne und forderte den „*status quo*" vor 1886.[653] So riet auch der Oberstiftungsrat in einer Stellungnahme vom 30. März 1892, vom Verkauf abzusehen.[654] Dennoch versuchten Bezirksamt und Ministerium weiterhin, die Gespräche fortzusetzen.[655] Das Bezirksamt regte am 25. Juni 1892 einen Verzicht der Altkatholiken an, um eine Verständigung der römisch-katholischen und der evangelischen Gemeinde zu ermöglichen.[656] Dieser Vorschlag konnte sich nicht durchsetzen und wurde durch den katholischen Stiftungsrat schon mit Schreiben vom 29. Juni 1892 abgelehnt.[657]

Dennoch war es durch diese Bemühungen gelungen, die Verhandlungen fortzusetzen. Die Kaufpreisvorstellungen waren allerdings weiter sehr unterschiedlich. Der evangelische Kirchengemeinderat war nun bereit, die Kaufsumme von 120.000 Mark als Gesprächsgrundlage heranzuziehen.[658] Das Bezirksamt legte

---

648 StAHD UA 156, 11, S. 3 ff. bei der Abschrift wurde offensichtlich mit 1892 für das Jahr des Erlasses eine falsche Jahreszahl übertragen; das Antwortschreiben vom 11. Januar 1892 bezieht sich auf das Schreiben vom 3. Dezember 1891

649 FreibKK, 1892, Sp. 679, 680

650 Hönig, Sp. 677

651 Jahreschronik 1893, S. 15

652 StAHD UA 156, 11, S. 13 ff

653 StAHD UA 156, 11, S. 21 ff.

654 EAF, EO 4374, StAHD UA 156, 11, S. 53 ff.

655 StAHD UA 156, 11, S. 31 ff.

656 Jahreschronik 1893, S. 15

657 StAHD UA 156, 11, S. 61 ff.

658 Schreiben des evangelischen Kirchengemeinderats an das Gr. Bezirksamt vom 1. Juli 1892, StAHD UA 156, 11, S. 69 ff.

ihm dann am 27. Juli 1892 die Berechnung des katholischen Stiftungsrates vor.[659] Dieser nahm nun erstmals eine detaillierte Aufstellung vor. Hierbei wurde zwischen den einzelnen Bauteilen unterschieden, wobei auch ein Anteil am Turm einbezogen wurde. Hintergrund dieser Annahme war die katholische Ansicht, das Gebrauchsrecht am Turm habe denselben realen Wert wie das Miteigentum. Denn im Falle des Verkaufs müsse man einen neuen Turm mit Glocken erbauen. Der Kaufpreis müsse demnach den Kosten einer Neuherstellung entsprechen.[660] Der evangelische Kirchengemeinderat ging davon aus, dass der katholische Stiftungsrat 94.000 Mark für die Chorkirche annehme, Turm und Glockenhälfte mit 87.500 Mark ansetze und das Dach und den Zubau mit 41000 Mark berechne. Somit sei eine Kaufpreissumme von 222.500 Mark genannt. Da aber ein Neubau die katholische Kirche 240.000 Mark kosten würde, sei dies als Kaufpreis verlangt worden.[661] Die katholische Kirche berichtete auch von einer Kaufpreisforderung i.H.v. 240.000 Mark, nahm aber 87.000 Mark für den Turm an und berechnete den Bauplatz mit 18.000 Mark.[662] Aus der Mitteilung des Bezirksamtes vom 27. Juli 1892 sind die Zahlen zu entnehmen, von denen der evangelische Gemeinderat ausgeht.[663] Danach sind dessen Angaben – zumindest zu diesem Zeitpunkt – richtig. Der katholische Stiftungsrat forderte außerdem, dass ein eventueller Kaufvertrag mit der Pflege Schönau geschlossen werde und die altkatholische Gemeinde eine Erklärung abgebe, wonach sie keinen Anspruch auf eine andere katholische Kirche oder ein Vermögenssubjekt stellen werde.[664]

In der Sitzung des evangelischen Kirchengemeinderats vom 10. August 1892 wurde dieser Vorschlag zwar nicht abgelehnt, aber der evangelischen Kirchengemeindeversammlung zur Entscheidung übertragen. Dennoch war man sich einig, dass dieses Angebot unannehmbar sei.[665] Die am 25. September 1892[666] tagende Kirchengemeindeversammlung beschloss, das Angebot nicht grundsätzlich abzulehnen, sondern einer – auf Vorschlag des Heidelberger Oberbürgermeisters Wilckens – evangelischen Kommission zur weiteren Begutachtung zu übergeben. Diese nahm am 2. Oktober 1892 Stellung und wies den vom katholischen Stif-

---

659 Vgl. auch Hönig, Sp. 678

660 FreibKK, 1892, Sp. 730

661 Jahreschronik 1893, S. 16

662 FreibKK, 1892, 731; Wochenbeilage zum Pfälzer Boten, 27. November 1892 in StAHD UA 156, 11

663 StAHD UA 156, 11, S. 113 f.; eine weitere Stellungnahme des Oberstiftungsrats spricht von 40.000 Mark für den Bauplatz und 200.000 Mark für den Neubau, StAHD AA 210, 10, S. 223, 228

664 Jahreschronik 1893, S. 16

665 Jahreschronik 1893, S. 16

666 Heidelberger Zeitung vom 26. September 1892; FreibKK, 1892, Sp. 731

tungsrat geforderten Preis zurück.[667] Die Kommission war der Ansicht, der Preis würde mit dem 2 2/3-fachen der ursprünglichen Forderung in keinem Verhältnis stehen. Zudem sei der Stiftungsrat fälschlicherweise vom hälftigen Eigentum am Turm ausgegangen.[668] Auch die weitere Erhöhung auf 240.000 Mark entspräche nicht den Maßstäben einer Preisaufstellung.[669]. Die Forderung nach einem Vertrag mit der Pflege Schönau war für diese Entscheidung der Kommission mitbestimmend, weil damit ein fehlendes Vertrauen in die evangelische Gemeinde zum Ausdruck kam. So war sich der evangelische Kirchengemeinderat einig, dass ein Kaufvertrag nur mit der Gemeinde geschlossen werden dürfte.

Durch die Kommission wurde vorgeschlagen, das Kaufpreisangebot in Höhe von 120.000 Mark zu erneuern.[670] Es wurde festgestellt, dass diese Summe die Gemeinde aufs Äußerste belasten würde und deshalb eine Erhöhung nicht möglich sei. Noch in der Sitzung vom 2. Oktober 1892 beschloss die Kirchengemeindeversammlung, mit den Vorschlägen der Kommission auf das Angebot des Stiftungsrates zu reagieren.[671]

Weder Stiftungsrat noch Erzbischöfliches Ordinariat gingen auf diese Einlassung ein. Vielmehr bat das erzbischöfliche Bauamt mit Schreiben vom 18. Oktober 1892 den evangelischen Kirchengemeinderat, Vermessungen in der Heiliggeistchorkirche vornehmen zu dürfen..[672] Das Ministerium hatte nämlich schon am 8. Oktober 1892 angekündigt, diesem die Wiederherstellung der Scheidemauer aufzugeben.[673] So wurde dann mit dem Wiederaufbau am 19. Juni 1893 begonnen.[674]

---

667 Vgl. Hönig, Sp. 679 ff.

668 Diesen Standpunkt greift die katholische Seite auf und gibt an, der ev. Kirchengemeinderat hätte dem Mitbenutzungsrecht die Baulastpflicht gegenübergestellt. Deshalb sei das Verlangen unannehmbar. Diese Haltung wird in der Darstellung im Kirchenblatt stark kritisiert, vgl. FreibKK, 1892, Sp. 732

669 Jahreschronik 1893, S. 18, 19

670 Hönig, Sp. 681

671 Heidelberger Zeitung vom 3. Oktober 1892, No. 231, 1892, Aus Stadt und Land; Freib.KK, Sp. 635; Jahreschronik 1893, S. 20; Mit Erlass vom 8. Oktober 1892 stellte das Ministerium klar, dass es einen Verkauf des Chores gegebenenfalls genehmigen werde, FreibKK, 1892,Sp. 744

672 Hönig, Sp. 682

673 StAHD UA 156, 11, S. 143 ff.

674 Jahreschronik 1893, S. 21

Die Aufrichtung der neuen Scheidemauer erstreckte sich über mehrere Jahre. Insbesondere die vom Ministerium zu tragenden Kosten mussten noch festgestellt und genehmigt werden. Auch ist leicht vorstellbar, dass die Parteien den Streit an anderer Stelle fortsetzten.[675]

So hatte das Erzbischöfliche Bauamt Heidelberg schon in einem Schreiben vom 15. November 1892 festgestellt, dass die Bauarbeiten einen Gesamtbetrag in Höhe von 12.500 Mark erfordern werden.[676] Die Kosten der Wiederherstellung wurden vom Ministerium in Form von „Krediten“ zur Verfügung gestellt. Die Verwendung dieser Mittel wurde regelmäßig überwacht.

Mit Erlass vom 17. Februar 1893 wurden die Arbeiten auf der evangelischen Seite der Scheidemauer an die evangelische Kirchenbauinspektion übertragen.[677] Die katholische Kirchenbaukommission musste sich deshalb bei der Wiedererrichtung mit dieser abstimmen.[678] Mit der Übertragung konnte der Evangelische Oberkirchenrat seine Wünsche beim Bau der Innenseite der Scheidemauer dem Ministerium mitteilen. Dies geschah mit Schreiben vom 25. April 1893. Daraufhin bewilligte das Ministerium am 16. Mai 1893 eine Zahlung i.H.v. 9.282 Mark. Dabei wurde eine genaue Aufteilung der Mittel für die damit herzustellenden Einrichtungen vorgenommen.[679] Eine Nachforderung des Oberkirchenrats wurde am 31. Mai 1893 mit dem Hinweis abgelehnt, dass der festgesetzte Betrag sämtliche Arbeiten umfasse.

Während der Aufrichtung der Scheidemauer veränderte sich die Inneneinrichtung der Kirche. Die Orgel wurde nicht wie vor der Niederlegung an der Scheidemauer sondern auf der westlichen Empore platziert. Die Glasmalereien des Westfensters verteilten sich auf zwei Fenster der südlichen Langseite der Kirche. Die Scheidewand zum Langhaus überzog ein Ölgemälde, nämlich eine Teilkopie der Raffael`schen Transfiguration sowie im unteren Teil eine Holztäfelung.[680]

Noch im Mai 1895 mahnte das Ministerium beim Oberkirchenrat an, eine abschließende Aufstellung der Mittelverwendung vorzunehmen. Im Juli 1895 bat der Oberkirchenrat deshalb, die abschließenden Malerarbeiten aufgrund der hohen Feuchtigkeit erst im Jahr 1896 vornehmen zu dürfen. Schließlich wurden die Arbeiten im Frühjahr 1897 abgeschlossen und die Baukosten abgewickelt.[681] So

675 Siehe dazu auch Schwarz, S. 46 ff.
676 EAF, EO 9343
677 StAHD UA 156, 11
678 LKA-KA SpA 4046
679 LKA-KA SpA 4046
680 Zahn, S. 68; Schwarz, S. 50 f.
681 LKA-KA SpA 4046

hatte die vorübergehende Niederlegung der Scheidemauer zur Säkularfeier bis zur Wiedererrichtung mehr als ein Jahrzehnt angedauert.

Heiliggeistkirche, Langhaus und Scheidemauer

Heiliggeistkirche, Langhaus mit Blick in den Chor nach dem Fall der Scheidemauer 1936

E. Die Baupflichtfrage zu Beginn des 20. Jahrhunderts

Trotz der Enttäuschung nach dem gescheiterten Erwerb der Chorkirche war die evangelische Kirchengemeinde bemüht, das Langhaus zu unterhalten. Neben den Umbaumaßnahmen im unmittelbaren Zusammenhang mit der Wiedererrichtung der Mauer wurden durch Stiftungen nahezu alle Fenster mit farbigen Mustern ausgestattet. Zudem wurde 1901 die Orgel durch eine neu erbaute ersetzt.[682] Anzeichen auf eine fehlende Bauunterhaltung des Langhauses durch den baupflichtigen Unterländer Kirchenfond sind aus den Akten nicht zu entnehmen.

Demgegenüber versuchte die katholische Kirche weitgehend, die Baulasten auf ein Mindestmaß zu beschränken. Die Erträge aus dem baupflichtigen Chorkirchenfonds waren der altkatholischen Gemeinde übertragen worden.[683] Da diese zum Unterhalt nicht ausreichten, wurde regelmäßig das Grundstocksvermögen verwendet und in den Folgejahren durch reduzierte Leistungen an die Altkatholiken wieder aufgefüllt.[684] Aus den Erträgen konnten aber nur die notwendigsten Baumaßnahmen bestritten werden. Die katholische Gemeinde benutzte die Chorkirche weiterhin nicht, sodass die katholische Kirche an bedeutenden Erhaltungsmaßnahmen kein Interesse hatte. Folglich verschlechterte sich der bauliche Zustand der Heiliggeistchorkirche erheblich.

1915 wurden Reparaturarbeiten am Glockenstuhl und am Glockenturm der Chorkirche notwendig. Erstmals konnte zwischen der altkatholischen und der römisch-katholischen Kirchengemeinde über die Kosten keine Einigung erzielt werden. Daraus entstand 1917 ein Rechtsstreit über die Baupflicht der Beteiligten. Ein entsprechendes Verfahren wegen Reparaturarbeiten am Dach des Chors wurde 1924 durchgeführt. Diese zeigen exemplarisch die schwierigen Rechtsverhältnisse an der Heiliggeistkirche in Baulastfragen auf.

Der Beginn dieser Entwicklung ist schon 1809 zu sehen, als die Heiliggeistchorkirche von einer katholischen Pfarrkirche zu einer Nebenkirche wurde. Ein weiterer entscheidender Gesichtspunkt war die Einweisung der altkatholischen Gemeinde in den Chor. Bei der Beurteilung der Baulastverhältnisse in den Jahren

682 Schwarz S. 50

683 Vorlage des Stiftungsrats für die katholische Kirchengemeinde Heidelberg an die Kirchengemeindevertretung – Die Erbauung einer Kirche in der Weststadt und die Erhebung einer örtlichen Kirchensteuer betreffend, 3. Mai 1898, S. 8, StAHD 209, 19

684 C. IV. 2. b)

1917 und 1924 waren diese Faktoren zu berücksichtigen. Die Baulasten an der Heiliggeistchorkirche sind grundsätzlich unabhängig vom Eigentum. Dennoch dient es dem Verständnis zu prüfen, ob sich das Eigentum an der Heiliggeistkirche verändert hat. Dies soll den umfangreichen Baulastverfahren vorangestellt werden.

I. Eigentumsverhältnisse

Die Eigentumsverhältnisse an der Heiliggeistkirche insgesamt haben sich auch zu Beginn des 20. Jahrhunderts nicht verändert. Weiterhin stehen das Langhaus und der Turm im Alleineigentum der protestantischen Gemeinde und der Chor im Alleineigentum der röm.-katholischen Gemeinde. Eine inhaltliche Anpassung seit dem 01.01.1900 durch das BGB fand nicht statt.

Allein die oben[685] getroffene Wertung zu den Eigentumsverhältnissen an der Scheidemauer könnte aufgrund möglicher Veränderungen durch die Einführung des BGB neu untersucht werden. Grundsätzlich finden die Vorschriften des BGB nach Art. 181 Abs. 1 EGBGB auch auf Scheidemauern, die beim Inkrafttreten des BGB bestehen, Anwendung.[686] Von der Ausnahme des Art. 181 Abs. 2 EGBGB wird die Scheidemauer in der Heiliggeistkirche nicht erfasst, da es sich um ein Miteigentum nach Bruchteilen, aber nicht um eine alte Gesamthandsgemeinschaft handeln kann.[687]

In der Literatur wurde deshalb zunächst vertreten, dass die Eigentumsverhältnisse an Scheidemauern sich nach den §§ 93, 94 BGB verändert hätten. Danach müsse jedes Bauwerk dem Bodeneigentümer soweit gehören, als sein Bodeneigentum reicht.[688] Deshalb könne auch eine vor dem 1. Januar erbaute Simultanscheidemauer nur dann im Miteigentum stehen, wenn der überbaute Boden Miteigentum sei. Dies sei aber praktisch unmöglich, da der Boden unter der Mauer kein selbständiges Grundstück darstelle. Die Mauer stünde trotz der natürlichen und wirtschaftlichen Einheit im getrennten Alleineigentum. Die Grenze richte

---

685 Siehe B III. 4. c. aa.

686 Dorner, Ausführungsgesetz, S. 143; Artikel 13 und 14 des badischen Ausführungsgesetzes zum BGB vom 17. Juni 1899 regelt einen anderen Sachverhalt (Erhöhung einer Grenzmauer), Gesetz, die Ausführung des Bürgerlichen Gesetzbuchs betreffend vom 17. Juni 1899, Gesetzes- und Verordnungsblatt für das Großherzogtum Baden 1899, S. 229 ff.

687 Hönle in Staudinger, Art. 181 EGBGB Rn 12

688 Dorner, Ausführungsgesetz, S. 142

sich nach der Bodengrenze und gehe deshalb in der Regel mitten durch die Mauer.[689]

Diese Ansicht wurde entwickelt aus der grundsätzlichen Beurteilung von Grenzanlagen nach der Einführung des BGB. So ging man davon aus, dass, soweit die Grenze durch die Grenzanlage hindurchging, ein Miteigentum nach dem BGB nicht angenommen werden könne. Vielmehr sei eine Mauer entsprechend der Grenzlinie rechtlich unter den Nachbarn zu teilen.[690] Insofern sei durch das BGB eine veränderte Rechtslage entstanden. Eine Grenzmauer hätte nämlich nach der Theorie des französisch-badischen Rechts im Miteigentum gestanden, wenn die Grenzlinie durch die Anlage hindurchgeht.[691]

Dem Ansatz dieser Meinung ist zuzustimmen. Denn zwischen dem selbständigen Eigentum an einer Sache und deren Zuordnung als wesentlicher Bestandteil einer anderen Sache ist seit dem 01.01.1900 nach dem BGB zu unterscheiden. Sofern eine Sache wesentlicher Bestandteil einer anderen Sache ist, ist das frühere Eigentum aufgrund von Art. 181 Abs. 1 EGBGB erloschen.[692]

Dennoch ist die oben aufgezeigte Literaturmeinung wohl mit der neueren Rechtsprechung und Literatur nicht mehr aufrechtzuerhalten. Diese kennt zwar grundsätzlich bei „Kommunmauern“ oder „Giebelmauern“ noch die Möglichkeit der lotrechten Teilung an. Wird die Mauer allerdings von beiden Miteigentümern genutzt, so besteht an ihr Miteigentum.[693] Die Funktion der „Giebelmauer“ ist nicht entscheidend.[694] So kann sie eine tragende Wand oder lediglich eine Abschlusswand sein. Die Miteigentumsanteile bestimmen sich nach dem Umfang des Anbaus.[695]

Diese Grundsätze können auf die Scheidemauer in der Heiliggeistkirche übertragen werden. Auch wenn sie im eigentlichen Sinn keine „Giebelmauer“ darstellt, so kann sich aufgrund der identischen Interessenlage keine andere Sicht ergeben. Deshalb bestand das Miteigentum der röm.-katholischen und der protestantischen Gemeinde auch nach Einführung des BGB fort.

---

689 Schmitt, Simultankirchenrecht, S. 270 ff.
690 Dorner/Seng, 214
691 Dorner/Seng, S. 213
692 Hönle in Staudinger, Rn 4 mwN
693 BGHZ 27, 197, 201; 36, 46, 53; OLG Köln NJW RR 1993, 87; Dilcher in Staudinger, § 94 Rn 19
694 Marly in Soergel, § 94 Rn 17
695 BHGZ 78, 397= NJW 1981, 866; Marly in Soergel, § 94 Rn 17

II. Baulastverfahren 1917 und 1924

Teilweise bestanden die Baulasten an der Heiliggeistkirche unverändert fort. Sie wurden von den Verpflichteten und Beteiligten nicht bestritten. So trug der Unterländer Evangelische Kirchenfonds, vertreten durch die Pflege Schönau, die Kirchenbaupflicht am Langhaus, die Baulast am Turm oblag der Pfälzer Katholischen Kirchenschaffnei.

Allein die Baupflichten am Chor waren streitig. Der Streitgegenstand kann anhand der Baulastverfahren von 1917 und 1924 verdeutlicht werden. Aus dem Ergebnis folgen vertiefende Fragen zur vorsorglichen und endgültigen Baulast an der Heiliggeistchorkirche.

Ausgangspunkt der Streitigkeiten von 1917 und 1924 war die Kirchenbaulast an der Heiliggeistchorkirche. *„Kirchenbaulast"* kann definiert werden als eine Verpflichtung, nach der ein für gottesdienstliche Zwecke bestimmtes Gebäude zu errichten, zu unterhalten oder wiederherzustellen ist.[696] Der „Kirchenbaulast" sind inhaltlich die Begriffe „Kultusbaulast", „Kirchenbaulastpflicht", „Kirchenbaupflicht", „kirchliche Baulast" und „Baulast für kirchliche Gebäude" gleichzustellen.[697]

Bei den Verfahren von 1917[698] und 1924[699] handelte es sich zunächst um Verfahren vor dem Bezirksrat. Nach § 6 Abs. 1 Ziffer 1 VerwG beschließt der Bezirksrat über die Notwendigkeit öffentlicher Bauten, zu deren Herstellung eine gesetzliche Verbindlichkeit besteht, über die Größe des Bedürfnisses und über die Verbindlichkeit zur vorsorglichen Baupflicht. In beiden Verfahren wurde jeweils Rekurs gegen die Entscheidung beim Ministerium des Inneren eingelegt und gleichzeitig Klage beim Verwaltungsgerichtshof erhoben.[700]

1. Das Verfahren aus dem Jahr 1917

Im Herbst 1915 wurde festgestellt, dass der Glockenstuhl des kleinen Turms auf dem Chor renoviert werden musste.[701] Das Erzbischöfliche Bauamt in Heidelberg

---

696 U.a. Wiesenberger, S. 21; Böttcher, HdbStKirchR Band 2, S. 20 mwN, Mörsdorf, Band 2, S. 327, 328, Lecheler, S. 217

697 Jung, S. 83, 84

698 Vgl. StAHD AA, 210, 20

699 StAHD AA 210, 21

700 Zu den allgemeinen Kirchenbaulastvorschriften, zum Rechtscharakter und der Zuordnung zum öffentlichen Recht siehe Wiesenberger, S. 22 ff, 28 ff., 34 ff., auch Böttcher in HdbStKirchR Band 2, S. 27 ff

701 StAHD AA 210, 20

ging in einer Berechnung der voraussichtlichen Kosten vom 26. Oktober 1915 von 980 Mark aus.[702] Die Beteiligten konnten sich nicht einigen, wie die Ausbesserungen vorgenommen und die Kosten aufgeteilt werden sollten.[703]

a) Bezirksratsentscheidung vom 26. Juli 1917[704]

Das Ministerium des Kultus und Unterrichts stellte am 10. Mai 1917 durch Erlaß Nr. A 715 beim Bezirksamt Heidelberg den Antrag, nach § 31 Abs. 1 c OKStG und § 6 Ziffer 1 VerwG über die Verbindlichkeit zur vorsorglichen Baupflicht an der Heiliggeistchorkirche eine Entscheidung zu treffen.[705] Das Bezirksamt Heidelberg kommt am 26. Juli 1917 betreffend die Herstellungen am Dachreiter der Heiliggeistkirche in Heidelberg zu folgender Entscheidung: „ *Für die von dem Erzbischöflichen Bauamt in der Aufstellung vom 26. Oktober 1915 verzeichneten Herstellungen an der Heiliggeist-Chorkirche hier liegt die vorsorgliche Baupflicht ob: der römisch-katholischen Kirchengemeinde Heidelberg für die Posten Ziffer 1, 2, 4-7, 9, 11, 12* (Anmerkung: Hauptausbesserungen), *der altkatholischen Kirchengemeinde Heidelberg für die Posten Ziffer 8, 10, 13*-15 (Anmerkung: Nebenausbesserungen), *beiden Gemeinden je hälftig für den Posten Ziffer 3* (Anmerkung: Haupt- und Nebenausbesserung). *Von den Kosten dieses Verfahrens hat jede Gemeinde die Hälfte zu tragen.* “[706]

Die Entscheidung wurde im Wesentlichen wie folgt begründet: Die Kirchenbaupflicht nach dem öffentlichen Recht ergebe sich aus dem Kirchenbauedikt vom 26. April 1808. Gemäß Ziffer 14 Bauedikt sei vor dem Jahr 1874 das Kirchenspiel der röm.-katholischen Gemeinde baupflichtig gewesen. Durch Art. 31 Abs. 1 c OKStG sei das Kirchenspiel durch die Kirchengemeinde ersetzt worden.

Auf den nach seiner Satzung „*beitragspflichtigen*“ Chorkirchenfonds könne nicht zurückgegriffen werden, da dessen Erträge schon anderweitig verwendet

---

702 StAHD AA 210, 20
703 StAHD AA 210, 20
704 StAHD AA 210, 20
705 StAHD AA 210, 20
706 EAF, FK 9342, aus einer Anlage zu der Entscheidung ist zu entnehmen, wie die Aufteilung im Einzelnen vorgenommen wurde: u. a. wurden folgende (hier verkürzte) Positionen genannt, die den Unterschied zwischen Haupt- und Nebenausbesserungen zeigen: 1. Wegnehmen der Dachschiefer und Reinigen der Dachfläche, 2. Herstellen und späteres Wiederentfernen eines Bretterschutzes, 3. Herstellen eines Gerüsts, 4. Wegnehmen der äußeren Schalung und Herablassen des Glöckchens, 8. Einsetzen von kleinen Eichenholzstückchen an Gehrungen, Fries, Bögen und Pfosten, 9. Liefern und Anbringen von Eisenzeug 12. Nachrichten und Wiedereindecken der abgenommenen Schiefer, 14. Anbringen eines Treppengeländers zum oberen Teil des Dachreiters

wurden. Das den Altkatholiken eingeräumte Nutzungsrecht ändere an der staatsrechtlichen Baupflicht der röm.-katholischen Kirchengemeinde nichts. Aus § 1 Altkatholikengesetz ergebe sich, dass staatsrechtlich der altkatholische Gottesdienst ein (katholischer) Pfarrgottesdienst i.S.d. Ziffer 6 Bauedikt sei. Deshalb sei die unterlassene Benutzung der röm.-katholischen Gemeinde nicht geeignet, der Chorkirche die Eigenschaft einer Pfarrkirche zu entziehen.

Die Baupflicht müsse aber entsprechend dem Alleingebrauch durch die Altkatholiken gemindert und auf diese übertragen werden. Zur Bestimmung seien die jeweiligen Steuerwerte und Einkommen (i.S.v Art 34 Abs. 2 OKStG) der Gemeinden nicht geeignet. Eine Pflicht der Altkatholiken ergebe sich vielmehr aus dem Gebrauchsrecht, das mit einer privatrechtlichen Nutzung – und zwar dem Niessbrauch – vergleichbar sei. Mangels öffentlich-rechtlicher Vorschriften müsse man auf LRS 605, 606 zurückgreifen.

In diesem Fall sei nicht das Bürgerliche Gesetzbuch, sondern das badische Landrecht anzuwenden, da das Nutzungsrecht 1874, also vor Einführung des BGB entstanden sei. Nach LRS 605, 606 müsse zwischen Hauptausbesserungen und Nebenausbesserungen unterschieden werden. Letztere müssen vom Nutzniesser getragen werden. Im Ergebnis seien deshalb von den 980 Mark 217,92 Mark durch die altkatholische Gemeinde und 762,08 Mark durch die röm.-katholische Gemeinde zu tragen.

b) Rekursentscheidung des Ministeriums des Kultus und Unterrichts vom 13. Dezember 1917

Der Katholische Oberstiftungsrat hat namens der katholischen Kirchengemeinde am 10. August 1917 gemäß § 28 Verf. i. Verw. Sachen vom 31. August 1884[707] Rekurs eingelegt.[708] Mit Entscheidung vom 13. 12. 1917 wurde der Rekurs als verspätet zurückgewiesen. Eine Entscheidung zur Sache erfolgte deshalb nicht.[709]

c) Klageabweisung des Großherzoglich Badischen Verwaltungsgerichtshofs vom 9. April 1918

Gegen die Entscheidung des Bezirksrates Heidelberg hatte die katholische Gesamtkirchengemeinde zudem Klage erhoben mit dem Antrag, *„Urteil dahin zu erlassen, dass die Klägerin zu der Heiliggeistchorkirche nicht vorsorglich bau-*

707 Landesherrliche Verordnung – Das Verfahren in Verwaltungssachen betreffend vom 31. August 1884 , Gesetzes- und Verordnungsblatt für das Großherzogtum Baden 1884, S. 385 ff

708 StAHD AA, 210, 20

709 Kuhr, Baupflicht, S. 91

pflichtig sei und dass die Beklagte die Kosten des Rechtsstreits zu tragen habe".[710] Im Wesentlichen hatte die katholische Gemeinde vorgetragen, dass der Chor nicht mehr röm.-katholische, sondern altkatholische Pfarrkirche nach Ziffer 6 Bauedikt war. Denn aus Art. 1 OKStG ergebe sich, dass die katholische und die altkatholische Gemeinde zwei rechtlich selbständige Kirchengemeinden seien. Zudem sei nach Ziffer 14 Bauedikt die Benützung durch die Altkatholiken Rechtsgrund für die Baupflicht.

Die altkatholische Gemeinde beantragte Klageabweisung und entgegnete, der röm.-katholischen Gemeinde stünde sowohl das Eigentum als auch das Benutzungsrecht zu. Die Kosten könnten nach Art. 4 Ziffer 1 Abs. 2 Satz 1 Altkatholikengesetz durch das Ministerium des Kultus und Unterrichts bestimmt werden. Fürsorglich würde deshalb der Antrag auf Aussetzung der Entscheidung gestellt.

Das Gericht stellte fest, dass es sich bei diesem Verfahren lediglich um die vorsorgliche Baupflicht handle. Nach Ziffer 4 Bauedikt müsse derjenige vorsorglich bauen, dem in Ermangelung anderer Baupflichtiger in letzter Ordnung die Bauschuldigkeit auferlegt sei, also nach Ziffer 14 des Bauedikts das Kirchenspiel. Der vorsorglich Baupflichtige könne dann auf die in früherer Ordnung Baupflichtigen zurückgreifen.

Eine Entscheidung zur Baupflicht traf der Verwaltungsgerichtshof dann aber nicht. Er ging davon aus, dass die katholische Gesamtkirchengemeinde ihre Klage nur auf § 4 Abs. 1 Ziffer 2 VerwRPflG stützen könne. Danach sei der Verwaltungsgerichtshof in erster und letzter Instanz zuständig für Klagen gegen Verfügungen der Staatsaufsichtsbehörde, durch welche Kirchen und Schulverbände eine ihnen nicht obliegende Leistung auferlegt wird, also dieselbe unmittelbar berechtigt und verpflichtet sei. Nach § 41 Ziffer 1 und 2 VerwRPflG müsse in diesen Verfahren die Klage gegen die Verwaltungsbehörde gerichtet werden, welche die Entscheidung erlassen habe. Das Bauedikt bestimme, dass die Erhaltung altvorhandener Kirchengebäude eine staatspolizeiliche Pflicht sei und das Kirchenspiel von der Aufsichtsbehörde zur Erfüllung seiner Baupflicht angehalten werde. Entsprechend sei die Befugnis der Aufsichtsbehörde nach Art. 31 OKStG zu werten, wonach sie über die Baupflicht der Kirchengemeinde entscheiden könne. Die altkatholische Gemeinde wurde deshalb vom Verwaltungsgerichtshof nicht als die richtige Beklagte angesehen. Aus diesem Grund wurde die Klage abgewiesen.

710 Urteil des Verwaltungsgerichtshofs, EAF, FK 9342

2. *Das Verfahren aus dem Jahr 1924*

Hintergrund des Verfahrens aus dem Jahr 1924 waren erneute Auseinandersetzungen der altkatholischen und der röm.-katholischen Gemeinden über die Baupflicht am Chor. Das Chordach und die Dächer der Anbauten mussten dringend renoviert werden, da schon Feuchtigkeit in die Kirche eindrang. Die Beschalung und das Chorgewölbe hätten dadurch beschädigt werden können.[711]

Das Bezirksamt, die altkatholische Gemeinde, die röm.-katholische Gesamtkirchengemeinde und das erzbischöfliche Bauamt nahmen zu diesem Sachverhalt Verhandlungen auf. Im Auftrag des Oberstiftungsrats wurde ein Gutachten über die Maßnahmen zur Instandhaltung angefertigt. Zwar war man sich einig, dass die Arbeiten notwendig waren. Über die Durchführung und die Kosten bestanden aber zwischen den beiden Gemeinden unterschiedliche Ansichten.

Die röm.-katholische Gemeinde stützte sich darauf, dass ihr die vorsorgliche Baupflicht nicht obliege. Die Altkatholiken beriefen sich auf die Entscheidung von 1917, wonach Hauptausbesserungen von ihnen nicht vorgenommen werden mussten. Um weitere Schäden zu verhindern, führte die Stadt Heidelberg aus Interesse an einem ihrer wichtigsten Baudenkmäler die notwendigen Arbeiten durch. Dabei behielt sie sich aber vor, Rückgriff auf die baupflichtigen Gemeinden zu nehmen.[712]

a) Bezirksratsentscheidung vom 10. März 1924[713]

In der Zwischenzeit hatte das Kultusministerium mit Erlass vom 18. Januar 1924 nach Art. 31 Abs. 1 c OKStG und des § 6 Ziffer 1 des VerwG beantragt, über die Notwendigkeit, die Größe des Bedürfnisses und die Verbindlichkeit zur vorsorglichen Baupflicht eine Entscheidung des Bezirksrats herbeizuführen.

Der Bezirksrat Heidelberg entschied am 10. März 1924 wegen der Herstellung des Hauptdachs und der Dächer an den Anbauten der Heiliggeistchorkirche in Heidelberg:[714]

I. Die Verbindlichkeit zur vorsorglichen Baupflicht hinsichtlich der Heiliggeistchorkirche in Heidelberg liegt der altkatholischen Kirchengemeinde daselbst insoweit ob, als die vorzunehmenden Ausbesserungen und Erneuerungen zu der gewöhnlichen Unterhaltung der Kirche im Sinne des § 1041 des Bürgerlichen Gesetzesbuches gehören.

---

711 So auch eine Mitteilung des Bezirksdenkmalpflegers an Bezirksamt vom 18.Mai 1923

712 EAF, FK 9342; Kuhr, Baupflicht, ohne Nachweis, S. 95

713 EAF, FK 9342

714 EAF, FK 9342

II. Die römisch katholische Gesamtkirchengemeinde Heidelberg erhält als Eigentümerin der Heiliggeistchorkirche die baupolizeiliche Auflage, die in der Aufstellung des erzbischöflichen Bauamtes Heidelberg vom 26. Juni 1923 als notwendig bezeichneten Herstellungen an der einen Achteckseite des Chordachs – Erneuerung der Dachpappe, der Schieferdeckung, des Schneefanges sowie Ausbesserung der Schalung und Gaube – sowie an dem Vordache über dem Eingang an der Steingasse – Erneuerung dieses Vordachs – soweit dies nicht bereits geschehen, auf ihre Kosten vornehmen zu lassen.

Die Entscheidung begründete der Bezirksrat wie folgt: Zunächst wurde festgestellt, dass das Kirchenbauedikt maßgeblich für die Entscheidung sei. Das Gesetz sei auf Gebäude anwendbar, die zur Zeit seines Erlasses vorhanden waren.

Dann unterschied er zwischen Haupt- und Nebenkirchen. Hauptkirchen seien solche, in denen ein regelmäßiger Pfarrgottesdienst stattfinde. Bei diesen obliege die Baupflicht dem Kirchenspiel, allerdings nur vorsorglich. Dem Kirchenspiel stünde nach Art. 4 und 14 der Rückgriff auf die in früherer Ordnung (Ziffern 1, 2, 3, 6 Bauedikt) Baupflichtigen zu. Nebenkirchen müssten sich aus ihren eigenen Baukassen unterhalten. Wären diese dazu nicht fähig, könnten das Kirchenspiel oder der Hauseigentümer eintreten. Die Nebenkirche ginge sonst ein.

Nach dem Ortskirchensteuergesetz[715] könnte die Staatsgewalt weiter über die vorsorgliche Baupflicht bestimmen. An die Stelle des Kirchenspiels sei nun aber die Kirchengemeinde getreten[716] und das Bauedikt sei auch auf Pfarrkirchen anwendbar, die 1808 noch nicht vorhanden waren.

Durch die Veränderungen von 1809 sei die Chorkirche nicht mehr katholische Pfarrkirche, sondern lediglich katholische Nebenkirche geworden. Die katholische Pfarrgemeinde hätte sich aber gegenüber den Bruderschaften verpflichtet, die Baulast dieser Nebenkirche ohne allen Anspruch auf irgendeinen geistlichen Fonds zu übernehmen.[717]

Diese Rechtslage hätte vorgelegen, als die Altkatholiken zur Mitbenutzung in die Heiliggeistchorkirche eingewiesen wurden. Da die Altkatholiken im Chor einen regelmäßigen Pfarrgottesdienst feierten, sei diese eine altkatholische Pfarr-(Haupt-)Kirche im Sinne des Bauedikts. Nach Art. 1 Altkatholikengesetz gelte das Bauedikt und das OKStG entsprechend für die altkatholischen Gemeinden. Der altkatholischen Gemeinde obliege deshalb nach Ziffer 4 Bauedikt die vorsorgliche Baupflicht.

---

715 In der Fassung vom 30. Juni 1922

716 Diese Veränderung der Zuständigkeit ergibt sich schon aus dem OKStG von 1888

717 Hier wird auf Schmitt, Simultankirchenrecht, S. 17 und Lindau, S. 5-19 verwiesen.

Die vorsorgliche Baupflicht sei aber beschränkt, da die Altkatholiken lediglich ein Mitbenutzungsrecht hätten. Entsprechend der Annahme des Bezirksrats von 1917 sei das öffentlich-rechtliche Mitbenutzungsrecht mit dem privatrechtlichen Niessbrauch zu vergleichen.[718]. Aufgrund der analogen Anwendung bestünde aber kein Grund, auf das Badische Landrecht zurückzugreifen. Vielmehr sei naheliegend, § 1041 BGB heranzuziehen. Der Bezirksrat mindert also die vorsorgliche Baupflicht entsprechend der Entscheidung von 1917.

Eine Baupflicht der röm.-katholischen Gemeinde nach dem Bauedikt oder dem OKStG läge nicht vor, denn die Chorkirche sei für die katholische Gemeinde lediglich eine Nebenkirche. Entscheidend sei zwar nicht, dass die katholische Gemeinde aufgrund einer obrigkeitlichen Verfügung die Heiliggeistkirche nicht mehr benutze, wenn es sich dennoch um eine Pfarrkirche handeln würde. Dies ergebe sich aber nicht – wie es der Bezirksrat noch 1917 angenommen hätte – daraus, dass der Chor eine altkatholische und damit insgesamt katholische Pfarrkirche sei. Der im Altkatholikengesetz festgelegte Grundsatz der Korporations- und Bekenntniseinheit sei vielmehr in einem historischen Sinne zu verstehen. Die altkatholische Gemeinde sei in diesem Zusammenhang eine selbständige öffentlich-rechtliche Körperschaft. Der altkatholische Pfarrgottesdienst hätte deshalb bezüglich des Status der Heiliggeistkirche für die röm.-katholische Kirche keine Auswirkung. Eine Baupflicht aus dem Bauedikt könne deshalb nicht hergeleitet werden.

Dem stünde allerdings nicht entgegen, dass die „Staatsaufsichtsbehörde" aufgrund der polizeilichen Staatsgewalt im allgemeinen öffentlichen Interesse nach § 30 PolStrGB[719] einen rechtswidrigen Zustand beseitigen könne. Der Eigentümer eines Grundstücks ist danach unabhängig von der tatsächlichen Benutzung oder dem Verhalten Dritter verpflichtet, sein Eigentum in einem den polizeilichen Vorschriften entsprechenden Zustand zu erhalten. Deshalb könne die röm.-katholische Gemeinde als Eigentümerin des Chors verpflichtet werden, auf ihre Kosten die notwendigen Renovierungen durchzuführen, soweit sie nicht den Altkatholiken übertragen werden.

Diese Rechtsgrundlage würde zwar verdrängt, falls eine besondere öffentlich-rechtliche Norm ihre Anwendung ausschließt. Dies könne aber nicht bezüglich der Baupflicht der Altkatholiken angenommen werden, denn diese läge hier nicht

718 Hier wird zudem verwiesen auf Urteil des Verwaltungsgerichtshofs vom 11. Juni 1913, Zeitschrift für Bad.Verw.u.Verw.Rechtspflege 1913, S. 177

719 Polizeistrafgesetzbuch für das Großherzogtum Baden vom 31. Oktober 1863, Großherzoglich Badisches Regierungsblatt, 61. Jahrgang, Karlsruhe, 1863, S. 439 ff. abgeändert durch Bekanntmachung, das Badische Polizeistrafgesetzbuch betreffend vom 27. Dezember 1871, Gesetzes- und Verordnungsblatt für das Großherzogthum Baden, Jahrgang 1871, Karlsruhe, 1871, S. 527 ff

umfassend, sondern nur beschränkt vor. Zudem müsse bei mehreren Verpflichteten lediglich eine Auswahl nach pflichtgemäßem Ermessen getroffen werden, und für eine baupolizeiliche Auflage neben einer Baupflicht nach dem Bauedikt sei kein Raum. Deshalb müsse der röm.-katholischen Gesamtkirchengemeinde die baupolizeiliche Auflage zur Unterhaltung des Chors gemacht werden, soweit die Arbeiten durch die beschränkte Baupflicht nicht den Altkatholiken obliegen.

Eine Verpflichtung des Chorkirchenfonds hätte nicht untersucht werden können, da diese Mittel für die Bauunterhaltung nicht zur Verfügung gestanden hätten.

b. Die Rekursentscheidung des Kultusministeriums vom 7. Oktober 1924

Der Stiftungsrat der katholischen Gesamtkirchengemeinde Heidelberg und der Katholische Oberstiftungsrat Karlsruhe haben gegen diese Entscheidung des Bezirksrats Rekurs beim Bezirksamt Heidelberg und Klage beim Verwaltungsgerichtshof erhoben.[720] Darin wurde der Antrag gestellt: *Die Entschließung des Bezirksrats Heidelberg vom 10. März 1924 ist unter Verfällung der Beklagten in die Kosten des gesamten Verfahrens wie folgt abzuändern: Die Verbindlichkeit zur vorsorglichen Baupflicht hinsichtlich der Heiliggeistchorkirche in Heidelberg liegt der altkatholischen Kirchengemeinde daselbst ob. Im übrigen wird die Entschließung des Bezirksrats vom 10. März aufgehoben.*

Dem Rekurs wurde am 7. Oktober vom Kultusministerium stattgegeben: *Auf den Rekurs des katholischen Oberstiftungsrates und des Stiftungsrates der Gesamtkirchengemeinde Heidelberg wird die Entschließung des Bezirksrats Heidelberg vom 10. März 1924 aufgehoben. Die Kosten werden niedergeschlagen.*

In den Gründen wird ausgeführt: Zunächst sei der Entscheidung des Bezirksrats hinsichtlich der vorsorglichen Baupflicht der altkatholischen Gemeinde und der nicht gegebenen Baupflicht der röm.-katholischen Gemeinde zuzustimmen. Eine Beschränkung der Baupflicht, da die Altkatholiken nur ein Mitbenutzungsrecht hätten, sei nicht möglich. Das Altkatholikengesetz könne hier nicht herangezogen werden. Die vorsorgliche Baupflicht bestimme sich nur nach dem Bauedikt. Diese Baupflicht umfasse nach Ziffer 1 Bauedikt Hauptausbesserungen, die nicht über § 30 PolStrGB der römisch-katholischen Gemeinde auferlegt werden könnten. Diese sei gerade nicht baupflichtig.

Unabhängig von diesen rechtlichen Überlegungen sei auch aufgrund der tatsächlichen Verhältnisse für die Feststellung einer vorsorglichen Baupflicht kein Raum. Zweck der Normierung einer vorsorglichen Baupflicht im Bauedikt sei gewesen, bei notwendigen Unterhaltungsmaßnahmen im öffentlichen Interesse

720 EAF, FK 9342; Kuhr, Baupflicht, S. 98

den Nächstbeteiligten zur Durchführung zu bestimmen, ihm aber den Rückgriff auf den Verpflichteten zu ermöglichen. Da die Stadt Heidelberg die Baumaßnahmen auf ihre Kosten schon vorgenommen habe, sei die vorsorgliche Bauverpflichtung von ihr als Dritter schon übernommen worden. Die Feststellung einer vorsorglichen Baupflicht sei deshalb nicht mehr möglich. Die Stadt Heidelberg könne für ihre Kosten nun lediglich auf den endgültig Verpflichteten Rückgriff nehmen.

Aufgrund dieser Entscheidung des Kultusministeriums war die Klage beim Verwaltungsgerichtshof gegenstandslos geworden. Sie wurde deshalb am 15. November 1924 zurückgenommen.

c) Folgen der Rekursentscheidung des Innenministeriums vom 7. Oktober 1924

Aufgrund der Rekursentscheidung vom 7. Oktober 1924 sah sich die Stadtgemeinde Heidelberg gezwungen, nunmehr durch eine zivilgerichtliche Klage ihre Aufwendungen zurückzufordern. Deshalb erhob sie am 28. November 1925 vor dem Landgericht Heidelberg Klage gegen die röm.-katholische Kirchengemeinde und die altkatholische Kirchengemeinde mit dem Antrag: *Die Beklagten werden als Gesamtschuldner verurteilt, an die Klägerin 3651,77 Reichsmark und 11 % Zinsen aus 1727,15 Reichsmark vom 1.März 1924 und aus 1924, 62 Reichsmark vom 1. November 1924 an zu bezahlen und haben die Kosten des Rechtsstreits zu tragen.* Der Klageantrag wurde damit begründet, dass die Beklagten gemäß §§ 677, 683 BGB zum Ersatz der Aufwendungen verpflichtet seien. Bei der röm.-katholischen Gemeinde ergebe sich dies aus ihrem Eigentum, die altkatholische Gemeinde sei kirchenbaurechtlich verpflichtet. Die beiden Gemeinden seien Gesamtschuldner nach § 421 BGB.

Das Verfahren wurde durch eine Vereinbarung zwischen der Stadtgemeinde Heidelberg und dem katholischen Stiftungsrat beendet. Darin wurde vereinbart, dass die röm.-katholische Kirchengemeinde – ohne eine Verpflichtung anzuerkennen – 3150,51 Reichsmark bezahlt und die Stadtgemeinde auf weitergehende Ansprüche verzichtet. Ausdrücklich wurde festgehalten, dass der katholische Stiftungsrat damit keine Baupflicht des Kirchenfonds, der Kirchengemeinde oder eines anderen kirchlichen Rechtssubjekts gegenüber der Stadtgemeinde Heidelberg oder der altkatholischen Gemeinde anerkenne. Auch das Gebrauchsrecht der Altkatholiken oder eine zukünftige Geschäftsführung der Stadtgemeinde würden nicht anerkannt.

Aufgrund dieser Einigung fehlt es an einer zivilgerichtlichen Entscheidung über die Anwendung der Vorschriften des BGB bei kirchenbaurechtlichen Streitigkeiten um die Heiliggeistkirche.

3. *Beurteilung der Baulastverhältnisse*

Die Entscheidungen aus den Jahren 1917 und 1924/25 schufen keine klare Rechtslage. Maßgeblich für die – nach Einschätzung der Beteiligten – unsicheren Rechtsverhältnisse war, dass in den Verfahren nur über die vorsorgliche Baupflicht entschieden wurde. In der praktischen Anwendung der Entscheidungen steht aber die endgültige Baupflicht im Vordergrund. Dass die Verfahren zur Klärung der Rechtslage wenig beitragen konnten, zeigt ein Zeitungsbericht im Heidelberger Tageblatt vom 2. Mai 1928.[721] Erneut waren notwendige Ausbesserungsarbeiten am Chordach festgestellt worden. Das Heidelberger Tagblatt beschreibt die „eigentümlich gelagerten Besitzverhältnisse“: *„Die römisch-katholische Kirche ist Eigentümerin des Chores, das Langhaus gehört der evangelischen Kirche und die altkatholische Gemeinde befindet sich im Mietverhältnis. Doch ist die Frage strittig, ob für die Chorkirche die Pfälzer katholische Kirchenschaffnei oder die altkatholische Kirche baupflichtig ist. Nach einer Verwaltungsgerichtshofsentscheidung aus dem Jahr 1925 scheint es, als ob die Altkatholiken baupflichtig seien“.*

Bis auf die Eigentumsverhältnisse ist diese Feststellung in allen Punkten unrichtig. Die Baulastverhältnisse am Chor wurden so zum Gegenstand dauerhafter Auseinandersetzung. Deshalb sollen hier die Entscheidungen nochmals gewürdigt und die Baupflichten erörtert werden. Die Dissertation von *Kuhr* ist dabei zu berücksichtigen. Sie kann aber nicht als abschließend angesehen werden, da sie von 1925 stammt und damit den Sachverhalt zeitlich nicht umfassend berücksichtigen konnte. Zudem beruht sie im Wesentlichen auf der Ausarbeitung eines Rechtsgutachtens über die Baupflicht an der Heiliggeistkirche, das *Kuhr* 1925 als Referendar für das Bezirksamt Heidelberg erstellt hatte.[722]

a) *Würdigung der Entscheidungen*

Die vorliegenden Entscheidungen zeigen die zersplitterte Sach- und Rechtslage bezüglich der Baupflichten an der Heiliggeistkirche. Diese sind Folge der sich aus den historischen Veränderungen ergebenden unterschiedlichsten Berechtigungen und Verpflichtungen. Bei der Regelung der Rechtsverhältnisse der Altkatholiken wurde wohl das Baulastrecht nicht umfassend gewürdigt. Das Bauedikt konnte den Sachverhalt noch nicht erfassen. Das Ortskirchensteuergesetz behandelt die Frage nicht. Deshalb versuchen die Entscheidungen durch Richterrecht das Mitbenutzungsrecht der Altkatholiken bei der Unterhaltung der Heiliggeist-

721 StAHD AA 211, 14
722 StAHD AA 210, 22

chorkirche zu berücksichtigen. Es muss offenbleiben, inwieweit dabei eine religiöse Haltung ohne Einfluß war.

aa) Ansicht von Kuhr

Kuhr tritt den Bezirksratsentscheidungen von 1917 und 1924 entgegen. Zuvor hat er einen den dortigen Entscheidungen gemeinsam zugrundeliegenden Gesichtspunkt herausgehoben. Diese hätten bezüglich des Umfangs der vorsorglichen Bauverpflichtung das Mitbenutzungsrecht mindernd herangezogen und dabei die privatrechtlichen Vorschriften des Nießbrauchs analog angewandt bzw. der röm.-katholischen Kirchengemeinde die Hauptausbesserungen durch eine polizeiliche Auflage übertragen.[723] Kuhr ist entsprechend dem Bezirksrat und dem Innenministerium 1924 der Auffassung, dass die vorsorgliche Baupflicht allein den Altkatholiken zufällt, da der Chor für sie Hauptkirche und für die Röm.-Katholischen nur Nebenkirche sei.[724] Zudem könne eine baupolizeiliche Auflage nicht neben die vorsorgliche Baupflicht treten. Bei der Feststellung der vorsorglichen Baupflicht durch die „*Staatsverwaltungsbehörde*" müssten – soweit möglich – „*ausschließlich*" und „*einheitlich*" die Spezialnormen des Kirchenbaurechts unter Ausschluß des allgemeinen Polizeirechts angewandt werden.[725]

Dennoch stellt auch Kuhr fest, dass die Anwendung der öffentlich-rechtlichen Vorschriften allein zu keinem befriedigenden Ergebnis führt. Eine Berichtigung sei über die – gleichzeitig anwendbaren – privatrechtlichen Vorschriften zu erzielen. Die beiden Kirchengemeinden stünden im Eigentümer-Besitzer-Verhältnis. Deshalb stünde der altkatholischen Gemeinde – trotz ihrer kirchenbaurechtlichen Alleinverpflichtung – privatrechtlich ein Ersatz der Aufwendungen zu, die über die Verpflichtung der Altkatholiken als „Nießbraucher" hinausgingen (§ 1049 BGB i.V.m § 678).[726]

bb) Stellungnahme

(1) Die Bezirksratsentscheidung von 1917

Der Bezirksratsentscheidung von 1917 ist insgesamt nicht zuzustimmen. Die röm.-katholische Gemeinde hat nicht die vorsorgliche Baupflicht an der Heiliggeistchorkirche. Der Begründung dieser Entscheidung kann insoweit nicht ge-

---

723 Kuhr, Gutachten, S. 33
724 Kuhr, Gutachten, S. 15 ff., S. 31 ff.
725 Kuhr, Gutachten, S. 21 ff, 28, 34
726 Kuhr, Gutachten, S. 37, 38

folgt werden. Zudem ist einer Beteiligung der Altkatholiken an der vorsorglichen Baupflicht aufgrund ihres Alleingebrauchs nach den Vorschriften des Nießbrauchs zu widersprechen.

Zweck der Regelung einer vorsorglichen Baupflicht nach Ziffer 4 Bauedikt ist die Durchführung von notwendigen Erhaltungsmaßnahmen an kirchlichen Gebäuden in streitigen Fällen. Baulastverfahren können sich über Jahre hinauszögern. In der Zwischenzeit könnte das Gebäude einen nicht mehr wiederherzustellenden Schaden nehmen. Um dem vorzubeugen, sollte ein zunächst vorsorglich Baupflichtiger bestimmt werden. Würde man diese Baupflicht nun erneut aufteilen, so konterkarierte diese Entscheidung den Gesetzeszweck der schnellen und einfachen Abwicklung der Bauunterhaltungsmaßnahme. Die Aufteilung des Bezirksrates verdeutlicht diese Problematik. Wollte man im Verhältnis Haupt- und Nebenausbesserungen die Bauunterhaltung aufteilen, wäre der Baufortschritt von der gegenseitigen Abstimmung und Erfüllung der Verpflichteten abhängig. Dies kann nicht gewollt sein.

Zudem ist die Teilung der Baupflicht auch nicht notwendig. Dem vorsorglich Verpflichteten steht für diese Fälle der (teilweise) Rückgriff auf den endgültig Baupflichtigen zu. Auf der Ebene der Bauschuldigkeit in letzter Ordnung ist eine geteilte Baupflicht selbstverständlich vorstellbar. Erst hier wird entschieden, wer in welchem Umfang verpflichtet ist. Insofern ist die Berücksichtigung der Mitbenutzung bei der Frage der vorsorglichen Baupflicht nicht sachgerecht. Soll der Gebrauch der Altkatholiken oder das Eigentum der röm.-katholischen Gemeinde in die Bauunterhaltung einbezogen werden, so muss dies bei der Frage nach der endgültigen Baupflicht entschieden werden. Das Ergebnis bestimmt, ob und in welcher Höhe der vorsorglich Verpflichtete Rückgriff nehmen kann.

Deshalb hätte der Bezirksrat in seiner Entscheidung von 1917 einen allein Verpflichteten bestimmen müssen. Zunächst ist er auch davon ausgegangen, dass der röm.-katholischen Gemeinde vor 1874 nach Ziffer 14 Bauedikt als „Kirchspiel“ die Baupflicht oblag und staatsrechtlich das Altkatholikengesetz diese Verpflichtung nicht berührt. Ein Pfarrgottesdienst nach Ziffer 6 Bauedikt finde statt und die Bauverpflichtung entfalle deshalb nicht aufgrund des Charakters der Heiliggeistchorkirche als Nebenkirche. Dabei hat das Bezirksamt übersehen, dass der Chor schon seit 1809 nur röm.-katholische Nebenkirche ist. Damit war die Heiliggeistchorkirche 1874 keine Pfarrkirche mehr. Die Eigenschaft als Pfarrkirche hätte der Chor durch die Einweisung der Altkatholiken erst wieder gewinnen können.

Diese Frage ist entscheidend für die Bestimmung der vorsorglichen Baupflicht. Denn derjenige, der in letzter Ordnung nach dem Bauedikt baupflichtig ist, muss im Fall einer notwendigen Bauunterhaltungsmaßnahme und der Ablehnung eines anderen – möglicherweise – Baupflichtigen, diese vorsorglich eines späteren Rückgriffs vornehmen (Ziffer 4 Bauedikt).[727] In letzter Ordnung ist das Kirchenspiel – nach § 31c OKStG die Kirchengemeinde – baupflichtig, so dass nach Ziffer 4 Bauedikt nur das Kirchenspiel einer Hauptkirche zum vorsorglichen Bau verpflichtet sein kann. Bei Nebenkirchen ist nach Ziffer 16 Bauedikt nur deren Baukasse baupflichtig. Deshalb kann nach diesen Vorschriften das Kirchenspiel/die Kirchengemeinde einer Nebenkirche nie vorsorglich Baupflichtiger sein.

Demnach ist hier festzustellen gewesen, ob die altkatholische Gemeinde oder die röm.-katholische Gemeinde in letzter Ordnung die Bauunterhaltung schuldet (Ziffern 4, 14 Bauedikt). Die Chorkirche müsste für eine der Gemeinden Haupt- und Pfarrkirche sein. Im Gegensatz zur Bezirksratsentscheidung kann aber aus dem in § 1 Altkatholikengesetz festgelegten Grundsatz der Kooperations- und Bekenntniseinheit nicht entnommen werden, dass ein altkatholischer Pfarrgottesdienst auch als röm.-katholischer Pfarrgottesdienst zu werten ist. § 1 diente lediglich dazu, der Kirchengutsgarantie aus § 20 der Verfassungsurkunde für das Großherzogtum Baden vom 22. August 1818 zu genügen.[728] Aus dem OKStG ergibt sich vielmehr, dass in den beiden Gemeinden zwei selbständige Körperschaften zu sehen sind. Die Chorkirche ist deshalb weiterhin eine röm.-katholische Nebenkirche und die röm.-katholische Gemeinde ist nicht vorsorglich baupflichtig. Dieses Ergebnis ist aber unabhängig von der Frage der endgültigen Baupflicht zu betrachten und befreit die Gemeinde nicht grundsätzlich.

Unzweifelhaft war die Heiliggeistchorkirche eine altkatholische Hauptkirche. Die altkatholische Gemeinde feierte hier den Pfarrgottesdienst (vgl. Ziffer 6 Bauedikt). Deshalb ergibt sich aus Ziffer 14 Bauedikt eine Bauverpflichtung der altkatholischen Gemeinde in letzter Ordnung. Die altkatholische Gemeinde war deshalb auch vorsorglich baupflichtig nach Ziffer 4 Bauedikt. Die vorsorgliche Übernahme der Bauunterhaltung ist nach den obigen Ausführungen eine Alleinverpflichtung. Damit wird erneut die endgültige Baulast und eine Rückgriffsmöglichkeit der Altkatholiken auf den endgültig Verpflichteten offen gelassen.

---

727 Siehe auch Stempf, S. 18

728 § 20: *Das Kirchengut und die eigenthümlichen Güter und Einkünfte der Stiftungen, Unterrichts- und Wohltätigkeitsanstalten dürfen ihrem Zweck nicht entzogen werden,* u.a. abgedruckt bei Spohn, Staatskirchenrecht, S. 39. Diese Vorschrift steht damit in der Folge der Kirchengutsgarantien des Westfälischen Friedens, des Reichsdeputationshauptschlusses und des Dritten badischen Organisationsediktes. Die hier vertretene Ansicht wird mit etwas anderer Begründung so dann auch in der Bezirksratsentscheidung von 1924 zugrundegelegt, die den Grundsatz aus Art. 1 Altkatholikengesetz lediglich im historischen Sinn versteht. Vgl. dazu auch Schmitt, Simultankirchenrecht, S. 192 Anmerkung 3

Die Entscheidung des Bezirksrats bemüht sich um ein interessengerechtes Ergebnis, das die Bedürfnisse der beteiligten Gemeinden berücksichtigt. Die rechtliche Beurteilung ist dennoch unrichtig.

(2) Rekursentscheidung des Kultusministeriums von 1917 und Urteil des Verwaltungsgerichtshofs von 1918

Die Rekursentscheidung des Kultusministeriums und das Urteil des Verwaltungsgerichtshofs waren Entscheidungen zur Zulässigkeit der Rechtsmittel. Materiell führen sie deshalb nicht zu neuen Ergebnissen. Dennoch erläutert der Verwaltungsgerichtshof kurz den Regelungsgegenstand der vorsorglichen Baupflicht. Der Stellungnahme ist zu entnehmen, dass der hier vertretenen Auffassung von der zwingenden Alleinverpflichtung beim vorsorglich Baupflichtigen gefolgt worden wäre.[729] Denn das Gericht weist ausdrücklich auf den Streitgegenstand, der auf die vorsorgliche Baupflicht beschränkt sei, und die Rückgriffsmöglichkeit hin.

(3) Bezirksratsentscheidung von 1924

In der Darstellung der Sachlage und der Beurteilung der Rechtslage stimmt die Bezirksratsentscheidung von 1924 mit den hier vertretenen Ansichten insoweit überein, als die altkatholische Gemeinde die vorsorgliche Baulast trägt. Der Bezirksrat mindert dabei wiederum die vorsorgliche Baupflicht über das Mitbenutzungsrecht. Ob sich der Nießbrauch nach dem Badischen Landrecht oder dem BGB richtet, muss aufgrund der analogen Anwendung und der gleichen Rechtsfolge nicht entschieden werden. Auch das PolStrG hätte nicht herangezogen werden dürfen.

Denn der Entscheidung ist aus einem – später auch vom Kultusministerium ausgeführten– Gesichtspunkt entgegenzutreten. Über die vorsorgliche Baupflicht konnte in diesem Verfahren nicht mehr entschieden werden. Aufgrund des oben dargestellten Regelungsinhalts- und zwecks hatte die Stadtgemeinde Heidelberg die Instandsetzung übernommen. Die Frage nach der vorsorglichen Baulast lief deshalb ins Leere. Durch die Maßnahmen der Stadtgemeinde konnten keine weitergehenden Schäden an der Heiliggeistchorkirche entstehen. Diese zu verhindern, wäre der Zweck der vorsorglichen Bauverpflichtung gewesen.

Nachdem die Stadt die Schäden behoben hatte, konnte Gegenstand eines Verfahrens nur eine Rückgriffsmöglichkeit für die Kosten der politischen Gemeinde sein. Der Rückgriff richtete sich aber gegen den endgültig Baupflichtigen. Dieser

729 Vgl. Urteil des Verwaltungsgerichtshofs, EAF, FK 9342

hätte grundsätzlich festgestellt werden müssen. Dazu wäre aber das Verfahren vor dem Bezirksrat die falsche Verfahrensart gewesen.

(4) Rekursentscheidung des Kultusministeriums

Die Entscheidung des Kultusministeriums folgt in der Beurteilung der Rechtslage im Verfahren von 1924 der oben aufgezeigten Meinung. Zu den Entscheidungen von 1917 nimmt es selbstverständlich keine Stellung. Offen muss in der Entscheidung zudem bleiben, wer die endgültige Baupflicht zu tragen hat. Diese Frage wird nachfolgend untersucht.

b) Feststellung der endgültigen Baupflicht

Die Feststellung der endgültigen Baupflicht ist nach den obigen Entscheidungen und Erörterungen notwendig, da beim Verkauf der Heiliggeistchorkirche an die evangelische Kirche ohne weitere Erläuterung davon ausgegangen wird, dass der katholische Chorkirchenfonds baupflichtig sei. Inwieweit diese Annahme für die Kaufpreisfindung bedeutend war, ist noch aufzuzeigen.[730]

aa) Die Ansicht von Kuhr

Kuhr nimmt an, dass auch die endgültige Baupflicht in letzter Ordnung der altkatholischen Gemeinde oblag, da die Heiliggeistchorkirche für sie allein Haupt- oder Pfarrkirche sei.[731] Dies begründe sich damit, dass der Vermögensstock der Chorkirche (Baufond u.a.) auch für die Zukunft als völlig erschöpft erscheinen und ein Baufaktum oder ein anderer Privatrechtstitel nicht vorliegen würde. Deshalb müsse auch die endgültige Baupflicht in letzter Ordnung eine Kirchengemeinde tragen.[732]

Die Frage nach der Rückgriffsmöglichkeit der altkatholischen Gemeinde beantwortet er entsprechend zur vorsorglichen Baupflicht, also nach dem Eigentümer- Besitzer- Verhältnis. Deshalb kommt Kuhr zu folgendem Ergebnis:

„Der altkatholischen Kirchengemeinde Heidelberg liegt die Verbindlichkeit zur endgültigen Baupflicht im Sinne des Bauedikts und des OKStG ob, da die

730 Siehe dazu unter F. II. das Schreiben des Katholischen Oberstiftungsrats vom 23. September 1933, in dem für die Baupflicht des Chorkirchenfonds 8203 RM von der Ablösungssumme abgezogen werden; vgl. dazu auch Ziffer 3 des Ablösungsvertrags vom 11. Mai 1936 unter F. III.

731 Auch Kuhr unterscheidet streng zwischen vorsorglicher und endgültiger Baupflicht, S. 103 f.

732 Kuhr, Gutachten, S. 34, 35

Chorkirche für sie eine Hauptkirche ist, und sie, infolge des Nichtvorhandenseins anderer Baulastträger, als in letzter Ordnung pflichtig erscheint. – Der altkatholischen Kirchengemeinde Heidelberg steht als Nutzniesserin gegen die römisch-katholische Kirchengemeinde Heidelberg als Eigentümerin der Chorkirche gem. den §§ 683, 868, 1041, 1049 BGB ein Ersatzanspruch insoweit zu, als von ihr Aufwendungen für Ausbesserungen und Erneuerung der Kirche gemacht wurden, die nicht zu der gewöhnlichen Unterhaltung gehören".[733]

bb) Stellungnahme

Zunächst ist aus heutiger Sicht die in den Jahren 1917 und 1924 einschlägige Rechtsgrundlage klar- und festzustellen: Die kirchliche Baupflicht richtet sich auch nach Inkrafttreten des BGB nach den vorherigen Landesgesetzen. Denn nach Art. 132 EGBGB bleiben die landesgesetzlichen Vorschriften über die Kirchenbaulast und die Schulbaulast unberührt. Schon bei der Beratung des Bürgerlichen Gesetzbuches hatte man sich entschlossen, die verschiedenen landesrechtlichen Regelungen nicht zu vereinheitlichen, sondern fortgelten zu lassen.[734]. Der Vorbehalt sollte sich auf die Kirchenbaulastvorschriften beziehen, die dem Bürgerlichen Recht zuzuordnen waren.[735] Das Bauedikt vom 26. April 1808 war deshalb im vorliegenden Rechtsstreit weiterhin anwendbar.

Das Ortskirchensteuergesetz von 1881 steht der Anwendung des Bauedikts nicht entgegen. Nach § 31 OKStG ist lediglich die Kirchengemeinde an die Stelle des Kirchenspiels getreten.[736]

Um die endgültige Baupflicht festzustellen, ist die Ordnung des Bauedikts zu betrachten, die die Reihenfolge der Verpflichteten bestimmte.[737] Ursprünglich hatte das Bauedikt unterschieden zwischen gänzlich neu zu errichtenden Gebäuden oder solchen, die von einer Hauptkirche zur Nebenkirche werden und solchen, die schon vorhanden, aber neu errichtet oder repariert werden müssen. Zwischen altvorhandenen und neuen Gebäuden wird durch das Ortskirchensteuergesetz nicht mehr unterschieden.[738]

Weiterhin wird differenziert zwischen den allgemeinen[739] Regelungen (Ziffer 1, 2) und den besonderen Regelungen (Ziffer 6-20, 22, 23, 28, 29). Die Bauverpflichtung nach den allgemeinen Vorschriften geht einer nach den besonderen

733 Kuhr, Baupflicht, S. 114
734 Böttcher, HdbStKirchR Band 2, S. 19
735 Merten in Staudinger, Art. 132 EGBGB Rn 2
736 Dazu auch Niens, Textsammlung, 60, Artikel 1 Anm 1
737 Vgl. dazu auch Stempf, S. 18
738 Niens, Textsammlung, 60, Artikel 1 Anm 1
739 Ziffer 1 Bauedikt benutzt den Begriff „Baupflicht im allgemeinen".

Vorschriften vor (Ziffer 31 Bauedikt).[740] Die besonderen Vorschriften können also nur angewendet werden, wenn eine Baupflicht nach den Ziffern 1 oder 2 ausgeschlossen werden kann.[741]

Nach Ziffer 1 Bauedikt ist derjenige baupflichtig, dem ein Baufaktum „bewiesen ist". Ein Baufaktum entsteht durch die Durchführung einer nicht unerheblichen Baumaßnahme, womit der Handelnde stillschweigend seine Verpflichtung anerkennt.[742] Das Baufaktum ist ein selbständiger Verpflichtungsgrund.[743] Zu den allgemeinen Regeln zählt nach Ziffer 2 des Edikts auch das Anerkenntnis der Baupflicht und das rechtskräftige Urteil, das einen Baupflichtigen feststellt.

Grundsätzlich ging man bei der Normierung davon aus, dass durch ein Anerkenntnis keine Verbindlichkeiten begründet, sondern nur eine vorhandene bestätigt werden kann (LRS 1337). Nach LRS 695 kann allerdings bei Dienstbarkeiten ein Anerkenntnis auch eine Verpflichtung begründen. So soll auch nach dem Bauedikt ein Anerkenntnis ein „Titel" sein.[744]

Sofern eine Baupflicht nach den drei obigen Fällen ausscheidet, kamen die besonderen Regeln zur Anwendung. Auch innerhalb dieser Gruppe gab es eine feste Rangordnung, die vereinfacht dargestellt folgende war: Die Baupflicht zu Hauptkirchen unterscheidet zwischen Bauleistungen und Hand- und Fuhrarbeiten.[745] Im hier vorliegenden Fall wird allein die Bauunterhaltung betrachtet. Bei dieser wird unterschieden zwischen „hergebrachten" ungeteilten und geteilten Baupflichten an demselben Gebäude (Ziffer 10, 11). Da allein der Chor Streitgegenstand war, war an diesem aus „hergebrachter" Sicht die Bauverpflichtung ungeteilt. Die Ziffern 10 ff. Bauedikt zu geteilten Baupflichten regelten deshalb den durch die Altkatholiken entstandenen Fall nicht.[746]

---

740 Schmitt, Simultankichenrecht, S. 280 f., geht ohne Begründung von einer anderen Reihenfolge aus und sieht die „privatrechtlich Baupflichtigen" erst an zweiter Stelle haften. Dem ist nicht zuzustimmen; Schmitt erwähnt die Abgrenzungsnorm Ziffer 31 Bauedikt nicht.

741 A.A. Schmitt, Gesetz, S. 73 ff.

742 So auch Stempf, S. 25

743 Schmitt, Gesetz, S. 45

744 Stempf, S. 22; auch Schmitt, Gesetz, S. 47 sieht in einem Anerkenntnis einen selbständigen Verpflichtungsgrund.

745 Hand- und Fuhrarbeiten sind in Ziffer 15 geregelt

746 Auf die Teilung der Baupflicht nach Gebäuden sind die Regeln des Bauedikts nicht anwendbar. Insofern ist das Bauedikt wohl nicht beim Verhältnis zwischen der evangelischen Gemeinde und den Katholiken insgesamt heranzuziehen. Durch die Scheidemauer sind Chor, Turm und Langhaus der Heiliggeistkirche in dieser Frage zum damaligen Zeitpunkt verschiedene Gebäude. Über die Baupflichten am Turm und am Langhaus entstand zudem auch kein Streit, sodass das Bauedikt grundsätzlich ausschied, vgl dazu auch Stempf, S. 37 ff.

Die Rangfolge der Baupflichtigen bei Hauptkirchen war: Sofern vorhanden und suffizient die Baukasse sowie die Überschüsse aus der Kirche gewidmeter Fonds (Ziffer 6). Falls diese nicht vorhanden waren, sollte der „Kirchenspiels – oder alter Zehnten" baupflichtig sein (Ziffer 7, 8). Dieser besaß die Möglichkeit der Befreiung.[747] Sofern der Zehnte befreit war, hatte das Kirchenspiel – nach Art. 31 c OKStG die Kirchengemeinde[748] – die Baupflicht zu tragen (Art. 14).[749]

Nebenkirchen, also solche, in denen, wie oben dargestellt, kein pfarrlicher Gottesdienst stattfand, müssen sich aus ihren Baukassen (Fonds) unterhalten. Sofern diese insuffizient sind, kann das Kirchenspiel oder der Eigentümer leisten. Ansonsten geht die Kirche ein (Ziffer 16 Bauedikt).

In den Verfahren von 1917 und 1924 wurde eine Baupflicht nach den allgemeinen Vorschriften nicht vorgetragen.[750] Damit wurden Baulasten nach den Ziffern 1 und 2 Bauedikt nicht geprüft. Auch Kuhr erwägt eine endgültige Baupflicht nach den allgemeinen Vorschriften nicht, obwohl die Baupflicht der altkatholischen Gemeinde hätte verdrängt werden können. Die unterlassene Prüfung erscheint umso unverständlicher, als *Kuhr* selbst einen Hinweis auf eine mögliche Baupflicht nach Ziffer 2 Bauedikt gibt. Zu den Verhandlungen bis zum Jahr 1809 über die Überlassung der Chorkirche als Nebenkirche schreibt er: *„... sie (Katholiken/katholische Gemeinde) erreichten, dass ihnen die Chorkirche für gottesdienstliche Zwecke als „Nebenkirche" überlassen wurde unter der Bedingung, dass sie: 1. sich verpflichteten, die Baulast zu übernehmen; ... "*.[751]

In der Verpflichtung, die Baupflicht an der Chorkirche zu übernehmen, könnte ein Anerkenntnis der Baupflicht liegen. Wie oben dargestellt, kann eine Baulast desjenigen angenommen werden, dem ein Anerkenntnis nachzuweisen ist. Grundsätzlich wurde angenommen, dass ein Anerkenntnis keinen Rechtstitel darstellt, sondern einen anderen Rechtstitel beweist (vgl LRS 1337). Das Anerkenntnis nach Ziffer 2 Bauedikt ist aber – wie oben festgestellt – mit der Regelung der Dienstbarkeit nach LRS 695 vergleichbar und deshalb ein selbständiger Rechtstitel.[752]

Bei den Verhandlungen müsste die katholische Gemeinde durch Anerkenntnis die Baupflicht übernommen haben.[753] Lindau hat in seiner Studie *„Die Chorkir-*

---

747 Stempf, S. 19, 20

748 U.a. Niens, S. 138

749 Niens, Textsammlung, 60 Artikel 6 Anm 2 nimmt eine leicht abweichende Rangordnung an

750 Streitgegenstand war die vorsorgliche, und nicht die endgültige Baupflicht

751 Kuhr, S. 85

752 Stempf, S. 22

753 Siehe zu den Verhandlungen über die Jesuitenkirche, die auch den Chor der Heiliggeistkirche umfassten, Riedl, S. 60 ff.

che zum heil. Geist in Heidelberg" aus den Pfarrakten belegt, dass die Chorkirche der katholischen Gemeinde *„unter der Bedingung überlassen wurde, dass sie „sich verpflichte, die Baulast zu übernehmen"*.[754] Die katholische Gemeinde hat sich also gegenüber der Großherzoglichen Regierung verpflichtet, die Baupflicht an der Chorkirche zu tragen.[755] Der entsprechende Revers, in dem auch auf die Inanspruchnahme öffentlicher Fonds verzichtet wurde, war von 1200 Gemeindemitgliedern unterzeichnet worden.[756] Auch wenn es über die Vertragseinzelheiten lange Verhandlungen gab, so ist nach den Aktenstudien von Lindau gesichert, dass die Vereinbarung mit dieser Verpflichtung zustande kam.[757] Auch der Bezirksrat nimmt in seiner Entscheidung vom 10. März 1924 eine solche Verpflichtung an.[758] Zudem geht der katholische Stiftungsrat in einem anderen Zusammenhang von der Baupflicht aus[759]: *Der Chor der Heiliggeistkirche, welcher*

---

754 Lindau, S. 5 ff., Auszug aus dem Revers der katholischen Gemeinde vom 30. August 1808;

755 So auch Maesel, Chorkirche, S. 60; Riedl, S. 61, 63, Vierneisel, Jesuitenkirche, S. 23

756 Lindau, S. 20

757 Lindau, S. 11, 17, 31; vgl auch eine Abschrift eines Revers vom 3. September 1808, den der Erzbischöfliche Oberstiftungsrat am 2. März 1937 dem Erzb. Ordinariat übersandte: Der damalige Vorschlag der Kirchen Ökonomie Kommission lautete: *„1.) Das heil. Geist :Chor als Nebenkirche zu ewigen Zeiten – ohne allen Anspruch auf irgend einen Geistlichen Fond – er mag Nahmen haben, wie er wolle – lediglich aus den eigenen Mitteln der Katholischen Pfarr Gemeinde, in Dach und Fach zu erhalten, für dieselbe neue Altäre und Kirchstühle anzuschaffen, und zum Behuf der darin gehaltenen Privat Messen, mit Paramenten, Wachs – Messwein und Oehl, und sonstige dazu nöthigen Utensilien zu versehen, wie auch auf eigene Kosten den Kirchendiener in dieser Nebenkirche zu erhalten.* Die Anwort des kath. Kirchenvorstands lautete: *„Das H. Geist Chor als Nebenkirche ohne allen Anspruch auf irgend einen Geistlichen Fond, er mag Nahmen haben,wie er will, lediglich und allein aus eigenen Mitteln solang in Dach und Fach zu erhalten, die Baulasten jeder Art zu ertragen, und die darinn nöthige Stühle und Altäre anzuschaffen, zum Behuf der darinn nöthige Stühle und Altäre anzuschaffen, zum Behuf der darinn gelesenen Privat Messen, mit Paramenten, Oehl Messewin, und sonstigen Utensilien zu versehen, auch den Kirchendiener an derselben auf eigene Kosten zu halten. – als die freywilligen Beyträge hierzu reichen sollten selbige von unseren Nachkömmlingen entweder gar nicht oder nicht in solchem Mass gereicht werden wollen, dass davon alle Bedürfnisse dieser Nebenkirche bemerkter massen bestritten werden könnten alsdann soll diese Nebenkirche den Katholischen Geistlichen administrationsFond dergestalten heimfallen, dass die alsdann durch derselben veräusserung oder verwaltung eingehende Gelder an die Kath. Stiftsschaffney zum H. Geist verfalle, sofort zum Besten dieses Fond verwendet werde, ...",* EAF, EO 4374

758 Siehe unter 2. A.

759 Vorlage des Stiftungsrates für die katholische Kirchengemeinde Heidelberg an die Kirchengemeindevertretung – Die Erbauung einer Kirche in der Weststadt und die

vormals Hauptkirche war, verblieb als Nebenkirche zu hl. Messen und zu den hergebrachten Bruderschaftsandachten. Die Unterhaltung derselben im Aeußeren und Inbau wurde eine Obliegenheit der katholischen Kirchenspielsgemeinde.[760].

In dieser Verpflichtung der katholischen Gemeinde gegenüber der Großherzoglichen Regierung ist ein Anerkenntnis der Bauschuldigkeit nach Ziffer 2 Bauedikt zu sehen. Diese Baupflicht ist bis zu den Verfahren von 1917 und 1924 nicht untergegangen. Auch die Einweisung der Altkatholiken in die Chorkirche steht der Baulast durch Anerkenntnis nicht entgegen.

Ebenso ändert die Bildung des Chorkirchenfonds an der Baupflicht der katholischen Gemeinde nach Ziffer 2 Bauedikt nichts. Der Fonds war durch Beiträge und Stiftungen der katholischen Gemeinde und der Bruderschaften entstanden.[761]. In seinem Vorbericht wurde als Zweckbestimmung festgehalten: „*Der Fonds hat die Verpflichtung, alle Bedürfnisse zu decken, welche zur Verrichtung des Gottesdienstes erforderlich werden, mit Ausnahme jener Gottesdienste, wel-*

Erhebung einer örtlichen Kirchensteuer betreffend, 3. Mai 1898, S. 7, StAHD AA 209, 19

760 Die Verpflichtung wird auch in einem Rechtsgutachten von Mittermayer vom 15. Nov. 1883 angenommen, auch wenn dieser in seiner Beurteilung des Bauedikts und der Verpflichtung der Altkatholiken von der hier vertretenen Auffassung abweicht: „*Wenn die katholische Pfarrgemeinde die für ihren Gottesdienst nicht erforderliche Heiliggeistchorkirche überhaupt beibehalten wollte, so musste sie dieselbe rein aus eigenen Mitteln unterhalten. In obigem Vortrage der Kreisregierung vom 6. Oktober 1808 ist dies ausdrücklich erklärt; aber auch ohne solche Erklärung wäre es schon nach Art. 16 des Bauedikts vom 26. April unzweifelhaft und folgt mit Notwendigkeit daraus, dass die Chorkirche von 1808 an nur Nebenkirche ist. ...*
Nachdem später für die Unterhaltung und den darin zu haltenen Gottedienst der katholische Chorkirchenfond gegründet, so hat dieser Fond natürlich in erster Reihe für Unterhaltung des Chors einzutreten. Ist er hierzu unvermögend, so liegt die Unterhaltung der gesammten katholischen Gemeinde ob, wobei wohl zwischen Römisch-Katholischen und Altkatholiken nicht zu unterscheiden ist.“, StAHD AA 210, 10;
Vgl. auch Schreiben des Stadtrats Heidelberg vom 21. November 1883 an das großherzogliche Bezirksamt: „*... Wenn die katholische Pfarrgemeinde die für ihren Gottesdienst nicht erforderliche Heiliggeistchorkirche überhaupt beibehalten wollte, so musste sie dieselbe fortan rein aus eigenen Mitteln unterhalten. In dem erwähnten Vortrage der Gr. Kreisregierung vom 6. Oktober 1808 ist dies ausdrücklich erklärt; ...*“; auch in anderem Zusammenhang Schreiben der Regierung des Niederrheinkreises an das Katholische Pfarramt vom 19. Oktober 1909, in dem zur Gottesdienstordnung in der Jesuiten- und der Heiliggeistkirche Stellung genommen wird und die Baupflicht der katholischen Gemeinde erwähnt wird, obwohl die Heiliggeistkirche als Nebenkirche zu behandeln sei, StAHD AA 210, 10

761 Lindau, S. 46

che die Marianische und Josephinische Sodalität abhalten, für welche diese die Bedürfnisse zu bestreiten haben. Ferner hat der Fond die Verpflichtung, das Gebäude der katholischen Chorkirche zum heiligen Geist zu erhalten, welche mit dieser Belastung der katholischen Gemeinde überlassen wurde."[762]

Die Baupflicht des Chorkirchenfonds ergibt sich zudem aus Ziffer 6 Bauedikt, wonach Hauptkirchen aus den vorhandenen und bemittelten Baukassen unterhalten werden. Nach der ersten wesentlichen Baumaßnahme des Chorkirchenfonds ergab sich die Baupflicht gleichsam aus einem Baufaktum nach Ziffer 1 Bauedikt. In der Bauausführung ist die stillschweigende Anerkennung der Baupflicht zu sehen.[763] Die Baupflicht des Chorkirchenfonds, die sich demnach aus verschiedenen Gründen herleiten lässt[764], berührt die Baupflicht der katholischen Gemeinde aus ihrem Anerkenntnis aber nicht. Zum einen widerspricht das Baufaktum dem Anerkenntnis nicht, zum anderen steht es in der Rangfolge auf einer Ebene, wie schon Ziffer 31 Bauedikt zeigt. Zuletzt ist darauf hinzuweisen, dass es zur Anwendung des Bauedikts im Verhältnis von katholischer Gemeinde und Chorkirchenfonds nur im Streitfall gekommen wäre.

Zusammenfassend ergibt sich für die endgültige Baupflicht an der Heiliggeistchorkirche in den Jahren 1917 und 1924 eine Verpflichtung der nunmehr röm.-katholischen Gemeinde aus dem Anerkenntnis von 1808. Diese Baupflicht ist nach Ziffer 31 Bauedikt in der Rangfolge vor der Baupflicht der altkatholischen Gemeinde nach Ziffer 14 Bauedikt einzuordnen. Auch die Regelung zu Nebenkirchen nach Ziffer 16 Bauedikt – in Abgrenzung zu Hauptkirchen – wird von den „ allgemeinen Vorschriften" des Anerkenntnisses nach Ziffer 2 verdrängt.

Kuhr ist trotz des konträren Ergebnisses zuzustimmen in der Feststellung: *„Eine befriedigende Lösung ergibt sich bei alleiniger Anwendung öffentlich-rechtlicher Normen (derjenigen des Kirchenbaurechts) aber nicht".*[765] Das Mitbenützungsrecht nach dem Altkatholikengesetz regelt die Frage der Unterhaltslasten nicht. Dennoch muss sich aus dem Recht, die Heiliggeistchorkirche zu benutzen, auch die Pflicht zur teilweisen Erhaltung der Kirche ergeben. Dies folgt zudem aus der teilweisen Übertragung der Erträge aus dem Kirchenvermögen. Eine Trennung der Erträge und der Verpflichtungen aus dem Vermögen wäre nicht statthaft.

Wie die obigen Entscheidungen und auch Kuhr festgestellt haben, öffnet sich hier eine Regelungslücke, die über die analoge Anwendung der Nießbrauchvor-

---

762 Rieks, S. 139; Lindau, S. 47

763 Stempf, S. 25

764 Wohl auch aus Ziffer 6 Bauedikt, siehe dazu Schmitt, Simultankirchenrecht, S. 284 ff., 286

765 Kuhr, Baupflicht, S. 110

schriften geschlossen werden kann.[766] Bei der Beurteilung der Entscheidungen wurde schon dargestellt, dass die Anwendung von §§ 1030, 1041 BGB und LRS 578, 605 zum gleichen Ergebnis führt und deshalb nicht entschieden werden muss. Die altkatholische Gemeinde ist deshalb verpflichtet, für die Erhaltung der Heiliggeistchorkirche in ihrem wirtschaftlichen Bestand zu sorgen (§ 1041 BGB) und sie in ihrem baulichen Stand zu unterhalten (LRS 605). Die Hauptausbesserungen und außergewöhnlichen Anwendungen sind demnach von der röm.-katholischen Kirche zu tragen Die gewöhnliche Unterhaltung und die übrigen Ausbesserungen muss die altkatholische Gemeinde übernehmen. Als Abgrenzungsmaßstab kann LRS 606 herangezogen werden, wonach die Herstellung der Hauptmauern und Gewölbe, Einziehung neuer Balken und neue Belegungen der Dächer, Wände, Zimmerdecken und Fußböden, ingleichen neue Herstellung der Dämme, Grundmauern und Ringmauern zu den Hauptausbesserungen gehören.[767]

Diese Unterhaltsverteilung ergibt sich aber erst bei der Frage der Rückgriffsmöglichkeit der röm.-katholischen Gemeinde. Zunächst war sie aufgrund der Baupflicht zur Bauunterhaltung insgesamt verpflichtet, sofern der Chorkirchenfonds insuffizient war. Erst nach der Durchführung hat sie für die gewöhnliche Unterhaltung einen Anspruch auf Ersatz der Kosten.

Die Rechtsgrundlage für den Rückgriff der katholischen Gemeinde ist nicht eindeutig. Kuhr konnte bei dem von ihm angenommenen umgekehrten Ergebnis den Verwendungsersatzanspruch aus § 1049 i.V.m. 683 BGB heranziehen. § 1049 gibt aber nur dem Nießbraucher einen Anspruch gegen den Eigentümer auf Ersatz der Verwendungen, zu denen er nicht verpflichtet ist. Bei der analogen Anwendung der §§ 1041 ff BGB kann im Verhältnis von röm.–katholischer und altkatholischer Gemeinde nur die Zweite einen Anspruch aus § 1049 erwerben. Soweit der Eigentümer gewöhnliche Reparaturen vornimmt, die dem Nießbraucher nach § 1041 S. 2 obliegen, ist der Verwendungsersatzanspruch gemäß § 1049 nicht anwendbar. §§ 1041 ff. BGB regeln lediglich eine Duldungspflicht des Nießbrauchers, sofern er die gewöhnliche Unterhaltung nicht vornimmt und der Eigentümer die Maßnahme durchführen will (§ 1041 BGB). Inwieweit der Eigentümer vom Nießbraucher den Ersatz seiner Verwendungen verlangen kann, ist in den §§ 1041 BGB ff. nicht geregelt.

Unter dem BGB a.F. wurde angenommen, dass sich ein Ersatzanspruch des Eigentümers gegen den Nießbraucher aus einer Positiven Forderungsverletzung des gesetzlichen Schuldverhältnisses ergebe.[768] Die Grundsätze der Positiven Forderungsverletzung sind wohl auf das hier vorliegende Rechtsverhältnis nicht

766 Kuhr, Baupflicht, S. 110 ff
767 So auch Schmitt, Gesetz, S. 45
768 Stürner in Soergel, § 1041 Rn 4

übertragbar. Eine Leistungsstörung und ein Verschulden der altkatholischen Gemeinde liegen nicht vor, da diese zunächst zur Bauunterhaltung als Träger der sekundären Baulast nicht verpflichtet war.

Vielmehr entspricht der Sachverhalt dem Regelungszweck von § 1049 BGB. Auch ohne Verweisung auf die §§ 683 ff. BGB können diese auf das Verhältnis zwischen der röm.-katholischen und der altkatholischen Gemeinde angewendet werden.[769] Insofern folgt aus der Heranziehung der Vorschriften zur Geschäftsführung ohne Auftrag ein Anspruch der röm.-katholischen Gemeinde auf Ersatz der gewöhnlichen Unterhaltskosten. Diese kann – entsprechend der Reaktion der altkatholischen Gemeinde – aus § 683 S. 1 oder §§ 683 S. 2, 679 hergeleitet werden. Der Anwendung der Vorschriften zur Geschäftsführung ohne Auftrag steht nicht entgegen, dass die Bauunterhaltung durch die röm.-katholische Gemeinde aufgrund ihrer eigenen Baupflicht auch im eigenen Interesse lag. Denn mit der Geschäftsführung können eigene Pflichten und Belange verfolgt werden.[770]

Durch den Anspruch der röm.-katholischen Gemeinde auf Ersatz der Verwendungen, soweit die Maßnahmen der gewöhnlichen Bauunterhaltung zugeordnet werden können, werden die Kosten entsprechend dem Ergebnis bei Kuhr verteilt. Die Feststellung der hier aufgezeigten Baulastverteilung, nämlich einer endgültigen Baupflicht der röm.-katholischen Gemeinde und des Chorkirchenfonds, ist dennoch entscheidend für die Rechtsverhältnisse der Heiliggeistkirche. Die Baupflicht des Chorkirchenfonds war nämlich – wie noch aufzuzeigen sein wird – Gegenstand der Kaufpreisfindung bei den Verhandlungen über den Verkauf der Heiliggeistchorkirche 1936.[771]

---

769 Zur grundsätzlichen Möglichkeit des öffentlich-rechtlich Baulastpflichtigen zum Rückgriff gegen Dritte nach den Vorschriften der Geschäftsführung ohne Auftrag und des Bereicherungsrechts siehe RGZ 32, 206, 214 ff., dort in einem anderen Fall gegen den Täter einer unerlaubten Handlung (Brandstiftung)

770 U.a. Schlechtriem, Schuldrecht Besonderer Teil, S. 284 f.

771 Siehe dazu F. und Verweis in Fn 728

F. Der endgültige Fall der Mauer 1936

Nach dem Verfahren von 1924 wurde den Beteiligten bewusst, dass allein die Beendigung der gemeinsamen Benutzung der Heiliggeistkirche die immer wieder aufkommenden Probleme würde beenden können. Da lediglich über die vorsorgliche Baupflicht entschieden worden war, traten die Auseinandersetzungen über die endgültige Kostentragungspflicht schnell wieder in den Vordergrund.[772] Die ausführlichen Gespräche konnte Pfarrer Maas regelmäßig nutzen, die Beteiligten von seiner Vorstellung einer wiedervereinten Heiliggeistkirche zu überzeugen. Die Verhandlungen sollten sich als schwierig herausstellen. Grundlage der Gespräche war der Stand der Ablösungsbemühungen nach der Universitätsfeier 1886. Die Benutzungsrechte der altkatholischen Gemeinde erschwerten das Zustandekommen eines Kaufvertrags erheblich. Die Verhandlungen zogen sich bis 1936 hin.

Die tatsächlichen Grundlagen dieser Entwicklung sollen dargestellt werden, um darauf aufbauend die Vertragsverhandlungen zu untersuchen. Soweit diese einzelne Regelungen des Kaufvertrags von 1936 betreffen, erleichtert die Betrachtung des Zustandekommens die Sicht auf das Vertragswerk. Inhalt und Zielsetzung des Kaufs des Heiliggeistchors werden erläutert. Die Ausführungen münden in der Rechtslage aufgrund des Kaufvertrags.[773]

I. Grundlagen und Entwicklung[774]

Schon 1928 wurde es wieder notwendig, die Kosten für Bauunterhaltungsmaßnahmen auf die Berechtigten und Verpflichteten zu verteilen. Die endgültige Baupflicht am Chor war aber weiterhin streitig. Dies ergab eine Besprechung über notwendige Arbeiten zwischen der katholischen und der altkatholischen Kirchengemeinde, der Stadtgemeinde, der Pfälzer Katholischen Kirchenschaffnei,

772 Dies zeigt auch ein Schriftwechsel zwischen dem Stiftungsrat der Gesamtkirchengemeinde und dem Erzbischöflichen Ordinariat vom 5. Januar und 11. Februar 1929 über die Baupflicht. Das Ordinariat vertritt dabei die Ansichten, die schon in den Verfahren von 1917 und 1924 vertreten worden waren, vgl. EAF EO 4374

773 Zu der Orgel in der Heiliggeistkirche im Zusammenhang mit dem Ablösungsvertrag siehe Esser, S. 54 ff.

774 Vgl. auch in einer kurzen Zusammenfassung Friedrich in Zahn, S. 171

der Evangelischen Pflege Schönau sowie des städtischen Bauamts. Nach einer Augenscheinnahme stellten die Teilnehmer viele notwendige Reparaturen fest. Betroffen seien vor allem das Chorkirchendach, aber auch der Fenstersims des Langhauses und die Strebepfeiler gewesen. Das Dach des Langhauses befinde sich dagegen in einem guten Zustand.[775]

Wegen des Chors wendete sich dann das Badische Bezirksbauamt mit Schreiben vom 10. Dezember 1928 an das Bezirksamt Heidelberg.[776] Es wurde festgestellt, dass die nötigsten Instandsetzungsarbeiten 20.000 Mark erfordern werden. Baupflichtig für größere Reparaturen sei die katholische Kirchengemeinde. Diese sei dazu aber nicht bereit. Nutznießerin sei die altkatholische Kirchengemeinde. Deren Kirchensteuer von 4.000 Mark sei aber schon unzureichend für die Gehälter von Pfarrer, Organist und Diener. Faktisch sei die altkatholische Gemeinde nicht in der Lage, den Chor zu unterhalten.[777] Staat und Stadt wollten zwar einen Beitrag leisten. Die Höhe sei aber noch ungewiss. Vorgeschlagen wurde, diese zunächst zu klären. Ein Viertel der Kosten für die Baumaßnahmen würde die baupflichtige Kirchengemeinde schon sehr entlasten.

Eine Klärung dieses Sachverhalts musste dann aufgeschoben werden. Denn ein Brand in der Heiliggeistkirche im selben Jahr überschattete das Interesse an anderen Reparaturmaßnahmen. So berichtet das Heidelberger Tageblatt in seiner Ausgabe vom 27. Dezember 1928 von einem Brand am Morgen des 25. Dezember.[778] Brandursache sei die mangelhafte Anlage der Gasofenheizung gewesen. Die Kirchenfenster an der Nordwestecke hätten eingeschlagen werden müssen, um Löscharbeiten durchzuführen. Größere Schäden hätten dadurch verhindert werden können. Die Orgel im evangelischen Teil sei unversehrt geblieben. Der Gesamtschaden wurde auf 10.000 Mark geschätzt. Das Heidelberger Tageblatt kommentierte den Brand mit dem Hinweis, dass dies der Anlass sein könne, längst notwendige Ausbesserungsarbeiten durchzuführen.

Kleinere Arbeiten wurden daraufhin durchgeführt. Doch die größeren Reparaturen wurden aufgrund der gegensätzlichen Interessenlage und der – nach Einschätzung der Beteiligten – unsicheren Rechtslage aufgeschoben. Die altkatholische Gemeinde besaß nicht die Mittel, um den Bedarf der Heiliggeistchorkirche zu decken. Das Interesse der katholischen Kirche war aufgrund der von ihr unterlassenen Benutzung weiterhin eingeschränkt. Die evangelische Kirche hoffte auf

---

775 Schreiben vom 9. März 1928 an den Evangelischen Oberkirchenrat LKA-KA SpA 4074

776 StAHD AA 211, 14

777 An dieser Darstellung wird deutlich, dass die Verfahren von 1917 und 1924 die Sachlage der Baupflicht nicht klären konnten

778 StAHD AA 211, 14

einen Kauf der Chorkirche, um dann im Zuge der Wiedervereinigung die notwendige Bauunterhaltung durchzuführen.[779]

Diese Sachlage zeigt sich u.a. in einem Besprechungsprotokoll des Oberbürgermeisters vom 2. April 1929 über eine Sitzung vom 22. März 1929 mit Geistl. Rat Raab, Dekan Schlier, Stadtpfarrer Maas, Oberbaurat Haller. Danach seien erhebliche Summen zur Bauunterhaltung der Heiliggeistkirche – insbesondere für den Turm – notwendig. *„Als baupflichtig kommen in Betracht: für die eine Hälfte die Evangelische Kirchengemeinde, für den anderen Teil bezüglich der großen Bauunterhaltung die Katholische Kirchengemeinde und die Altkatholische Kirchengemeinde für die laufende Bauunterhaltung."* Die Mittel aufzubringen, sei für alle schwierig. Deshalb wurde eine Lotterie vorgeschlagen.[780] Da die Heiliggeistkirche für die Allgemeinheit bedeutsam sei, sei die Finanzierung über eine Lotterie möglich. Dieser Vorschlag wurde von den Teilnehmern der Besprechung begrüßt. Maas nutzte – wie oben angedeutet – die Gelegenheit und wies erneut auf die Verunstaltung der Kirche durch die Trennmauer hin. Deshalb sollten die Rechtsverhältnisse grundlegend neu geordnet werden. Raab machte Pfarrer Maas zu diesem Zeitpunkt aber noch keine Hoffnung auf einen Verkauf des Chors.

Über den Sitzungsverlauf berichtete Pfarrer Maas dem Evangelischen Oberkirchenrat, insbesondere zu den Kosten von ca. 20.000 RM zur Herstellung des Chors. Er nahm an, dass eine Lotterie den Verkauf erheblich hinauszögern würde, weil die Katholiken wieder Mittel erhalten und damit der Druck nachlassen könnte. Maas schlug deshalb vor, dass Oberkirchenrat und Pflege Schönau *„um die Gewährung dieser Lotterie bei der Staatsbehörde mitbitten"*, falls keine Zusicherungen wegen der Mauer gemacht würden.[781]

Im Laufe des Jahres 1929 wurde immer deutlicher, dass Instandsetzungsarbeiten notwendig waren. Einer Verfügung des Städtischen Hochbauamtes vom 5. Juli 1929[782] ist zu entnehmen, dass die Dächer dringend erneuert werden mussten. Neudeckungen würden ca. 24.500 Mark erfordern. Der vollständige Renovierungsbedarf könne allerdings erst nach Einrüstung festgestellt werden. So war eine erneute Besprechung beim Oberbürgermeister notwendig geworden. Wiederum kamen dieser und Geistlicher Rat Raab, Stadtpfarrer Maas, Oberfinanzrat Abel und Finanzoberinspektor Schmitt am 4. Oktober 1929 zusammen.[783]. Gegenstand der Besprechung war, dass das Städtische Bauamt nun einen notwendigen Betrag von 25.000 Mark zur Bauunterhaltung festgestellt hatte. 20.000 Mark

779 Siehe auch Heidelberger Neueste Nachrichten vom 24. Juni 1936 S. 3, LKA-KA SpA 4065
780 Siehe auch Friedrich in Zahn, S. 170
781 Pfarrer Maas an Evangelischen Oberkirchenrat vom 25. März 1929
782 StAHD AA 211, 14
783 Protokoll vom 8. Oktober 1929, LKA-KA SpA 4060; StAHD AA 211, 14

würden Chor und Hauptturm sowie 5.000 Mark der evangelische Teil der Heiliggeistkirche erfordern. Nach den Erklärungen des badischen Innenministeriums gäbe es keine Möglichkeit zur Genehmigung einer Lotterie, wie sie in der letzten Sitzung angeregt wurde. Weiter führte Geistl. Rat Raab aus, dass – soweit nicht die Katholische Kirchenschaffnei den Betrag übernehme- die katholische Kirchengemeinde der Altstadt die Zahlungen nicht leisten könne. Maas wies erneut auf die Möglichkeit des Verkaufs hin und teilte mit, dass im Hinblick auf einen Verkauf technische Arbeiten zunächst zurückgestellt werden.[784] Raab teilte seinerseits mit, er habe keine Vollmacht, in dieser Frage Zusagen abzugeben. Stadtpfarrer Maas ging noch einen Schritt weiter und deutete die Möglichkeit an, an anderer Stelle im Land einen Ausgleich zu ermöglichen. Um die Verhandlungen über den Verkauf voranzutreiben, erklärt sich der Oberbürgermeister bereit, neutraler Vermittler zu sein.[785]

Folge dieser Besprechung war ein Schreiben des Pfarramts der Jesuitenkirche an den Oberbürgermeister vom 26. Februar 1930.[786]. Stadt und Staat hätten sich dazu bereit erklärt, jeweils 5.000 Mark der – voraussichtlich unzureichenden – 20.000 Mark zu übernehmen. Die Gesamtkirchengemeinde könne aus Kirchensteuermitteln 5.000 Mark übernehmen. Festgestellt wurde in dem Schreiben aber auch: *„Eine Abtretung des der katholischen Kirchengemeinde gehörigen Chors kommt nicht in Frage“.*

In einem Schreiben von Pfarrer Maas an Oberkirchenrat Dr. Friedrich vom 24. Januar 1930[787] berichtete er von einem Gespräch mit Geistlichem Rat Raab. Danach bestünden starke Widerstände gegen den Verkauf der Heiliggeistchorkirche in der katholischen Gemeinde. Hierin ist der Grund zu sehen, warum die Verhandlungen über den Verkauf ins Stocken geraten waren. Die notwendigen Baumaßnahmen wurden auch nicht durchgeführt. Pfarrer Mass unterließ es dennoch nicht, seine Bemühungen fortzusetzen. So ging am 18. Juni 1930 ein Schreiben des Evangelischen Stadtpfarramtes an den Oberbürgermeister Dr. Neinhaus.[788] Darin äußerte er sein Befremden über die Mitteilung, dass Bürgermeister Amberger die Verhandlungen für gescheitert erklärt hatte. Er fragte deshalb an, ob man das Scheitern als endgültig betrachte. Daraufhin versicherte der Oberbürgermeister, dass sich die Sachlage zum Verkauf nicht geändert habe.

---

784 Vgl. auch zu den unermüdlichen Bemühungen von Maas, Friedrich in Zahn, S. 170
785 So auch Pfarrer Maas an Evangelischen Oberkirchenrat im Juni 1929, LKA-KA SpA 4060
786 StAHD AA 211, 14
787 LKA-KA SpA 4060
788 StAHD AA 211, 14

Weiterhin würde die *„katholische Stelle"* nicht zustimmen. Die Stadtverwaltung würde den Verkauf aber unterstützen und nicht ablehnen.[789]

Mit diesem Sachstand waren die ersten Ansätze zu Gesprächen über den Verkauf des Chors an die evangelische Kirche zunächst wieder beendet. Der Gedanke an einen Verkauf der auch für die katholische Seite bedeutenden Kirche in der Pfalz musste noch weiter reifen. Die Grundlagen für einen Verkauf waren aber dank der Bemühungen von Pfarrer Maas schon gewachsen. Durch die finanzielle Belastung war absehbar, dass die katholische Kirche dem Verkauf des für sie nicht nutzbaren Kirchenteils bald zustimmen werden würde.

II. Verhandlungen über den Verkauf des Chors

Ab 1933 kam es wieder zu intensiveren Verhandlungen. Mit einem Schreiben vom 14. Januar 1933 bat der Evangelische Oberkirchenrat den Erzbischöflichen Oberstiftungsrat um eine Stellungnahme, ob man bereit sei, wieder Verhandlungen aufzunehmen. Das Schreiben bezeichnet weiterhin mögliche Vertragsbedingungen im Einzelnen[790]: Danach müssten die der katholischen Kirchengemeinde obliegende Baupflicht und das den Altkatholiken zustehende Mitbenutzungsrecht bei der Kaufpreisberechnung berücksichtigt werden, da sie als Lasten übergehen würden. Zudem stünden dem Mitbenutzungsrecht an Turm und Geläut die Bau- und Unterhaltspflicht und baldige aufwendige Wiederherstellungsarbeiten gegenüber. Die dann errechnete Kaufpreissumme könne durch Übereignung liegender Güter beglichen werden. Diese Position erforderte weitere Verhandlungen, ermöglichte aber zumindest eine intensive Fortführung der Gespräche.

1. Konkretisierung der Vertragsbedingungen

Die katholische Kirche erwog in der Zwischenzeit eine Zustimmung zum Verkauf. Im Februar 1933 stellte das Erzbischöfliche Bauamt Berechnungen an, die als Grundlage einer Kaufpreisfindung dienen sollten. Wesentlicher Anhaltspunkt waren die fiktiven Kosten für einen Neubau.[791] Diese beiderseitigen Bemühun-

789 Schreiben des Oberbürgermeisters an Maas vom 20. Oktober 1930, StAHD AA 211, 14

790 Schreiben des Kichenpräsidenten des Evangelischen Oberkirchenrats an den Katholischen Obertstiftungsrat vom 14. Januar 1933, bezugnehmend auf ein Schreiben vom 30. April 1932, EAF, FK 9342 a; vgl. auch Friedrich in Zahn S. 171

791 Bericht des Erzbischöflichen Bauamts Karlsruhe, Außenstelle Heidelberg vom 23. Februar 1933, EAF, FK 9342 a

gen ließen am 26. April 1933 eine erneute Besprechung über den Verkauf zu.[792] Dabei wurde klar, dass der katholischen Kirche die Zustimmung schwerfallen würde. Deshalb sei sie nur unter folgenden Bedingungen möglich: *„Es müsste die Garantie geboten werden, dass bei Veräußerung der Kirche niemals den Altkatholiken ein Mitbenützungsrecht auf eine der bestehenden oder noch zu bauenden römisch-kath. Kirchen eingeräumt wird. Auch die Alt-Katholiken müssten uns eine bindende Garantie in derselben Richtung abgeben. Aber auch die Stadtgemeinde Heidelberg müsste sich verpflichten, die St. Annakirche nur dem kath. Kultus zur Verfügung zu stellen, weil wir dieser Kirche bei der weiten Entfernung von Jesuiten- und Bonifatiuskirche dringend für die Seelsorge bedürfen."* Mit diesen Bedingungen wurde erstmals eine Haltung eingenommen, die weitere Verhandlungen ermöglichte und als Grundlage für diese dienen konnte. Ferner wurde eine Entschädigung gefordert. Dabei ging man vom letzten Angebot der evangelischen Gemeinde aus den Jahren nach 1888 i.H.v. 120.000 Mark aus. In den letzten Jahrzehnten habe man rund 40.000 Mark investiert. Unter Berücksichtigung der Inflation sei deshalb ein Verkaufspreis von 250.000 Mark angemessen. Bei Annahme der Vorschläge würde man auf Genehmigung des katholischen Stiftungsrats und der vorgesetzten Behörde hoffen. Geistl. Rat Raab zumindest sei mit diesen Vorschlägen einverstanden.

Offenbar veranlassten diese Gespräche eine Pressemeldung vom 5. Mai 1933 der Neuen Mannheimer Zeitung: *„Fällt die Trennungsmauer?"* Es gäbe schon Meldungen über Aufhebung der Trennmauer in der Heiliggeistkirche. Diese seien allerdings verfrüht.

Die Verkaufsbedingungen wurden dann im September 1933 konkretisiert. Am 23. d. M. erklärte der Katholische Oberstiftungsrat gegenüber dem Evangelischen Oberkirchenrat[793]: *„Das Erzbischöfliche Ordinariat und der Katholische Gesamtstiftungsrat Heidelberg haben mit Erlass vom 18. April 1933 Nr. 4330 bezw. Bericht vom 9. Mai 1933 Nr. 174 die grundsätzliche Zustimmung zur Veräußerung der Heiliggeistchorkirche an die Evangelische Kirche gegeben."* Weiterhin wurden die folgenden Einzelheiten mitgeteilt:

1. Eine erste Kaufpreisberechung des Bauamts ergebe einen Kaufpreis von 212.000 RM.
2. *„Es besteht Einverständnis darüber, dass die Evangelische Kirche mit dem Eigentumsübergang die Baupflicht zur Chorkirche übernimmt."* Der jetzige Träger der Baupflicht sei der katholische Chorkirchenbaufonds.

---

792 Protokoll einer Besprechung des Fabrikanten Höchst als Mittelsperson mit Geistlichem Rat Raab, Oberrechnungsrat Schneider und Kuhn, Stadtrat Nepple, Stiftungsrat Weiß, Prof. Dr. Loßen und Unterzeichner Pfarrer Dietrich vom 26. April 1933 – übersandt an Innenministerium, StAHD AA211, 14; EAF, FK 9342 a

793 EAF, FK, 9342 a; vgl. auch Friedrich in Zahn, S. 171

3. *„Übergabe des altkatholischen Mitbenützungsrechts könnte mit 20.000 RM entschädigt werden."*
4. *„Käuferin übernimmt die der Pfälzer Kath. Kirchenschaffnei Heidelberg obliegende Bau- und Unterhaltungspflicht zum Turm und Geläute. Die Höhe des von der Schaffnei hierfür an die Käuferin zu vergütenden Neubau- und Unterhaltungskapitals hat das Erz. Bauamt lt. Anlage 3 auf 4.645 RM beziffert, ... Die sogenannte Sterbeglocke im Gewicht von 146 kg, an der die evang. Kirchengemeinde nie ein Mitgebrauchsrecht geltend gemacht hat, steht im Eigentum der kath. Kirchengemeinde Heidelberg. Für den Übergang dieser Glocke auf die evang. Kirchengemeinde wäre von dieser ein entsprechender, noch näher zu bestimmender Kaufpreis an die jetzige Eigentümerin zu bezahlen."*
5. Instandsetzungskosten für den Turm von derzeit 10.000 RM seien vom Kaufpreis abzuziehen. Die Chorkirche selbst müsse nicht renoviert werden, da dafür gerade 12.000 RM aufgewendet worden seien.
6. Auch müssten die Kosten für die Blitzschutzanlage – bisher 1/3 Evang. Kirchenärar, 1/3 Pfälzer Katholische Kirchenschaffnei, 1/3 Chorkirchenfonds – übergehen.
7. Der Verzicht der katholischen Kirchengemeinde auf das Mitgebrauchsrecht am Turm und Geläut hätte einen Geldwert von 4.000 RM.

   Unter Berücksichtigung dieser Berechnungen ergebe sich ein Kaufpreis von 212.000 RM. Davon gehen ab:

oben Ziffer 2	8.203 RM
oben Ziffer 3	20.000 RM
oben Ziffer 4	4.645 RM
oben Ziffer 5	10.000 RM
zusammen	42.848 RM,

ergibt 169.152 RM. Zu dieser Summe wäre wiederum hinzuzurechnen der Betrag oben Ziffer 7, ergibt 173.152 RM; dazu eine entsprechende Vergütung für die Sterbeglocke (s. oben Ziffer 4), ergibt eine Gesamtsumme von 173.300 RM. Endlich sei Bedingung die vertragliche Übernahme des Mitbenutzungsrechts der Altkatholiken – und deren Anspruchsverzicht auf *„weiteres kath. Kirchenvermögen in Heidelberg oder eine andere kath. Kirche daselbst."*[794] Ebenso müssten die damals baupflichtigen katholischen Rechts-

794 Nicht berücksichtigt wurden dabei die eigenen Berechnungen des Erzbischöflichen Bauamts Heidelberg vom 21. September 1933, wonach das Mitbenützungsrecht der Altkatholiken einen Geldwert von RM 20000 habe und das Gebrauchsrecht der Katholiken an Turm und Glocken mit RM 1000 angemessen bewertet sei, EAF, FK 9342 a

personen von jeder Verpflichtung, insbesondere von jeder Baupflicht befreit werden.[795]

Dieser Aufstellung setzte der Evangelische Oberkirchenrat eine eigene Berechnung entgegen. Diese wurde zunächst intern von der Bauabteilung am 15. Juni 1934 dargelegt[796]: „*Die Ablösungssumme über die Chorkirche mit Sakristei und den Turm der Heiliggeistkirche in Heidelberg haben wir aufgrund der vom Baugeschäft Sauter in Heidelberg aufgestellten Kostenberechnung der sofort vorzunehmenden Instandsetzungen neu aufgestellt. Die Berechnung über die Instandsetzungskosten ergibt laut Anlage, Heft 5, für den Turm 108.000 RM, für die Chorkirche 36.000 RM und für die Sakristei 13.000 RM.*

Hierin sind nicht enthalten die Kosten für den Anstrich im Innenraum der Chorkirche , Instandsetzung der Fenster sowie der Neuanstrich der Fenster an der Chorkirche, an der Sakristei und am Turm. Ferner die Kosten für die Instandsetzung des Daches am Turm. Das Baugeschäft Sauter errechnet die Instandsetzungskosten für die Chorkirche, die Sakristei und den Turm auf 157000 RM. Für den Umfang der Arbeit wurde die Absicht zugrunde gelegt, das Gebäude wieder so instand zu setzen, dass der Ablösungsrechnung eine möglichst lange Lebensdauer unterlegt werden kann.“ Ein Betrag von 12.000 Mark sei nur für das Schieferdach vorgesehen worden und könne deshalb nicht angesetzt werden. Da Firma Sauter teuer sei, sollten nur 60% von den 157.000 RM berechnet werden. Weiterhin wurden noch einige kleinere Instandsetzungen und Unterhaltslasten in die Berechnung miteinbezogen.[797] Auf der Grundlage dieser Berechnung ergebe sich eine Ablösungssumme von 72840 RM.

---

795 LKA-KA SpA 4060

796 LKA-KA SpA 4060

797 Anlage 7 zu diesem Schreiben enthält folgende Zusammenstellung:
Neubauwert der Chorkirche einschl. Sakristei, nach Anlage 1 einschließlich 10% Ueberteuerung als Kaufpreis= rund RM 212.000
Hiervon gehen ab:

1. Neubau- und Unterhaltungskapital für die Chorkirche	8.203 RM
2. Entschädigung für das Mitbenützungsr. der Altkath. an der Chorkirche	20.000 RM
3. Neubau und Unterhaltungskapital für den Turm	4.645 RM
4. Instandsetzungskosten für den Turm	69.662 RM
5. Instandsetzungskosten für die Chorkirche	32.600 RM
6. Instandsetzungskosten für die Sakristei	8.200 RM

	- 143.310 RM

	68.690 RM

Diese Berechnung übermittelte der Evangelische Oberkirchenrat dem Katholischen Oberstiftungsrat am 30. Juli 1934 mit der Anmerkung, dass auf der Grundlage des Vermerks des Bauamts ein Kaufangebot mit der Ablösungssumme von 72.840 RM erfolge.[798] *„Gegen den Übergang der Kosten für die Blitzschutzanlage und gegen den Eintritt in den unterm 12. 5. 1932 mit dem Hotelbesitzer Osch-Haas abgeschlossenen Vertrag haben wir nichts einzuwenden, wie selbstverständlich auch keine Bedenken dagegen bestehen, vertraglich festzusetzen,"* die Verpflichtung zu übernehmen, den Altkatholiken die Mitbenutzung der Kirche oder einer anderen evangelischen Kirche zuzusagen *„und dem katholischen Konfessionsteil die Freistellung von Ansprüchen der Altkatholiken aus ihren Rechten an der Chorkirche zu gewährleisten."*

Dieses Angebot wies der Erzbischöfliche Oberstiftungsrat in einem Schreiben an den Oberkirchenrat vom 1. Februar 1935 zurück:[799] *„Der Beweisführung und Aufstellung des Evangel. Oberkirchenrates vermögen wir nicht zu folgen. ... Nach dem Gesagten und dem Gutachten des Erzb. Bauamtes Heidelberg müssen wir also grundsätzlich an der Ablösungssumme von 173.000 RM festhalten. Um aber die Angelegenheit zu einem baldigen, erfolgreichen Abschluss zu bringen, sind wir bereit, vorbehaltlich höherer Genehmigung uns mit der Summe von 150.000 RM zu begnügen. Das wäre von der ursprünglichen auch dortseits als richtig anerkannten Summe von 212.000 RM eine Einbuße von 62.000 RM, womit die Kirchengemeinde beweist, dass es ihr an Entgegenkommen wirklich nicht fehlt."*

Dazu kommt für den Verzicht des grundbuchamtlich eingetragenen Mitgebrauchsrechts am Turm und Geläute der Kirche RM 4000 sowie eine Vergütung für die Sterbeglocke RM 150	+	4.150

Gesamtablösungssumme mithin RM		72.840

798 LKA-KA SpA 4060; EAF, FK 9342 a, auch in der Berechnung des Oberkirchenrats werden die einzelnen Positionen genau genannt und den Berechnungen des Oberstiftungsrats teilweise zugestimmt, teilweise werden sie abgelehnt; vgl auch Friedrich in Zahn, S. 172

799 LKA-KA SpA 4060; siehe auch Friedrich in Zahn , S. 173; zuvor wurde wiederum eine Stellungnahme des Erzbischöflichen Bauamts eingeholt, die vom 15. Dezember 1934 datiert und die ursprünglichen Berechnungen im Wesentlichen bestätigt, EAF, FK 9342 a

2. *Wesentliche Vertragsgegenstände*

Es wurde immer deutlicher, dass die Verhandlungen sich auf drei Fragen beschränken würden: den Kaufpreis, die Rechte der katholischen Gemeinde und die Sicherung der Rechte für und gegen die altkatholische Gemeinde.

a) Kaufpreis

Nunmehr begannen die Beteiligten, sich in der Frage des Kaufpreises weiter anzunähern. Die Bauabteilung des Evangelischen Oberkirchenrats war zwar der Auffassung: *„Wir können (deshalb) den gemachten Einwendungen keine Anregungen entnehmen, die so stichhaltig sind, dass sie uns zu einer Änderung unserer Berechnung veranlassen könnten. Wir sind durchaus der Überzeugung, unsere Berechnung sachlich ausgleichend aufgestellt zu haben."*[800] Dennoch legte der Oberkirchenrat am 4. Juli 1935 dem Erzbischöflichen Oberstiftungsrat ein verbessertes Angebot vor:[801] *„Um aber auch unsererseits es an Entgegenkommen nicht fehlen zu lassen, erhöhen wir die in unserem Schreiben vom 30.7.1934 Nr. A 11820 angebotene Ablösungssumme von 72.840 RM auf 100.000 RM und erklären uns bereit, um die Abwicklung des Geschäfts zu beschleunigen, von der teilweisen Abgeltung des Betrags durch Übereignung von Grundstücken Abstand nehmen zu wollen. Vielmehr sind wir bereit alsbald nach Abschluß des Vertrages an die uns zu bezeichnende Stelle 40.000 RM bar zu entrichten und die restlichen 60.000 RM in zwei Raten zu begleichen, von denen die erste ein Jahr und die zweite zwei Jahre nach dem Tage des Vertragsabschlusses fällig ist."*

b) Rechte der röm.-katholischen und der altkatholischen Gemeinde

Ein deutlicher Fortschritt der Verhandlungen zeigte sich mit dem Schreiben des Erzbischöflichen Oberstiftungsrats Freiburg vom 20. Juli 1935 an den Oberbürgermeister von Heidelberg, in dem ein positiver Abschluss der Verkaufsverhandlungen angekündigt wird.[802] Dem müsse aber das Erzbischöfliche Ordinariat zustimmen. Man sei sich einig, dass die Altkatholiken die Kirche mit denselben Rechten auch unter dem neuen Eigentümer benützen dürften. Weiterhin bedürfe es eines Benutzungsrechts der katholischen Kirchengemeinde an der St. Annakirche, das durch eine Grunddienstbarkeit als ausschließliches Benutzungsrecht für

800 Vermerk vom 29. Juni 1935, LKA-KA SpA 4060
801 LKA-KA SpA 4060; EAF, FK 9342 a
802 ähnliches Schreiben vom selben Tag an die altkatholische Gemeinde, Friedrich in Zahn, S. 173

röm.-katholische Kultzwecke zu sichern sei. Die Bau- und Unterhaltspflicht der Eigentümerin (Anmerkung: Stadt Heidelberg[803]) müsse bestehen bleiben und sich bei Zerstörung der St. Annakirche auch auf eine neue Kirche beziehen. Falls kein Neubau hergestellt würde, wäre die Verpflichtung auch auf eine andere nicht-katholische Kirche zu beziehen. Diese sollte möglichst als Klausel im Ablösungsvertrag festgehalten werden. Eine Stellungnahme der Altkatholiken wurde am selben Tag vom Oberstiftungsrat erbeten.[804] Man sei zur Eigentumsübertragung bereit, *„wenn seitens der altkath. Kirchengemeinde in dem mit den Protestanten abzuschließenden Ablösungsvertrag der vorbehaltlose Verzicht auf jeden schuldrechtlichen oder dinglichen Anspruch auf irgend eine z.Zt. bestehende oder noch zu erbauende kath. Kirche in Heidelberg erklärt wird."*

Da die St. Annakirche ein wesentlicher Punkt in den Verhandlungen über den Verkauf der Heiliggeistkirche wurde, hat die Stadt Heidelberg bemerkt: [805]*„Die in Verbindung mit dem Hospital errichtete Kapelle ist unbestrittenes Eigentum des katholischen Hospitalfonds und von diesem baulich in Stand zu halten. Gutachten des Herrn Professor Dr. Mittermaier vom 3. Januar 1872. ... Die Kosten der baulichen Unterhaltung der Kapelle sind bisher stets aus Mitteln des katholischen Hospitalfonds gedeckt worden. ... Der katholische Hospitalfonds, der als weltliche Ortsstiftung von der Stadt Heidelberg verwaltet wird, besitzt nach dem Stand vom 1. April d. J. folgende Vermögenswerte: ..."*

Im Herbst 1935 rückte neben der St. Annakirche der Verbleib der altkatholischen Gemeinde in den Mittelpunkt der Gespräche. In einer Stadtratssitzung vom 20. September 1935 stellte Oberbürgermeister Dr. Neinhaus erneut fest[806], dass die katholische Kirchengemeinde zum Verkauf des Chors weiterhin bereit sei. Er schlug vor, den Altkatholiken die Peterskirche einzuräumen. Eigentum und Baupflicht der St. Annakirche lägen unbestritten beim katholischen Hospitalfonds. 1898 sei die St. Annakirche an den Katholischen Stiftungsrat übergeben worden. Gegen eine dingliche Sicherung des seit langem bestehenden Benützungsrechts bestünden keine Bedenken.[807]

---

803 Vgl. S. 187

804 LKA-KA SpA 4060

805 Vermerk der Stadt Heidelberg vom 18. September 1935, StAHD AA 211, 14

806 StAHD AA 211, 14

807 Zu den religiösen Widerständen gegen den Verkauf im Katholischen Stiftungsrat äußerte sich in der Stadtratssitzung Stadtrat Ullrich: *„Ich habe bei den Verhandlungen mitgewirkt und kann nur sagen, dass der Widerstand gerade bei den älteren Herren im Stiftungsrat kolossal war. In den seit 1932 geführten Verhandlungen ist es erst 1935 gelungen, diesen Widerstand zu brechen."*

Pfarrer Maas hatte schon früher den Altkatholiken die St. Peterskirche als Ersatz für den Heiliggeistchor vorgeschlagen.[808] Dieser Vorschlag wird dann am 12. Sept. 1935 vom Evangelischen Oberkirchenrat aufgegriffen und dem altkatholischen Pfarramt angetragen.[809] Es wurde dann aber festgestellt, dass die Peterskirche für die Bedürfnisse der Altkatholiken zu groß sei und die Unterhaltskosten die Leistungsfähigkeit überstiegen. Deshalb sah man in der kleineren englischen Kirche den geeigneten Kirchenraum.

Zu diesem Zeitpunkt wurden die Verhandlungen durch eine unnötige Forderung der altkatholischen Gemeinde verzögert.[810] Diese widersprach einem Grundbucheintrag, der das alleinige Benutzungsrecht an der St. Annakirche dem Katholischen Oberstiftungsrat überträgt. Die altkatholische Gemeinde bat um eine Benutzung der St. Annakirche, wie es bis 1897 der Fall gewesen sei. Denn das Mitbenutzungsrecht sei der altkatholischen Gemeinde seitens der Stadt bereits 1876 verliehen worden. Damals hätte sie nur deshalb freiwillig auf das Benutzungsrecht verzichtet, da eine röm.- katholische Kirche in der Weststadt noch nicht fertiggestellt gewesen sei. Der Verzicht auf das Mitbenutzungsrecht an der St. Annakirche sei unter folgenden Bedingungen erfolgt:

- Sicherstellung der bisherigen Bezüge des St. Anna-Benefiziums und Hospitalfonds.
- Verzicht nur solange zu Recht, als den Altkatholiken das Mitbenutzungsrecht an der Heiliggeistkirche zusteht.
- Außerdem Verzicht nur, bis der zur Zeit geplante Bau einer neuen röm.-katholischen Kirche in der Weststadt in Benutzung genommen sein wird.

Nun baten die Altkatholiken um die erneute Einräumung der Mitbenutzung. Diese Forderung wiederholten sie in einem weiteren Schreiben an den Oberbürgermeister am 8. Oktober 1935.[811] Zumindest sei ihnen für dieses Recht an der St. Annakirche Ersatz zu leisten. Dazu wurde die englische Kirche in der Plöck vorgeschlagen. Dieser Vorschlag wurde dann im Gegensatz zu der eigentlichen Forderung bei den Verhandlungen auch weiterverfolgt. Ob die Bedingungen, die von der altkatholischen Gemeinde angeführt wurden, zutrafen, kann hier nicht

---

808 Pfarrer Maas an Oberkirchenrat Dr. Friedrich zu Gesprächen mit dem altkatholischen Pfarrer Keussen vom 21. Juli 1935, LKA-KA SpA 4060; Friedrich erwähnt eine weitere Verhandlung am 9. September 1935, in Zahn S. 173

809 LKA-KA SpA 4060

810 Schreiben der altkatholischen Gemeinde Heidelberg an Oberbürgermeister vom 25. September 1935

811 StAHD AA 211, 14

entschieden werden. Jedenfalls werden in der Vorlage des Stiftungsrats beim Bau der St. Bonifatiuskirche diese Bedingungen nicht erwähnt.[812]

In den Gesprächen wurde nun geprüft, ob die englische Kirche der altkatholischen Gemeinde zur Verfügung gestellt werden könne.[813] Aus einem Aktenvermerk der Stadt Heidelberg vom 26. Oktober 1935 zur damaligen Verwendung geht hervor, dass sie als Handarbeitsraum genutzt wurde. Eine Übergabe an die altkatholische Gemeinde war deshalb möglich. Dies war dann auch das Ergebnis der nichtöffentlichen Sitzung der Ratsherren am 15. November 1935.[814] Oberbürgermeister Dr. Neinhaus führte darin aus, dass über den Verkauf Einigkeit bestünde. Die evangelische Gemeinde habe sich zur Niederlegung der Mauer bis zum Frühjahr 1936 bereit erklärt. Die katholische Gemeinde verlange weiterhin die St. Annakirche. Diese sei angebaut an das St. Annahospital und – wie oben dargestellt – Eigentum des Katholischen Hospitalfonds. Diesen verwaltet die Stadt Heidelberg. Die Stadt habe bisher die bauliche Unterhaltung und Heizung aus eigenen Mitteln bestritten. Der Oberbürgermeister ist aber der Ansicht, dass bei einer Überlassung der St. Annakirche die weitere Unterhaltung der Stadt abzulehnen wäre. Zudem sei die dingliche Sicherung unnötig und eine Verpflichtung über die Zerstörung hinaus abzulehnen. Auch erläutert er, dass die Altkatholikenfrage nach wie vor schwierig sei. Die Peterskirche sei für die altkatholische Gemeinde zu groß und der Unterhalt zu teuer. Deshalb befürworte er die englische Kirche. Diese sei zu diesem Zweck geeignet.

3. Einigung

Der Oberbürgermeister konnte in der Sitzung von einer Übereinstimmung beim Verkauf sprechen, da er schon am 11. November 1935 dazu ein Schreiben des Evangelischen Oberkirchenrats erhalten hatte.[815] Nach einem Schriftwechsel mit dem Erzbischöflichen Oberstiftungsrat stünde die Kaufsumme fest. Mit dem römisch-katholischen Konfessionsteil sei man sich einig, dass aus dem Kaufvertrag

812 Vorlage des Stiftungsrats für die katholische Kirchengemeinde Heidelberg an die Kirchengemeindevertretung – Die Erbauung einer Kirche in der Weststadt und die Erhebung einer örtlichen Kirchensteuer betreffend, 3. Mai 1898, S. 2, StAHD 209, 19

813 Besprechung des Evangelischen Oberkirchenrats mit Oberbürgermeister Dr. Neinhaus am 24. 11. 1935; am 11. Dezember teilte die Altkatholische Gemeinde dem Oberkirchenrat mit, dass der Oberbürgermeister mit diesem Vorschlag einverstanden gewesen sei., vgl. Friedrich in Zahn, S. 174

814 StAHD AA 211, 14

815 StAHD AA 211, 14

den Altkatholiken kein weiterer Nachteil entstehen dürfte. Deshalb sei nur noch offen, ob die Stadt den Altkatholiken die englische Kirche überlässt. Diesen Punkt hat dann der Oberbürgermeister in der Ratsherrensitzung aufgegriffen und mit der englischen Kirche eine Lösung vorgeschlagen.

Die Darstellung des Evangelischen Oberkirchenrats zum Kauf der Heiliggeistchorkirche wurde durch ein Schreiben des Erzbischöflichen Oberstiftungsrats an den Oberbürgermeister von Heidelberg vom 6. Dezember 1935 bestätigt. Mit dem Evangelischen Oberkirchenrat sei man sich über eine Ablösesumme von 100.000 RM einig. Zudem bestätigte man in einem späteren Schreiben, „*dass in der Ablösungssumme von 100.000 RM auch das bewegliche Inventar der Hl. Geist-Chorkirche Heidelberg enthalten ist, soweit es von den Altkatholiken bisher benutzt wurde.*“[816] Die dingliche Sicherung des Gebrauchsrechts an der St. Annakirche und der dauerhafte Verzicht der Altkatholiken auf eine andere katholische Kirche sei aufgrund des Altkatholikengesetzes aber weiterhin notwendig. Auch die tatsächlichen Verhältnisse würden diese Zuweisung erfordern. Die alt-

---

816 LKA-KA SpA 4060, Erzbischöflicher Oberstiftungsrat an Evangelischen Oberkirchenrat vom 7. Januar 1936; In diesem Schreiben wurden erneut die Rechtsverhältnisse der St. Annakirche dargelegt. Die Wiedergabe an dieser Stelle soll das Verständnis des Kaufvertrags über die Heiliggeistkirche erleichtern. Die Einbeziehung wäre sonst überraschend: „*Die St. Annaspitalkirche war früher Eigentum des kath. Spitalfonds, der aufgrund des Gesetzes über die Rechtsverhältnisse und die Verwaltung von Stiftungen betr. vom 5. Mai 1870 GVBl, S. 399 zu einer rein weltlichen Stiftung erklärt und der Verwaltung der Stadt Heidelberg unterstellt wurde. Dieses Schicksal der Stiftung teilt auch die einen Bestandteil des Kathol. Spitalfonds bildende St. Annakirche. Sie diente schon seit 1819 dem öffentl. Kath. Pfarrgottesdienst und wurde durch öffentlich rechtl. Widmung, nämlich durch Landesherr. Entschliessung vom 17. Oktober 1844 Nr. 1674, durch die Erzb. Errichtungsurkunde des St. Annabenefiziums vom 9. August 1850, sodann durch die Landesherrliche Bestätigung und Dotationsurkunde vom 31. Dezember 1857 als Filialpfarrkirche dem Kathol. Pfarrgottesdienst dauernd bestimmt. Die Stadt Heidelberg hat die St. Annakirche mit diesem auf öffentlich. rechtl. Widmung beruhenden Gebrauchsrecht der Katholiken erworben. Die Stadt Heidelberg war nicht befugt, diese Widmung zu brechen und die Kirche den Altkatholiken zur Benützung zu überweisen, wie diese durch Stadtratsbeschluss vom 13. September 1876 Nr. 2646 geschehen ist. Eine solche Befugnis stand aufgrund von Art. 4 Abs. 1 und 2 des Altkatholikengesetzes vom 15. 6. 1874 GVBl S. 278 nur dem Ministerium des Innern zu. Die Rechtswidrigkeit des Stadtratsbeschlusses war schon damals Gegenstand von Erörterungen. Von der Beschreitung des Rechtsweges wurde nur deshalb abgesehen, weil der Herr Minister des Innern durch Erlass vom 17. August 1876 Nr. 11991 hierzu erklärt hatte, dass im Falle einer erfolgreichen Beschreitung des Rechtsweges „ der Gegenstand nach Art. 4 Ziff. 1 des Gesetzes vom 15. Juni 1874 zu behandeln“ sein werde, d.h. eine Zuweisung durch das Ministerium als der rechtl. allein zuständigen Instanz erfolgen würde.*“

katholische Gemeinde umfasse nur 272 Gläubige. Eine Einigung könne an dieser geringen Zahl nicht scheitern (Gesamtbevölkerung 1935: 84 641)

Noch am selben Tag, dem 6. Dezember 1935, wandte sich der Erzbischöfliche Oberstiftungsrat an das Erzbischöfliche Ordinariat, bestätigte die grundsätzliche Einigung über die Ablösung der Heiliggeistchorkirche und bat um eine Entschließung, ob die Kirche überlassen werden dürfe. Der Ablösungsvertrag umfasse auch die Überlassung der gottesdienstlichen Geräte. Mit Beschluss vom 12. Dezember stimmte das Ordinariat dem Ablösungsvertrag zu.[817]

Wesentlicher Verhandlungspunkt wurde nun die Sicherung des Benutzungsrechts der katholischen Gemeinde an der St. Annakirche. Durch einen Beschluss vom 16. Dezember 1935 erwiderte der Oberbürgermeister dem Erzbischöflichen Oberstiftungsrat auf dessen Darlegungen vom 6. Dezember[818], das Ziel eines gesicherten Benutzungsrechts sei auch ohne die Eintragung einer Dienstbarkeit erreichbar. Man könne privatrechtlich eine unkündbare Überlassung vereinbaren. Von den Altkatholiken seien keine Schwierigkeiten zu erwarten, da diese die englische Kirche erhalten würden. Zudem könne ein Anspruch der Altkatholiken auf die St. Annakirche auch vertraglich ausgeschlossen werden. Deshalb wäre der Verzicht des Erzbischöflichen Oberstiftungsrats auf eine grundbuchrechtliche Absicherung eine große Erleichterung.

Zunächst ignorierte der Erzbischöfliche Oberstiftungsrat in einem Schreiben vom 21. Dezember 1935 an den Oberbürgermeister dessen Anfrage. Mit Befriedigung hätte man festgestellt, dass auf dem privatrechtlichen Weg der gewünschte rechtliche Besitzstand geschaffen werde. *„Wir unterstellen, dass an der bisherigen Baupflicht des katholischen Spitalfonds Heidelberg als Erbauerin und Eigentümerin nichts geändert wird. Wobei wie bisher die kath. Kirchengemeinde die Kosten der laufenden Instandhaltung des Innern bestreitet."* Der Oberstiftungsrat erklärte dann, dass die dingliche Sicherung kein Problem mehr sein dürfte. Eine obligatorische Sicherung sei nicht ausreichend. Auch das Erzbischöfliche Ordinariat würde wohl seine Zustimmung zum Kaufvertrag von dinglicher Sicherung abhängig machen.

Trotz dieses letzten wesentlichen Streitpunkts war man in Heidelberg und auch über die Region hinaus über den baldigen Fall der Scheidemauer in der Heiliggeistkirche einig. Die Nachricht hatte große Wirkung.[819] Dies setzte die Ver-

---

817 EAF EO 4374; FK 9342 a

818 StAHD AA 211, 14

819 Heidelberger Tageblatt, 15. 1. 36: „ Die Mauer in der Heiliggeistkirche fällt"; Volksgemeinschaft vom 16.1.1936: „Die Mauer in der Heiliggeistkirche fällt"; Neueste Nachrichten vom 16.1.36: „Die Heiliggeistkirche und ihre Scheidemauer"; Karlsruher Tagblatt vom 16.1.36: „Heidelberger Heiliggeistkirche als Ganzes"; Stuttgarter Neues Tagblatt vom 17.1.36: „ Heidelberger Scheidemauer fällt! – Ein

handlungspartner erneut unter Druck, zum Abschluss eines Kaufvertrags zu kommen. Dabei war eine Ankündigung des Evangelischen Oberkirchenrats hinderlich. In der Ratsherrensitzung vom 28. Januar 1936 erklärte Neinhaus[820], der Oberkirchenrat habe *„Wasser in Wein gegossen“* als er die Mauerniederlegung erst in zwei bis drei Jahren im Zuge einer Chorrenovierung in Aussicht stellte. Der Oberkirchenrat hätte die Ansicht vertreten, bei der Zusage im Frühjahr 1936 habe es sich um eine *„unverbindliche Meinungsäußerung“* gehandelt. Der Oberbürgermeister stellte in der Ratsherrensitzung klar, dass er gegenüber dem Oberkirchenrat deutlich gemacht habe, dass die Niederlegung im Frühjahr Bedingung für die Zusagen der Stadt gewesen sei. Auch dieser Streitpunkt konnte bald ausgeräumt werden. Nach Besprechungen am 3. und 12. Februar erklärte sich der Oberkirchenrat bereit, die Niederlegung der Scheidemauer noch im Frühjahr durchzuführen.[821]

Obwohl die Altkatholikenfrage vertraglich noch nicht fixiert war, stand im Februar das Ergebnis der Verhandlungen fest. Schon am 11. Dezember teilte die altkatholische Gemeinde dem Oberkirchenrat mit, dass die Stadt Heidelberg mit der Überlassung der englischen Kirche einverstanden sei. Sie bat aber, dass der Oberkirchenrat die Umzugskosten und die Inneneinrichtung übernehmen solle.[822] Dazu erklärte sich der Oberkirchenrat am 3. Januar 1936 bereit.[823] Damit konnten sie die Heiliggeistkirche räumen. Das Heidelberger Tageblatt berichtete am 14. Februar 1936:[824] *„Abschiedsgottesdienst der Alt-Katholiken in der Heiliggeistkirche: ... Am Sonntag, den 16. Februar feiern die Altkatholiken ihren Abschiedsgottesdienst in der Chorkirche ... Schon in den ersten Tagen der kommenden Woche wird dann mit dem Abbruch der Orgel und der Empore begonnen ...“*

Diesem Vorgang waren Besprechungen am 3. und 12. Februar 1936 vorausgegangen, an denen neben dem Evangelischen Oberkirchenrat auch der Oberbürgermeister und die altkatholische Gemeinde teilgenommen hatten. Darin hatte

---

Jahrhunderte alter „Kirchenstreit“ wird glücklich zu Ende geführt“; Wiesbadener Tageblatt vom 17.1.36: „Die Scheidemauer einer Kirche fällt. Aus der Geschichte der Heidelberger Heiliggeist-Kirche“; Kölnische Zeitung vom 18.1.36: „Heidelberger Scheidemauer fällt – Jahrhunderte alter Kirchenstreit beendet.“

820 StAHD AA 211, 14

821 Dies ist einer Mitteilung des Oberkirchenrats an den Oberbürgermeister vom 14. Februar 1936 zu entnehmen. Vgl StAHD AA 211, 14

822 LKA-KA SpA 4060

823 LKA-KA SpA 4060; siehe zur Kostenverteilung auch Friedrich in Zahn, S. 174

824 StAHD AA 211, 14; Volksgemeinschaft vom 17.2.1936: *„62 Jahre Heiliggeist-Chorkirche – Abschieds-Gottesdienst der Altkatholiken“*

man sich auf weitere Einzelheiten der Ablösung einigen können.[825] Dem Oberbürgermeister wurde zudem mitgeteilt, dass nach der Vereinbarung dem Unterländer Evangelischen Kirchenfonds ein zinsloses Darlehen von 40000 Mark auf mehrere Jahre durch die Stadt Heidelberg vermittelt werden könne. Die Badische Bank wäre zu einem solchen Darlehen bereit. Der Unterländer Evangelische Kirchenfonds würde Wertpapiere als Pfand geben, um die Zinsen für die Stadt niedrig zu halten. Das Darlehen solle bis längstens 1. Dezember 1938 gewährt werden. Die Zustimmung des Oberbürgermeisters vorausgesetzt, würden Vereinbarungen mit der Badischen Bank getroffen, damit ab Mitte März 1936 das Darlehen ausgezahlt werden könne. Weiterhin hätte sich die Stadt dazu bereit erklärt,

---

825 Besprechungsprotokoll des Evangelischen Oberkichenrates vom 14. Februar 1936, StAHD AA 211, 14, mit dem Ergebnis:

„1. Die Stadt Heidelberg verpflichtet sich, der Altkatholischen Gemeinde die frühere englische Kirche zur gottesdienstlichen Benützung zur Verfügung zu stellen. Die Überlassung erfolgt auf unbestimmte Zeit derart, dass die altkatholische Gemeinde an der englischen Kirche die gleichen Rechte gegenüber der Stadt Heidelberg hat, wie sie ihr aufgrund des Altkatholikengesetzes vom 15. 6. 1874 und des Ministerialerlasses vom 20.8.1874 bisher an der Heiliggeistchorkirche zustanden.

2. Der Unterländer Evang. Kirchenfonds, vertreten durch den Evang. Oberkirchenrat, verpflichtet sich, die englische Kirche in der Weise für den Gottesdienstgebrauch mit einem Kostenaufwand bis zu 5000 RM herzurichten, wie dies in der bei der Besprechung am 3. Februar 1935 übergebenen Aufstellung der Bauabteilung nebst Planskizze ersichtlich ist.

3. Nachdem durch Gutachten des Orgelbausachverständigen, Prof. Dr. Poppen, festgestellt ist, dass die in der Heiliggeistchorkirche aufgestellte Orgel sich in einem Zustand befindet, der eine Versetzung der Orgel nach der Englischen Kirche nicht mehr erlauben würde..... ." Unterländer Ev. Kf. übernimmt eine Orgel für 2500 RM, die bei Ende des Benützungsrechts entschädigungslos in dessen Eigentum zurückfällt.

„4. Der Altkatholischen Gemeinde ist bisher aus den Gebührnissen, die für die Besichtigung der Heiliggeistchorkirche entrichtet wurden, eine Einnahme zugefallen. Zur Abgeltung dieses Einnahmeausfalls erhält die Altkatholische Kirche die einmalige Summe von 4000 RM, die in 2 Raten bis längstens 31.12.1937 an die Altkatholische Gemeinde zu entrichten ist."

5. Unterl. Ev. Kf. übernimmt die Umzugskosten in die Englische Kirche

6. Stadt Heidelberg übernimmt Heizungsanlage in Eng. Kirche für 2000 RM, Kosten für Entfernung der Zwischenmauer und Schließung der Türen zum Schulgebäude.

7. Die Altkatholische Gemeinde gibt aufgrund der hier gegebenen Zusagen die Erklärung ab, dass sie der evang. Kirchengemeinde gegenüber auf ihre Rechte an der Heiliggeistchorkirche für alle Zeiten verzichtet und auch gegenüber der römisch-katholischen Kirche, solange ihr das Benützungsrecht, wie in Ziff. 1 umschrieben, an der Englischen Kirche zusteht, keine weiteren Ansprüche auf Überlassung eines römisch-katholischen Kirchenraums stellt."

für die Renovierungsarbeiten im Zuge der Vereinigung der Heiliggeistkirche zwei Techniker zur Verfügung zu stellen.[826]

Die Darlehensvereinbarungen wurden in den folgenden Tagen zwischen der Stadt Heidelberg, dem Evangelischen Oberkirchenrat und der Badischen Bank abgeschlossen. Am 15. Februar 1936 teilte die Badische Bank dem Oberbürgermeister mit, dass ein Kredit von 40000 RM ab 15. März gegen Hinterlegung von Effekten zur Verfügung gestellt werde. Die Zinsen würden sich nach dem Lombardsatz richten.[827] In einem weiteren Schreiben an den Evangelischen Oberkirchenrat vom 15. Februar 1936 wurde bestätigt, dass als Sicherheit für den Kredit der Oberkirchenrat Rheinische Hypothekenbank Pfandbriefe hinterlegen werde.[828] Der Oberbürgermeister versicherte am 21. Februar 1936 der Badischen Bank und dem Evangelischen Oberkirchenrat die Übernahme der Zinsen.[829]. Damit war sichergestellt, dass dem Ev. Oberkirchenrat die Niederlegung der Scheidemauer und der damit verbundenen Baumaßnahmen noch im Frühjahr 1936 möglich war.

Am Tag des Schreibens des Evangelischen Oberkirchenrats an die Stadt Heidelberg und die altkatholische Gemeinde, dem 14. Februar 1936, wandte sich der Evangelische Oberkirchenrat auch an den Erzbischöflichen Oberstiftungsrat, offensichtlich, um die Verkaufsverhandlungen bald zu einem Abschluss zu bringen.[830] Dem Oberstiftungsrat wurde bestätigt, dass man sich auf die Überlassung der früheren englischen Kirche durch die Stadt Heidelberg an die altkatholische Gemeinde geeinigt habe. Die Rechte der Altkatholiken sollten entsprechend den Rechten an der Heiliggeistkirche nach dem Altkatholikengesetz ausgestaltet werden. Der Oberkirchenrat habe sich verpflichtet, die englische Kirche herzurichten. Deshalb müsste nun eine vertragliche Regelung für die Überlassung der Heiliggeistchorkirche gefunden werden. Dazu wurden folgende Punkte vorgeschlagen:

- Eigentumsübertragung der Heiliggeistchorkirche nebst Sakristei und Zubehör sowie des gesamten beweglichen Inventars. Verzicht der Mitbenutzung des Turms und des Geläuts.

---

826 Die Abwicklung der Darlehenszahlung wurde ermöglicht, indem die Wertpapiere zur Sicherheit des Kredits am 21. Februar 1936 der Badischen Bank durch die Allg. Evang. Kirchenkasse übergeben wurden. Der Oberkirchenrat bat, die Auszahlung nicht an die Evangelische Pflege Schönau vorzunehmen, sondern an den Unterländer Evangelischen Kirchenfonds Abt. Karlsruhe, Schreiben des Evangelischen Oberkirchenrats an den Oberbürgermeister vom 25. Februar 1936, StAHD AA 211, 14

827 StAHD AA 211, 14

828 StAHD AA 211, 14

829 StAHD AA 211, 14

830 EAF, FK 9342 a

- Der Unterländer Evangelische Kirchenfonds, vertreten durch den Evangelischen Oberkirchenrat Karlsruhe, übernimmt die ausschließliche Baupflicht an der Chorkirche und dem Turm
- Die Stadt Heidelberg erklärt, dass den Altkatholiken ein gleiches Benützungsrecht an der englischen Kirche zusteht, wie es bisher aufgrund des Altkatholikengesetzes bestand. Im Gegenzug erklärt die altkatholische Kirchengemeinde gegenüber der röm.-katholischen Kirche, dass sie weitere röm.-katholische Kirchenräume nicht beanspruchen wird.
- Der Unterländer Evangelische Kirchenfonds wird in den Vertrag mit den Eheleuten Osche-Haas eintreten.
- Der Unterländer Evangelische Kirchenfonds verpflichtet sich, als Entgelt 100.000 RM zu entrichten, 40.000 RM am Tage der Auflassung, weitere 60.000 RM in zwei Raten über zwei Jahre.
- Um die Niederlegung der Scheidemauer bis zum Mai 1936 zu ermöglichen, gestattet der Erzbischöfliche Oberstiftungsrat ab dem 17. Februar 1936, den Chor für Bauarbeiten zur Verfügung zu stellen.

Damit hatte der Evangelische Oberkirchenrat die wesentlichen Vertragsinhalte festgelegt.

Offen war weiterhin, ob das Nutzungsrecht der katholischen Gemeinde an der St. Annakirche dinglich gesichert werden würde. Wie aus einem Schreiben der Stadt Heidelberg an den Erzbischöflichen Oberstiftungsrat vom 18. Februar 1936 hervorgeht, war die Stadt dazu nicht bereit. Zwar bat sie den Oberstiftungsrat, *„die Genehmigung Ihrer Kirchenbehörde zu dieser Vereinbarung zu erwirken* ... “. Erneut bot sie aber lediglich an, die St. Annakirche ausschließlich und unkündbar zur Verfügung zu stellen.

Zu diesem Zeitpunkt war der Erzbischöfliche Oberstiftungsrat – nicht ohne zu versuchen, eine andere Absicherung zu erlangen – von seinem Wunsch der dinglichen Sicherung bereits abgerückt. Am 18. Februar 1936 gab er gegenüber dem Evangelischen Oberkirchenrat die grundsätzliche Zustimmung zum Vertragsentwurf ab. Das Sterbeglöckchen solle aber bei der katholischen Kirchengemeinde bleiben.[831] Auf eine dingliche Sicherung könne verzichtet werden. Mit Bauarbei-

831 Die Verhandlungen zum Sterbeglöckchen wurden stetig am Rande mitgeführt. So schreibt der Evangelische Oberkirchenrat an den Erzbischöflichen Stiftungsrat am 6. März 1936 u.a.: *„In § 1 ist wiederum der Satz aufgenommen: „Ausgenommen hiervon ist das der katholischen Kirchengemeinde gehörige Sterbeglöckchen“. Bei der Besprechung am 28. 2. 1936 haben wir darauf hingewiesen, dass wir das Eigentum der kathol. Kirchengemeinde an dieser Glocke nicht anzuerkennen vermögen, dass wir aber mit der evang. Kirchengemeinde dahingehend verhandeln wol-*

ten sei man schon jetzt einverstanden, wesentliche Bestandsveränderungen am Gebäude sollten aber vor Vertragsabschluss unterbleiben.[832]

Der Erzbischöfliche Oberstiftungsrat war aber mit dieser Regelung – ohne dingliche Sicherung der Rechte an der St. Annakirche – nicht zufrieden. Deshalb versuchte er auf einem anderen Weg eine Bestätigung des Anspruchs auf die St. Annakirche zu erreichen. Am selben Tag, dem 18. Februar 1936 wandte er sich an das Kultusministerium.[833] Entscheidend sei, dass die Altkatholiken für alle Zeiten auf eine andere gegenwärtige oder zukünftige katholische Kirche verzichten. Deshalb schlug er folgende Vereinbarung vor, der das Kultusministerium beitreten sollte. In diesem Fall würde man von der dinglichen Sicherung absehen:

„1. Die Altkatholiken verzichten auf die Inanspruchnahme einer anderen katholischen Kirche in Heidelberg insolange, als ihnen von der Stadt Heidelberg die sogenannte englische Kirche zur Benützung überlassen ist.

2. Die Stadt Heidelberg wird sich verpflichten, den Altkatholiken die englische Kirche solange zur Verfügung zustellen, als diese aufgrund des Altkatholikengesetzes Anspruch auf Benützung einer katholischen Kirche erheben können.

Daneben besteht zwischen der Kath. Gesamtkirchengemeinde und der Stadt Heidelberg Einigkeit, dass die Stadt Heidelberg die St. Annahospitalkirche den Katholiken unwiderruflich zum dauernden und ausschließlichen Gebrauch überläßt."

Ein Beitritt des Kultusministeriums sei deshalb notwendig, weil die Rechte der Altkatholiken aus dem Altkatholikengesetz betroffen seien.

Diese neue Forderung des Erzbischöflichen Oberstiftungsrats war geeignet, den Vertragsabschluss erheblich zu verzögern. Deshalb schlug der Oberbürgermeister dem Stiftungsrat am 21. Februar vor, dennoch für den Vertrag den 28. Februar vorzusehen. Die Zustimmung des Kultusministeriums könne auch nach dem Vertragsabschluss eingeholt oder der Vertrag unter den Vorbehalt der Zustimmung gestellt werden.[834] Dieses Ansinnen sollte sich aber als unrealistisch

---

len, dass diese Glocke abgegeben wird." Fraglich, ob sie aus dem Schlagwerk entfernt werden kann., LKA-KA SpA 4060

832 LKA-KA SpA 4060

833 StAHD AA 211, 14; Dies bestätigt der Oberbürgermeister der Stadt Heidelberg dem Evangelischen Oberkirchenrat am 21. 2. 1936, LKA-KA SpA 4060

834 StAHD AA 211, 14; Der Grund für das Eigeninteresse des Oberbürgermeisters Dr. Neinhaus an einem Vertragsabschluss mit der Folge des Falls der Scheidemauer in der Heiliggeistkirche wird an folgender Äußerung in der Ratsherrensitzung vom 18. Februar 1936 deutlich: *„Ich möchte noch dazu sagen, dass von meinem persönlichen Standpunkt gesehen, es sehr erwünscht ist, dass die Altkatholiken einen eigenen Kirchenraum haben. Die Altkatholiken sind ein Teil der nicht protestantischen Kirchen, eine Religionsgemeinschaft, die im allgemeinen dem heutigen Staat gegenüber eine Haltung eingenommen hat und einnimmt, die vorsichtig ausgedrückt frei-*

herausstellen. Denn am 29. Februar 1936 kamen die Beteiligten zu erneuten Vertragsverhandlungen zusammen, die zu einem gemeinsam formulierten – dennoch aber vorläufigen – Vertrag führten[835], denn die Einzelheiten waren noch mehr als zwei Monate lang zwischen den Beteiligten streitig und Änderungsvorschläge wurden eingebracht.[836] Dabei wurden insbesondere § 6 und dessen Abs. 2 eingehend diskutiert.[837]

Letztlich konnte der Evangelische Oberkirchenrat dem Oberbürgermeister am 23. April 1936 mitteilen, dass der Erzbischöfliche Oberstiftungsrat und die altkatholische Gemeinde folgende Vertragsänderungen angenommen hatten:

1.) In Ziffer 1 ist der Satz : *„Ausgenommen hiervon ist das der kathol. Kirchengemeinde gehörige Sterbeglöckchen"* zu streichen. Wenn sich herausstellt, dass die in dem Dachreiter auf dem Chor der Heiliggeistkirche hängende Glocke in das Schlagwerk anstelle dieses Sterbeglöckchens, das nach unserer Unterrichtung in dem Schlagwerk mit beteiligt ist, eingesetzt werden kann, so haben wir keinerlei Bedenken, das Sterbeglöckchen der kathol. Kirchengemeinde unentgeltlich zu überlassen. ...

2.) ...

3.) Ziffer 6 Absatz 2 erhält folgende Fassung: *„Die Altkatholische Kirchengemeinde Heidelberg verzichtet gegenüber der Evang. Kirchengemeinde Heidelberg auf jegliches Mitbenützungsrecht an der Heiliggeistchorkirche und*

---

er ist von den Spannungen, die sich zwischen der römisch-katholischen Kirche und dem Staat ergeben haben. Tatsache ist, dass in manchen Teilen des Reiches eine nicht unerhebliche Übertrittsbewegung von der römisch-katholischen Kirche zur altkatholischen Seite im Gange ist, weil für überzeugte Katholiken der Übertritt zum Protestantismus schwerer zu vollziehen ist. Eine Reihe Parteigenossen in den rheinischen Industriegemeinden hat ihren Übertritt zur altkatholkischen Gemeinde bereits vollzogen. Interessant ist auch, dass bis September vorigen Jahres bereits 300 römisch-katholische Geistliche zur altkatholischen Kirche übergetreten waren. Ich bitte, diese Zahlen vertraulich zu behandeln, sie beruhen auf einer Mitteilung von Stadtpfarrer Keußen. Wir haben also Interesse daran, die altkatholische Gemeinde in der jetzigen Zeit am Leben zu erhalten und eine weitere Existenz zu ermöglichen. Das weitere Interesse, das wir haben ist, dass tatsächlich im Sommer zum Universitätsjubiläum die Trennungswand in der Heiliggeistkirche gefallen sein wird ... Ich hatte gestern in Berlin eine längere Sitzung mit den Reichsstellen, die sich mit der Universitätsfeier befasste. Dabei habe ich den Eindruck gewonnen, dass die Reichsministerien außerordentlich großen Wert auf diese Universitätsfeier legen."

835 EAF, FK 9342 a

836 So auch Friedrich in Zahn, S. 174

837 Der Schriftverkehr ist in LKA-KA SpA 4060 und EAF, FK 9342 a nachgewiesen; Für das Erzbischöfliche Ordinariat war der Regelungsgegenstand von § 6 Abs. 2 sogar „conditio sine qua non" für den Vertragsabschluss, Schreiben des Erzbischöflichen Ordinariats an den Oberstiftungsrat vom 5. März 1936, EAF, FK 9342 a

der römisch-katholischen Gesamtkirchengemeinde Heidelberg gegenüber auf jegliche Mitbenützung einer dem römisch-katholischen Gottesdienst gewidmeten Kirche auf Gemarkung Heidelberg, soweit ein solcher Anspruch aufgrund des Altkatholikengesetzes vom 15. 6. 1874 erhoben werden könnte. ..."[838]

Damit konnte der Oberbürgermeister den Notartermin festlegen, was auf den 11. Mai 1936 geschah.[839]

III. Der Ablösungsvertrag vom 11. Mai 1936

Am 11. Mai 1936 wurde folgender Vertrag vor dem Notariat V in Heidelberg beurkundet:

1. Text

Ausfertigung

Amtsgerichtsbezirk Heidelberg

V.H.261/36
Ort: Heidelberg
Notariat Heidelberg V

Öffentliche Urkunde über Vertrag
über Ablösung der Gemeinschaftsverhältnisse an der Hl. Geistkirche in Heidelberg.
1936
Geschehen zu Heidelberg im Jahre Eintausendneunhundertsechsunddreißig am elften Mai
11. Mai 1936

---

838 Im Folgenden noch jeweils eine Fassung des Abs. 1 von der altkatholischen Gemeinde und dem Erzbischöflichen Oberstiftungsrat mit dem einzigen Unterschied, dass die Altkatholiken den Verzicht aus I Abs. 4 einbeziehen wollten, LKA-KA SpA 4060; Dies wird vom Erzbischöflichen Oberstiftungsrat dem Evangelischen Oberkirchenrat am 5. Mai 1936 bestätigt: Sie seien einverstanden mit Streichung des Satzes „Ausgenommen hiervon ist das der katholischen Kirchengemeinde gehörige Sterbeglöckchen", sofern bei einem katholischen Eigentumsnachweis die Glocke herausgegeben werde, LKA-KA SpA 4060

839 Mitteilung an den Evangelischen Oberkirchenrat am 29. April 1936, LKA-KA SpA 4060

Vor dem Notariat Heidelberg V.
Gegenwärtig: Justizrat Dr. Karl Schmidt in Heidelberg als Notar.

Im Geschäftszimmer des Notariats V sind anwesend:
1) Herr Josef Amberger, Oberrechtsrat in Heidelberg, handelnd namens des Oberbürgermeisters der Stadt Heidelberg für die Stadt Heidelberg aufgrund der Vollmacht vom 11. 5. 1936
2) Herr Geistl. Rat Msgre. Franz Xaver Raab in Heidelberg, handelnd in Vollmacht des Katholischen Stiftungsrats der Jesuitenkirche Heidelberg für die Römisch-Katholische Kirchengemeinde der Jesuitenkirche Heidelberg und für den Römisch-Katholischen Chor-Kirchenfonds Heidelberg aufgrund der Vollmacht vom 9. Mai 1936 und ferner handelnd in Vollmacht des Katholischen Gesamtstiftungsrats Heidelberg für die Römisch-Katholische Gesamt-Kirchengemeinde Heidelberg aufgrund der Vollmacht vom 9. Mai 1936.
3) Herr Dr. Wilhelm Ehret, Oberfinanzrat in Freiburg i.B., handelnd in Vollmacht des Erzbischöflichen Oberstiftungsrats in Freiburg i. Br., für die Pfälzer Katholische Kirchenschaffnei Heidelberg aufgrund der Vollmacht vom 5. Mai 1936
4) Herr Stadtpfarrer D. Theodor Oestreicher in Heidelberg, handelnd in Vollmacht des Evang. Kirchengemeinderats Heidelberg für die Evangelische Kirchengemeinde Heidelberg aufgrund der Vollmacht vom 29.4.1936
5) Herr Karl Münch, Oberfinanzrat in Heidelberg, Vorstand der Evang. Pflege Schönau in Heidelberg , handelnd in Vollmacht des Evang. Oberkirchenrats Karlsruhe für den Unterländer Evang. Kirchenfonds aufgrund der Vollmacht vom 23. 4. 1936
6) Herr Stadtpfarrer Norbert Keussen in Heidelberg, handelnd für die Altkatholische Kirchengemeinde Heidelberg als Bevollmächtigter des Vorstandes der Altkatholischen Kirchengemeinde Heidelberg aufgrund der Vollmacht vom 22. März 1936
7) Herr Jean Jakobi, Faktor in Heidelberg, mit gleicher Vollmacht wie Ziff. 6

Die Erschienenen haben sich, soweit sie dem Notar nicht von Person bekannt, durch ihre Vollmachten ausgewiesen.
Sie erklären zu Protokoll den anliegenden Vertrag, welcher als Bestandteil dieser Urkunde erklärt wird.
Die Auflassung der Heiliggeist-Chor-Kirche erfolgt, sobald die vorbehaltenen Genehmigungen erteilt sind

---

An Ausfertigungen sollen erhalten, zwei der Erzbischöfliche Oberstiftungsrat Freiburg i. Br., drei die Katholische Kirchengemeinde Heidelberg, ferner je eine die Evang. Kirchengemeinde Heidelberg, der Evang. Oberkirchenrat in Karlsruhe, die Altkatholische Kirchengemeinde Heidelberg und die Stadt Heidelberg. Vorstehendes Protokoll nebst Anlage wurde auf Vorlesen von den Erschienenen genehmigt und eigenhändig unterschrieben, wie folgt:

Gez. Josef Amberger
Msgre. Raab, Geistl. Rat
Dr. Ehret
D. Th. Oestreicher, Stadtpf.
Karl Münch

N. Keussen, Stdtpf.
Jean Jakobi
Dr. Schmidt

V. H. 261/36
Die Übereinstimmung vorstehender Ausfertigung mit der Urschrift wird beglaubigt.
Heidelberg , den 14. Mai 1936

Notariat V:
Gez. Dr. Schmidt
Siegel: Badisches Notariat Heidelberg

Anlage zur Urkunde vom 11. Mai 1936
V.H. 261/36
Notariat V: gez: Dr. Schmidt

Die Ablösung der Gemeinschaftsverhältnisse an der Hl. Geistkirche in Heidelberg

I.

Die Hl. Geistkirche in Heidelberg ist nach § 18 der Kurpfälzischen Religionsdeklaration vom 21. November 1705 durch eine Trennmauer geteilt. Der Chor mit besonderem Eingang ist den Katholiken, das Schiff den Protestanten zu Eigentum und ausschließlicher Benutzung zugewiesen; Hauptturm und Geläute sind im gemeinsamen Gebrauch beider Bekenntnisse.

Durch Entschliessung des Ministeriums des Innern vom 20. August 1874 Nr. A 12205 wurde die Hl. Geistchorkirche der Altkatholikengemeinschaft Heidelberg zur Mitbenutzung überwiesen. Seither haben die Katholiken unbeschadet ihres Eigentums die Benutzung der Hl. Geistchorkirche bis auf den heutigen Tag unterlasssen.

Die Hl. Geistchorkirche ist im Grundbuch Heidelberg Band 29 Heft 6 Lgb. Nr. 171 als Eigentum der kathol. Kirchengemeinde Heidelberg eingetragen. Baupflichtig zu Turm und Glocken ist die Pfälzer Kathol. Kirchenschaffnei Heidelberg, zur Chorkirche der katholische Chor-Kirchenfonds.

Die vertragsschließenden Parteien sind sich darüber einig, dass die Hl. Geistkirche in das ausschließliche Eigentum und in die ausschließliche Benutzung der evang. Kirchengemeinde Heidelberg übergehen, dass alle Rechte und Pflichten anderer Rechtspersonen an der Hl. Geistkirche aufhören und ferner jegliche Mitbenützungsrechte der Altkatholiken an einer dem röm.-kathol. Gottesdienst gewidmeten Kirche auf Gemarkung Heidelberg aufgehoben werden sollen.

An der Auflösung der Gemeinschaftsverhältnisse beteiligen sich:

1. die Stadt Heidelberg, vertreten durch den Herrn Oberbürgermeister;
2. die röm.-kathol. Kirchengemeinde Heidelberg , vertreten durch den kath. Stiftungsrat der Jesuitenkirche Heidelberg;
3. der kathol. Chorkirchenfonds Heidelberg, vertreten durch den kathol. Stiftungsrat der Jesuitenkirche Heidelberg;
4.die röm.-kathol. Gesamtkirchengemeinde Heidelberg, vertreten durch den kathol. Gesamtstiftungsrat Heidelberg;
5. die Pfälzer Kathol. Kirchenschaffnei Heidelberg, vertreten durch den Erzbischöfl. Oberstiftungsrat Freiburg i. Br.;
6. die evang. Kirchengemeinde Heidelberg, vertreten durch den evang. Kirchengemeinderat Heidelberg;
7. der Unterländer evang. Kirchenfonds, vertreten durch den Evang. Oberkirchenrat in Karlsruhe
8. die altkathol. Kirchengemeinde Heidelberg, vertreten durch den altkathol. Kirchenvorstand in Heidelberg.

II. Diese Parteien schließen folgenden Vertrag:

1. Die Kathol. Kirchengemeinde Heidelberg verpflichtet sich, die Hl. Geistchorkirche nebst Sakristei und Zubehör auf die evang. Kirchengemeinde Heidelberg zu übertragen. Mit dem Eigentum am Grundstück gehen auch die gesamten Fahrnisse, insbesondere auch die Orgel, Altar, Kruzifix und die Sakristeieinrichtung nebst gottesdienstlichen Geräten in das Eigentum der evang. Kirchengemeinde über. Soweit die evang. Kirchengemeinde die Fahrnisse nicht in Anspruch nimmt, ist sie bereit, diese der kathol. Kirchengemeinde unentgeltlich zu überlassen.

2. Die Kathol. Kirchengemeinde verzichtet für alle Zukunft auf jegliches Mitbenützungsrecht am Turm und Geläute der Hl. Geistkirche.

3. Mit der Uebergabe der Chorkirche geht jegliche Baupflicht der Schaffnei und des kathol. Chorkirchenfonds und der kathol. Gesamtkirchengemeinde Heidelberg auf den Unterländer evang. Kirchenfonds über.

4. Der Unterländer evang. Kirchenfonds verpflichtet sich, als Ablösung für die von der kathol. Kirchengemeinde Heidelberg zu bewirkenden Leistungen an die Kathol. Gesamt-Kirchengemeinde Heidelberg den Betrag von 100.000,- GM – Einhunderttausend Goldmark – (1 GM=1/2790 kg Feingold) mindestens aber 100.000 RM derart zu entrichten, dass 40000,- GM am –Tage der Auflassung, 30.000,- GM ein Jahr nach der Auflassung und die letzten 30.000,- GM zwei Jahre nach der Auflassung bezahlt werden.
Bis zum Tage der Fälligkeit sind die geschuldeten Beträge unverzinslich, von da ab mit 5% zu verzinsen.

5. Der Unterländer evang. Kirchenfonds tritt für die Pfälzer kathol. Kirchenschaffnei in den am 12. Mai 1932 zwischen der Pfälzer Kathol. Kirchenschaffnei Heidelberg einerseits und dem Hotelbesitzer Osche-Haas und dessen Ehefrau andererseits abgeschlossenen Vertrag ein.

6. Die Stadt Heidelberg verpflichtet sich, der altkathol. Kirchengemeinde Heidelberg die sogenannte englische Kirche solange zur Verfügung zu stellen, als die altkatholische Kirchengemeinde ohne den in Absatz 2 dieses Paragraphen ausgesprochenen Verzicht aufgrund des Altkatholikengesetzes vom 15. 6. 1874 einen Anspruch auf Benützung einer dem römisch-katholischen Gottesdienst gewidmeten Kirche und im besonderen aufgrund des Erlasses des Ministeriums des Innern vom 28.8.1874 Nr. A 12205 einen Anspruch auf Benützung der Hl. Geistchorkirche erheben könnte.
Die altkatholische Kirchengemeinde Heidelberg verzichtet gegenüber der Evangel. Kirchengemeinde Heidelberg auf jegliches Mitbenützungsrecht an der Hl. Geist-Chorkirche und der römisch-katholischen Gesamt-Kirchengemeinde Heidelberg gegenüber auf jegliche Mitbenützung einer dem römisch-katholischen Gottesdienst gewidmeten Kirche auf Gemarkung Heidelberg, soweit ein solcher Anspruch aufgrund des Altkatholikengesetzes vom 15.6.1874 erhoben werden könnte.

Durch die Abmachungen in Abs. 2 werden die aufgrund des Altkatholikengesetzes und aufgrund des Erlasses des Ministeriums des Innern vom 16. Dezember 1875 Nr. 18931 begründeten Rechte der Altkatholiken am St. Anna-Benefizium nicht berührt.

7. Die Stadt Heidelberg überläßt der römisch-katholischen Gesamt-Kirchengemeinde Heidelberg die St. Anna-Hospitalkirche (Teilstück von Lgb. Nr. 753 Grundbuch Band 52 Heft 18)für den römisch-kathol. Gottesdienst unwiderruflich zum ausschließlichen kirchlichen Gebrauch. Eine Eintragung dieses Gebrauchsrechts im Grundbuch erfolgt aufgrund dieses Vertrages nicht.

8. Die Stadt Heidelberg erkennt die Baupflicht des katholischen Spitalfonds Heidelberg an der St. Annakirche an. Die kathol. Gesamt-Kirchengemeinde Heidelberg wird wie bisher die Kosten der laufenden Instandsetzung im Innern selbst tragen.

9. Die Baupflicht für die der altkatholischen Kirchengemeinde überlassene englische Kirche obliegt für das Aeussere der Stadt Heidelberg, für das Innere der altkathol. Kirchengemeinde.

10. Zu diesen Vereinbarungen behalten sich die Beteiligten die Genehmigung ihrer verfassungsmäßigen Organe vor.
Außerdem behält sich die römisch-katholische Gesamtkirchengemeinde zu den Vereinbarungen, soweit sie die Rechtsverhältnisse berühren, deren Regelung aufgrund des Altkatholikengesetzes vom 15. Juni 1874 dem Herrn Minister des Kultus und Unterrichts vorbehalten ist, die Zustimmung des Herrn Ministers des Kultus und Unterrichts vor.

Heidelberg, den 11. Mai 1936

Für die Stadt Heidelberg: gez. Josef Fr. Amberger
Für die Röm. Kathol. Kirchengemeinde Heidelberg: gez. Msgre. Raab, G.Rat
Für den Kathol. Chor-Kirchenfonds Heidelberg: gez. Msgre. Raab, G.Rat
Für die Römisch.-kathol. Gesamtkirchengem. Heidelberg: Msgre. Raab, G.Rat
Für die Pfälzer Kathol. Kirchenschaffnei Heidelberg: gez. Dr. Ehret
Für die Evangel. Kirchengemeinde Heidelberg: gez. D. Th. Oestreicher, Stpfr.
Für den Unterländer Evangel. Kirchenfonds: gez. Karl Münch

Für die Altkathol. Kirchengem. Heidelberg: gez.N. Keussen, Stdtpfr., gez. Jean Jakobi
Siegel: Badisches Notariat Heidelberg

2. *Rechtliche Würdigung*

a) Allgemeines

Der von den Vertragsparteien als *„Ablösungsvertrag"* bezeichnete Vertrag ist tatsächlich ein zusammengesetzter Vertrag mit unterschiedlichen Parteien.[840] Die einzelnen Vertragsgegenstände sind voneinander abzugrenzen. Die einzelvertraglichen Regelungen wurden in einer Urkunde zusammengefasst, da sie für die Vertragsparteien eine *„conditio sine qua non"* für das Zustandekommen des gesamten Vertragswerks darstellen. Im Wesentlichen lassen sich folgende Regelungsbereiche feststellen:

- Durch einen Immobiliarkaufvertag wurde die Heiliggeistchorkirche samt Sakristei und Zubehör an die evangelische Gemeinde verkauft.

Die weiteren Regelungen sind rein schuldrechtliche Verträge und zu unterscheiden in:

- Der Verzicht auf Mitbenutzungsrechte und die Einräumung von Nutzungsrechten
- Die Übertragung und Anerkennung von Baupflichten.

b) Einzelregelungen

aa) Ziffer 1 – Kauf

In Ziffer 1 Satz 1 haben sich die katholische und die evangelische Kirchengemeinde Heidelberg über den Kauf der Heiliggeistchorkirche samt Sakristei und Zubehör geeinigt. Die in Ziffer 1 Satz 2 aufgeführten Fahrnisse sind Zubehör nach § 97 BGB. Denn sowohl Orgel, Altar, Kruzifix, Sakristeieinrichtung sowie

---

840 Ziffer 1 des Vertrags könnte auch als gemischter Vertrag angesehen werden, die Unterscheidung ist in diesem Fall aber fließend und führt nicht zu unterschiedlichen Rechtsfolgen; zur Abgrenzung von „gemischtem" Vertrag und zusammengesetztem Vertrag siehe u.a. Korte, 3. Kapitel Rn 32 ff.: *„Die Zusammensetzung bezeichnet das Vertragsgefüge, das dadurch entsteht, dass mehrere Verträge voneinander abhängig sind, weil sie miteinander stehen und fallen, ohne ein einheitliches Schuldverhältnis zu bilden."*; Löwisch in Staudinger, § 305 Rn 45 ff; Wufka in Staudinger, § 313 Rn 171 ff.

gottesdienstliche Geräte sind keine wesentlichen Bestandteile der Chorkirche i.S.v. 93 BGB, sondern bewegliche Sachen, die dem wirtschaftlichen Zweck der Heiliggeistchorkirche zu dienen bestimmt sind und zu ihr in einem dieser Bestimmung entsprechenden räumlichen Verhältnis stehen. Wesentliche Bestandteile wären sie nur, wenn sie von der Chorkirche nicht getrennt werden könnten, ohne sie zu zerstören oder in ihrem Wesen zu verändern. Vielmehr dienen sie aber dem „wirtschaftlichen Zweck" der Chorkirche. Dabei ist der Begriff „wirtschaftlicher Zweck" extensiv auszulegen und umfasst auch den kirchlichen Gebrauch in einem ideellen Sinn.[841] Die einzelnen Gegenstände hätten aufgrund der Zubehöreigenschaft nicht einzeln im Vertrag genannt werden müssen. Für das Verpflichtungsgeschäft ergibt sich dies aus § 314 BGB, für das Verfügungsgeschäft aus § 926 Abs. 1 BGB.[842] Für den Streitfall entscheidender wäre es gewesen, Fahrnisse mit Zubehöreigenschaft einzeln zu benennen, die nicht mitveräußert werden sollten. Denn nach § 926 Abs. 1 Satz 2 ist im Zweifel anzunehmen, dass sich die Veräußerung auf das Zubehör erstrecken soll. Die Regelung in Ziffer 1 Satz 3, wonach die evangelische Kirchengemeinde Fahrnisse der katholischen Kirchengemeinde überlässt, soweit sie diese nicht in Anspruch nimmt, ist unbestimmt. Im Zweifel hätte sich die katholische Gemeinde hierauf wohl nicht berufen können.

bb) Ziffer 2 – Nutzungsrechte

Der rechtliche Inhalt von Ziffer 2 ist eindeutig, nämlich dass die katholische Kirchengemeinde Heidelberg endgültig auf die Nutzungsrechte am Turm und den Kirchenglocken verzichtet. Diese Nutzungsrechte waren ihr ursprünglich – wie oben dargestellt[843] – durch die Düsseldorfer Religionsdeklaration gewährt worden. Die katholische Kirchengemeinde hat damit auf ihre seit 1705 bestehenden Ansprüche verzichtet. Einer Regelung der Eigentumsverhältnisse am Turm und Geläut bedurfte es nicht. Die evangelische Kirchengemeinde war seit jeher deren Eigentümer.

cc) Ziffer 3 – Baulasten

In Ziffer 3 übernimmt der Unterländer Evangelische Kirchenfonds sämtliche Baupflichten an der Heiliggeistkirche von der Schaffnei, dem katholischen Chorkirchenfonds und der katholischen Gesamtkirchengemeinde Heidelberg. Die

---

841 BGH NJW 1984, 2277, 2278 (Glocke ist Zubehör einer Kapelle), RG JW 1910, 466
842 Vgl. dazu auch Dilcher in Staudinger, § 97 Rn 28 ff
843 Siehe dazu B. III. 4. c) bb)

Baupflicht kann durch Rechtsgeschäft übertragen werden.[844] Der Baulastvertrag – lösgelöst von dem hier vorhandenen inneren rechtlichen Zusammenhang – hätte nicht der notariellen Beurkundung bedurft.[845] Eine notarielle Beurkundung ergibt sich auch nicht aus einer Vergleichbarkeit mit der Reallast. *„Denn die Baulast(pflicht) ist weder eine Reallast noch ein derselben „gleichgeachtetes Recht.“*[846] Die Baupflicht der Stadt Heidelberg zur Kirchturmuhr war nicht Vertragsgegenstand.[847]

dd) Ziffer 4 – Ablösungssumme

Ziffer 4 legt die Ablösungssumme auf 100.000 RM zahlbar in drei Raten fest. Dabei darf die Ablösungssumme nicht mit einem Kaufpreis verwechselt werden. Denn bei der Berechnung wurde der Verzicht auf die Mitbenutzungsrechte und die Übertragung der Baupflichten einbezogen.[848] Wenn auch eindeutig festgelegt, so ist dennoch darauf hinzuweisen, dass nicht die evangelische Gemeinde Heidelberg sondern der Unterländer Evangelische Kirchenfonds zur Zahlung verpflichtet wurde.

ee) Ziffer 5 – Vertragsregelung Osche-Haas

In Ziffer 5 ist eine Vertragsübernahme geregelt, und zwar des Vertragsverhältnisses der Pfälzer Katholischen Kirchenschaffnei mit den Eheleuten Osche-Haas. Dieses regelt die Duldung der Anbringung eines Radiodrahtes an der Turmgalerie der Heiliggeistkirche.[849] Eine ausdrückliche Vereinbarung im Ablösungsvertrag war notwendig, da ein gesetzlich geregelter Fall des Vertragsübergangs nicht greift. Denn auf den Vertrag mit Osche-Haas ist insbesondere § 571 wohl nicht anwendbar. Zwar tritt danach ein Grundstückserwerber in die vom Veräußerer geschlossenen Miet- und Pachtverträge ein. Bei dem hier vorliegenden Vertrag handelt es sich aber nicht um einen Mietvertrag sondern um einen Gestattungsvertrag, der nicht unter § 571 fällt. Nach dem Parteiwillen wurde ausdrücklich

---

844 Meurer, S. 192 f.

845 Meurer, S. 193

846 Meurer, S. 193, 230 ff

847 Siehe dazu G. II. 4. A)

848 Zur grundsätzlichen Wertberechnung einer Baulast bezogen auf staatliche Kultusbaulasten siehe u.a. Hofmann, S. 371, 372

849 Vgl. u.a. Schreiben des Katholischen Stiftungsrats an den Evangelischen Oberkirchenrat vom 23. September 1933, EAF, FK 9342a

eine Anerkennungsgebühr und kein Mietzins vereinbart.[850] Deshalb ist Ziffer 5 eine schuldrechtliche Vereinbarung, die bei auf Dauer angelegten Schuldverhältnissen regelmäßig eine Vertragsübernahme regelt.[851]

ff) Ziffer 6 – Altkatholiken

Ziffer 6 beinhaltet drei Regelungen. Absatz 1 hat einen Leihvertrag zwischen der altkatholischen Kirchengemeinde Heidelberg und der Stadt Heidelberg über die sogenannte englische Kirche zum Gegenstand. Diese wird den Altkatholiken unentgeltlich zum Gebrauch für eine bestimmte Zeit überlassen. Denn durch das „zur Verfügung stellen" wird den Altkatholiken die tatsächliche Verwendung und Nutzung der englischen Kirche gewährt. Zudem erfolgt die Gebrauchsüberlassung unabhängig von einer Gegenleistung. Da die Vereinbarung Vertragscharakter hat und offensichtlich mit einer rechtlichen Verpflichtung der Stadt Heidelberg verbunden ist, handelt es sich nicht um ein Gefälligkeitsverhältnis. Der Zeitablauf wurde nicht mit einer Dauer oder einem festgelegten Datum bestimmt, sondern vom Vorliegen einer Bedingung abhängig gemacht. Die Leihe sollte solange andauern, wie die altkatholische Gemeinde grundsätzlich einen Anspruch aus dem Altkatholikengesetz vom 15. 6. 1874 und dem Erlass des Ministeriums des Inneren vom 28. 8.1874 geltend machen kann. Positiv ausgedrückt, endet die Leihe also mit dem Wegfall einer Berechtigung aus den genannten Anspruchsgrundlagen.

Nach Ziffer 6 Absatz 2 verzichtet die altkatholische Kirchengemeinde Heidelberg zudem ausdrücklich auf ein mögliches Nutzungsrecht an der Chorkirche oder einer anderen katholischen Kirche auf der Gemarkung Heidelberg. Diese Bestimmung soll die dauerhafte Regelung der Nutzungsverhältnisse an den Heidelberger Kirchen sicherstellen. Nach den Feststellungen zu Absatz 1 war dies auch notwendig, da nach dessen Wortlaut nicht ausgeschlossen gewesen wäre, dass die Altkatholiken aus dem Altkatholikengesetz und dem Ministerialerlass zusätzliche Ansprüche geltend machten. Absatz 1 beschränkt seinen Regelungsinhalt lediglich auf die Leihe der englischen Kirche.

Ziffer 6 Absatz 2 erläutert nur den Umfang des Anspruchsverzichts in Absatz 3: Es wird klargestellt, dass der Verzicht die Rechte der Altkatholiken am St. Annabenefizium nicht berührt. Dies ergibt sich schon aus Absatz 2, der von der

850 Emmerich in Staudinger, § 571 Rn 15 ff.; auch bei der Anbringung von sog. Kabelverzweigern der Post ist die Heranziehung von § 571 zweifelhaft, siehe dazu Emmerich in Staudinger, § 571 Rn 18

851 Zur dogmatischen Einordnung (Bündelung von Abtretungen und Schuldübernahmen/eigenes einheitliches Rechtsgeschäft) siehe Möschel in MüKo, Vor § 414 Rn 8

„Mitbenutzung einer dem röm.–katholischen Gottesdienst gewidmeten Kirche" spricht.

gg) Ziffern 7-9 – St. Annakirche

Ziffern 7-9 regeln nicht die Rechtsverhältnisse der Heiliggeistkirche. Ihr Inhalt war lediglich Voraussetzung für das Zustandekommen des Ablösungsvertrags. Nach Ziffer 7 stellt die Stadt Heidelberg die St. Anna- Hospitalkirche der röm.–katholischen Gesamtkirchengemeinde zur Verfügung. Sie verpflichtet sich schuldrechtlich. Eine Grundbucheintragung findet nicht statt. Ziffer 8 legt die Baupflichten an der St. Annakirche fest. Ziffer 9 regelt die Baupflichten an der englischen Kirche. Da die Vorschriften keine Probleme aufweisen und die Heiliggeistkirche nicht unmittelbar betreffen, kann auf eine nähere Erläuterung hier verzichtet werden

hh) Ziffer 10 – Genehmigungsvorbehalt

Die Parteien legen im Vertrag einen Genehmigungsvorbehalt ihrer verfassungsmäßigen Organe fest . Der Ablösungsvertrag stand also unter der aufschiebenden Bedingung der obrigkeitlichen Genehmigung. Soweit die Regelungen das Altkatholikengesetz vom 15. Juni 1874 betrafen, wurde zudem die Bedingung einer ministeriellen Genehmigung aufgestellt.

c) Stellungnahme

Der Ablösungsvertrag zeigt die Schwierigkeiten und Besonderheiten einer Vereinbarung zur Beendigung einer gemeinschaftlichen interkonfessionellen Kirchennutzung, die auf einer über Jahrhunderte entstandenen vielfältigen Regelungsgrundlage beruht. Nicht nur die rechtlichen, sondern auch die religiösen und wirtschaftlichen Interessen der evangelischen, katholischen und altkatholischen Kirchengemeinden Heidelbergs mussten berücksichtigt werden. Diese Verästelungen kamen bei den Vertragsverhandlungen zum Ausdruck und mussten sich deshalb im Ablösungsvertrag niederschlagen. Hinzu kommt, dass die Vertragsparteien einzelne Vorschriften verlangten, ohne aus ihnen unmittelbar berechtigt oder verpflichtet zu werden. Ergebnis dieser Interessenskollision war ein zusammengesetzter Vertrag mit vielen Parteien und einer erheblichen Regelungsvielfalt und -dichte.

3. *Vollzug*

Der Vollzug des Ablösungsvertrags ist in eine rechtliche und eine wirtschaftliche Komponente zu trennen.

a) Rechtlicher Vollzug

In Ziffer 10 des Vertrags vom 11. Mai 1936 behalten sich die Vertragsparteien vor, dass ihre verfassungsmäßigen Organe dem Vertrag zustimmen. Voraussetzung für Auflassung und Eintragung war demnach die Genehmigung der zuständigen Aufsichtsorgane. Zudem hatte sich das Verlangen der römisch-katholischen Gesamtkirchengemeinde nach Zustimmung des Ministers des Kultus und Unterrichts in Ziffer 10 ebenfalls niedergeschlagen.

Mit Schreiben vom 4. August 1936 teilte der Erzbischöfliche Oberstiftungsrat dem Notariat Heidelberg mit: „*Der Herr Minister des Kultus und Unterrichts hat durch Erlass vom 29. Juli 1936 dem Vertrag über die Ablösung der Gemeinschaftsverhältnisse an der Heiliggeistkirche in Heidelberg zugestimmt.*“[852] Die Genehmigung des Evangelischen Oberkirchenrats zum Vertrag vom 11. Mai 1936 erfolgte am 17. Juni 1936.[853]

Im selben Zeitraum müssen auch die Genehmigungen von katholischer und altkatholischer Seite erfolgt sein. Entsprechende Erklärungen waren allerdings nicht in den Akten, jedoch wurde der Termin für die Auflassung festgesetzt. Daraus folgt, dass sämtliche Genehmigungen vorgelegen haben.[854] Wie der Katholische Stiftungsrat dem Evangelischen Oberkirchenrat am 25. August 1936 mitteilte, war der Auflassungstermin zunächst auf den 29. August 1936 angesetzt worden.[855] Kurzfristig wurde er dann auf den 31. August 1936 verschoben. An diesem Tag erklärten Geistl. Rat Raab namens der katholischen Kirchengemeinde und Stadtpfarrer Oestreicher namens der evangelischen Kirchengemeinde Heidelberg die Auflassung.[856]

Die fällige Grunderwerbssteuer verursachte weitere Kosten, die die evangelische Kirche erfolglos zu reduzieren versuchte. So hatte sich der evangelische

---

852 LKA-KA SpA 4060

853 LKA-KA SpA 4060

854 Auch in der Auflassungsurkunde wird ausdrücklich festgestellt: „*Nachdem die in § 10 des Vertrags vorbehaltenen Genehmigungen erteilt sind, ...*“

855 Katholischer Gesamtstiftungsrat an Oberkichenrat vom 31. August 1936, LKA-KA SpA 4060

856 EAF FK 9342 a: „*... Eigentum an dem Grundstück Lgb.Nr. 171 der Gemarkung Heidelberg 6 ar 40 qm Kirchenplatz mit Kirche (Hl. Geistkirche) ...*“; vgl. auch Friedrich in Zahn, S. 175

Kirchengemeinderat am 28. Juli 1936 an den evangelischen Oberkirchenrat gewandt: „*Angeschlossen erlauben wir uns den heute zugegangenen Bescheid über die voraussichtliche Höhe der Grunderwerbssteuer in Höhe von 4.408, 65 RM ergebenst vorzulegen.*"[857] Daraufhin wandte dieser sich an das Finanzamt Heidelberg mit der Bitte, die Steuer nachzulassen und falls dieses sich außerstande sehe, den Vorgang mit einem entsprechenden Antrag dem Landesfinanzamt vorzulegen.[858] Mit Bescheid vom 8. September wurde der Antrag – nach Vorlage an das Landesfinanzamt – abgelehnt. Die Grunderwerbssteuer könne weder ganz noch zum Teil erlassen werden.[859]

Schließlich wurde in einem Schreiben des Notariats an den Oberbürgermeister vom 26.10.1936 festgestellt: „*Mit der Eintragung der Evangelischen Kirchengemeinde in Heidelberg als Eigentümerin der Hl. Geistkirche ist der Vertrag vom 11. Mai 1936 vollzogen.*"[860]

b) Wirtschaftlicher Vollzug[861]

Der Kaufpreis wurde nach Ziffer 4 des Vertrags vom 11. Mai 1936 in Raten bezahlt. Die Ratenzahlungen erfolgten zu den vereinbarten Terminen. So bestätigte der Katholische Stiftungsrat der Gesamtkirchengemeinde dem Evangelischen

857 LKA-KA SpA 4060

858 Evangelischer Oberkirchenrat an das Finanzamt vom 10. August 1936, LKA-KA SpA 4060

859 LKA-KA SpA 4060; Einer Liste für die Grunderwerbssteuer übersandt vom evangelischen Oberkirchenrat am 3. Juli 1936 an das Finanzamt Heidelberg sind die durch den Kauf übergegangenen Fahrnisse und beweglichen Gegenstände zu entnehmen: Orgel mit Prospekt, Altar mit Cruzifix; 2 Beichtstühle, 2 holzgeschnitzte Statuen mit Postamenten, 2 Marmor-Weihwasser-Schalen, 2 kleine Tische mit Schnitzerei, 2 Sessel, 2 große Schränke, 2 kleine Tische, 1 Dirigentenpult, 1 großer Tisch, 1 Orgelspiegel mit Halter, 1 große Schnitzerei, Taube im Stahlkranz, 216 lfdm eichene, geschnitzte Bänke, beweglicher Gestühlsrost, 4 kleine Kerzenleuchter, LKA-KA SpA 4060

860 StAHD AA 211, 14

861 Der wirtschaftliche Vollzug des Ablösungsvertrags ist zu unterscheiden von den finanziellen Maßnahmen, die durch die Umsetzung der Baumaßnahmen verursacht und durch einen Bankkredit abgedeckt wurden. Dies wird unter IV. dargestellt. Innerhalb der katholischen Kirche war man sich zunächst nicht einig, wie die Ablösungssumme zu verteilen ist. Denn diese wurde wie bei den Vertragsverhandlungen dargestellt, durch Übertragung der Baupflicht für Turm und Glocken von der Katholischen Schaffnei auf den Unterl. Evang. Kirchenfonds gemindert. Dafür begehrten die röm.-katholische Kirchengemeinde der Jesuitenkirche sowie die römisch-katholische Gesamtkirchengemeinde Heidelberg einen Ausgleich. Daraufhin wurde zwischen diesen und der Pfälzer Katholischen Kirchenschaffnei am 1./14. Oktober 1937 ein Vertag geschlossen. Dessen § 1 lautet: „*Zur Abgeltung aller Ansprüche*

Oberkirchenrat am 6. September 1938: *„Die dritte und letzte Rate von 30.000 RM an der Ablösungssumme gemäß § 4 des Vertrages vom 11. Mai 1936 ist am 31. August d. J. vom Unterländer evangel. Kirchenfonds an unsere Kirchensteuerkasse bezahlt worden.* "[862]

IV. Umsetzung des Vertrags vom 11. Mai 1936

Die Umsetzung des Vertrags bestand in der Entfernung der Scheidemauer und den damit verbundenen Baumaßnahmen, die auch einzelne Instandsetzungen umfassten. Voraussetzung für die Arbeiten war deren finanzielle Absicherung.

Als Grundlage der Finanzierung der Umbaumaßnahmen diente der oben dargelegte Kredit der Badischen Bank in Höhe von 40000 RM, der wie folgt beansprucht wurde:[863] Die erste Rate iHv 1027, 57 RM wurde am 25. März 1936 überwiesen. Die letzte Rate datiert vom 23. September 1936.[864] Die Höhe des beanspruchten Kredits betrug dann 39553,03 RM. Entsprechend ihrer Zusage trug die Stadt Heidelberg die anfallenden Zinsen. Die Badische Bank hatte dem Oberbürgermeister am 13. Juli 1937 mitgeteilt, dass die Zinsbelastung bis zum 30. Juni 1937 995,37 RM betrage. Der Oberbürgermeister wies die Zahlung am 22. Juli 1937 an.[865] Entsprechend wurde für den Folgezeitraum bis zum 1. Oktober 1937 verfahren.[866]. Um sich aus der Zinsverpflichtung zu lösen, beschloss der Oberbürgermeister, die Stadt durch eine Einmalzahlung gegenüber dem Evangelischen Oberkirchenrat zu befreien. Deshalb überwies die Stadt nach einem Be-

---

der römisch-katholischen Kirchengemeinde der Jesuitenkirche (der römisch-katholischen Gesamtkirchengemeinde Heidelberg) wegen Minderung der Ablösungssumme, die infolge der Uebernahme der Baupflicht für den Turm und die Glocken auf die evang. Kirchengemeinde eingetreten ist, zahlt die Schaffnei an die Kath. Gesamtkirchengemeinde Heidelberg die Summe von 14.712 RM. ", EAF FK 9342a

862 LKA-KA SpA 4061

863 StAHD AA 210, 24

864 Die interne Abrechnung des Evangelischen Oberkirchenrats ist einem Schreiben desselben an die Evangelische Pflege Schönau vom 28. August 1936 zu entnehmen: *„Der Betrag von 40000 RM wurde heute durch die hiesige Abteilung des Unterländer Kirchenfonds auf obiges Konto überwiesen und ist als Zuschuss an die Abteilung Heidelberg zu verrechnen.* ", LKA-KA SpA 4060

865 StAHD AA 210, 24

866 Badische Bank an OB vom 4. Oktober 1937: Zinsbelastung bis zum 1. Oktober 1937 505,50 RM; Anweisung des OB am 21. Oktober 1937 + 2,10 RM für 1.10. bis 1.11. 1937

schluss vom 30. September 1937 der evangelischen Kirchenkasse Karlsruhe 1.000 RM.[867]

Da die ersten Zahlungen im März 1936 erfolgt waren und die katholische Kirche einverstanden war, konnte schon vor dem notariellen Vertrag am 11. Mai 1936 mit den Umbauarbeiten begonnen werden. Dadurch wurde ermöglicht, dass die Scheidemauer entfernt und die Kirche zum Universitätsjubiläum 1936 vereinigt für den Festgottesdienst dienen konnte. So war der Badischen Presse vom 19.6.1936 zu entnehmen: *„Heidelberger Bau-Kultur – Die Mauer der Heiliggeistkirche entfernt"* – *„... Am 24. Juni um 8 Uhr abends wird der erste Gottesdienst der evangelischen Gemeinde in der Kirche nach Entfernung der Trennmauer stattfinden."*[868] Zum Johannesfest 1936 war die Scheidewand in der Heiliggeistkirche also endgültig gefallen.[869]

Nach dem Universitätsfest wurden die Renovierungsarbeiten fortgesetzt und erstreckten sich über viele Jahre.[870] Erwähnenswert scheint, dass das Grabmal Ruprechts III. nun endgültig seinen Platz finden sollte. So schrieb die Bauabteilung des Evangelischen Oberkirchenrats in einem internen Vermerk vom 25. November 1936:[871]*„Der Grabstein Ruprechts III. ist am Dienstag, den 24. ds. Mts. in die Heiliggeistkirche verbracht worden. Wir haben den Grabstein sorgfältig gelagert und zunächst mit einem Schutzverschlag aus vorhandenem Holz überdeckt. Über die endgültige Versetzung des Grabsteins legen wir dem Oberkirchenrat noch ein Modell vor."*

---

867 StAHD 210, 24, Befreiung von den Verpflichtungen aus dem Darlehensvertrag für den Zeitraum vom 1. Oktober 1937 bis zum 31. März 1938. Die 2, 10 RM (vgl Fn 790) ergeben sich wohl aus der Befreiung erst im Oktober.

868 LKA-KA SpA 4060

869 Siehe dazu die Predigt von Hermann Maas, Predigt, S. 90 ff.

870 U.a. ergibt sich aus der Akte LKA-KA Spa 4062, in der viele Maßnahmen nachvollzogen werden können: Evangelischer Oberkirchenrat an die Finanzabteilung beim Evangelischen Oberkirchenrat vom 18. September 1940: *„Da die Bauabteilung uns erklärt, dass zur Zeit keine Möglichkeit bestehe, in der Heiliggeistkirche weiter zu arbeiten (mangels Materials und Arbeitern), kann der Chor der Kirche für den Gemeindegottesdienst leider nicht benützbar gemacht werden. ..."* Daraus folgte: Vereinbarung zwischen der Finanzabteilung beim Evangelischen Oberkirchenrat und dem Badischen Bezirksbauamt, wegen der Benützung des Chorraums der Heiliggeistkirche zur Durchführung der Restaurierung der Hauptfassade des Gasthauses „ Zum Ritter" in Heidelberg". Langhaus , Sakristei mit Nebenraum, sowie Emporen bleiben zu diesem Zeitpunkt von einer Benutzung ausgeschlossen. Während des Jahres 1941 finden keine weiteren Arbeiten statt. Hintergrund waren Anordnungen auf Grund des Vierjahresplans auf dem Gebiet der Bauwirtschaft, siehe dazu Schreiben der Finanzabteilung beim Evangelischen Oberkirchenrat vom 19. September 1941.; vgl. auch Zahn, S. 160 f.

871 LKA-KA SpA 4060

Insgesamt bedeuteten der Ablösungsvertrag und seine Folgen für die evangelische Kirche einen erheblichen wirtschaftlichen Aufwand. Die Kosten sind einem Vermerk des Vorsitzenden der Finanzabteilung beim Evangelischen Oberkirchenrat an den Evangelischen Oberkirchenrat vom 10. August 1938 zu entnehmen:[872] „*In Vollzug dieses Vertrages (11.5.1936) wurden inzwischen bereits verausgabt:*

a)	*Kaufpreis für die Chorkirche (die letzte Rate wird auf 31. ds. Mts entrichtet)*	*100.000 RM*
b)	*Grunderwerbssteuer*	*4.400 RM*
c)	*Für Niederlegung der Trennungsmauer und Instandsetzungsarbeiten in der Chorkirche*	*40.000 RM*
d)	*Für Maurer-, Gipser-, Schreiner- und Schlosserarbeiten, Einrichtung einer Heizung in der Chorkirche usw.*	*44.100 RM*
e)	*Aufgrund besonderer Vereinbarung*	
	aa) Entschädigung an die altkatholische Gemeinde für den Ausfall der Eintrittsgelder zur Chorkirche	*4.000 RM*
	bb) guttatsweise Instandsetzung der den Altkatholiken überlassenen früheren englischen Kirche	*5.000 RM*
	cc) Beschaffung einer Orgel für die frühere englische Kirche	*2.500 RM*“

Zudem wurden als Kostenschätzung für weitere notwendige Arbeiten insgesamt 430.000 RM angenommen.

872 LKA-KA Spa 4065

G. Heutige Rechtslage

Die aktuellen Rechtsverhältnisse beruhen im Wesentlichen auf den Regelungen des Ablösungsvertrags vom 11. Mai 1936. Diese wurden ergänzt durch die Vorschriften der Bauordnung der Evangelischen Landeskirche in Baden und durch verschiedene Einzelerlasse des Evangelischen Oberkirchenrats. Bei der Feststellung der Rechtsverhältnisse ist erneut zu unterscheiden zwischen Eigentum und Baupflichten.

I. Eigentum

Eigentümer der Heiliggeistkirche samt Turm, Glocken und Sakristei ist durch den Ablösungsvertrag von 1936 die evangelische Kirchengemeinde Heidelberg.

In den fünfziger Jahren wurde die Frage des Eigentums an der Bestuhlung und dem Rundfunkstörschutz in der Heiliggeistkirche aufgeworfen.[873] Problematisch erschien die Eigentumslage, da die Stühle nach Art. 13 Kirchenbauedikt von 1808 zum notwendigen Inngebäude der Heiliggeistkirche gehören und deshalb der Unterländer Evangelische Kirchenfonds die Baupflicht trägt, die Bestuhlung also von ihm angeschafft wurde. Die Baupflicht ist allerdings auch hier streng von der Eigentumsfrage zu trennen. Diese ist vielmehr nach zivilrechtlichen Grundsätzen zu bestimmen. Danach sind die Stühle zwar nicht wesentliche Bestandteile der Heiliggeistkirche, sondern dienen nach ihrer Anschaffung durch den Unterländer Evangelischen Kirchenfonds dem wirtschaftlichen (kirchlichen) Gebrauch und sind deshalb Zubehör iSv § 97 BGB.[874] Zwar ist das Zubehör grundsätzlich selbständig. Im Zweifel folgen Zubehörsachen aber der Eigentumslage der Hauptsache, da sie in einem engen wirtschaftlichen Zusammenhang mit der Hauptsache stehen.[875] Etwas anderes könnte sich aus einer besonderen Vereinbarung ergeben. Eine solche liegt bei der Heiliggeistkirche nicht vor. Insofern

873 Schreiben der Evangelischen Pflege Schönau an den Evangelischen Oberkirchenrat vom 19. Oktober 1955, LKA-KA SpA 4046 und entsprechende Stellungnahme des Evangelischen Oberkirchenrats vom 5. Juli 1956, LKA-KA SpA 4073

874 Marly in Soergel, BGB, 13. A., 2000, § 97 Rn 18; vgl. Lecheler, S. 221

875 Holch in MüKo, BGB, 4. A., 2001, § 97 Rn 43; Michalski in Erman, BGB, 10. A., 2000, § 97 Rn 15

steht die Bestuhlung im Eigentum der Kirchengemeinde. Entsprechend ist die Eigentumslage für das Rundfunkstörschutzgerät zu bewerten.[876]

Die Eigentumsverhältnisse der – seltenen und eigentümlichen – Verkaufsbuden am Sockel der Heiliggeistkirche sind losgelöst von denen der Heiliggeistkirche selbst.[877] Teilweise stehen sie im Eigentum der Stadt Heidelberg, teilweise in dem der Pfarrgemeinde, einige sind auch Privateigentum.[878] In den fünfziger und sechziger Jahren strebte die Evangelische Landeskirche wegen der umfassenden Baupflicht des Unterländer Evangelischen Kirchenfonds an, die Verkaufsbuden von der Stadt Heidelberg zu kaufen. Schon 1936 waren zwei Lädchen gekauft worden.[879] 1969 war die Stadt Heidelberg Eigentümerin von 9 Buden an der Heiliggeistkirche mit einer Gesamtfläche von 55 qm. Diese wurden im gleichen Jahr der Evangelischen Pflege Schönau zu einem Gesamtpreis von 125.000 DM und gegen ein Grundstück in Heidelberg-Handschuhsheim angeboten.[880] Der Oberkirchenrat zeigte deutliches Interesse, verlangte aber eine wesentlich niedrigere Bewertung des Kaufpreises und diesbezügliche Nachverhandlungen.[881] Diese führten zu einer Kaufpreisermäßigung auf 100.000 DM.[882] Dazu stellte die Pflege Schönau 1970 fest, dass ½ als Mittelwert aus Bodenwert/Gebäudewert/Ertragswert einen Kaufpreis von 85.000 DM ergeben würde. Der Oberkirchenrat

876 So auch die rechtliche Wertung des Evangelischen Oberkirchenrats, LKA-KA SpA 4073

877 Vgl. zum historischen Hintergrund A. II.; Kaufvertrag zwischen Stift und Stadt Heidelberg vom 25. Juni 1487 abgedruckt in Wirth's Archiv I, 1868, S. 38 ff

878 Vgl. eine Aufstellung des Oberbürgermeisters in einem Schreiben an das Evangelische Kirchenbauamt vom 8. Juni 1957; zu diesem Zeitpunkt standen 8 Lädchen im Privateigentum, vgl. LKA-KA SpA 4046

879 Durch Kaufvertrag vom 29. Juli 1936 und 31. 10. 1936 wurden die Grundstücke LgbNr. 177 und 178 (Lädchen Nr. 21 und 22) gekauft; Schreiben der Pflege Schönau an den Evangelischen Oberkirchenrat vom 13. Juli 1959: Bei den Renovierungsarbeiten seien die beiden Lädchen abgebrochen worden und durch Treppen und Toiletten ersetzt worden. Eine Vereinigung mit dem Altgrundstück sei deshalb zweckmäßig. So wurde eine Schenkung oder der Verkauf zum Bauplatzwert an die evangelische Kirchengemeinde Heidelberg vorgeschlagen; Schreiben des Evangelischen Oberkirchenrats an die Pflege Schönau vom 22. Juli 1959: Grundsätzliche Zustimmung; aber nur Verkauf und Bitte um Vorlage des privatschriftlichen Kaufvertrags; der Kaufvertrag mit der evangelischen Kirchengemeinde wird am 12. März 1960 dem Evangelischen Oberkirchenrat vorgelegt und am 28. März 1960 genehmigt. Kaufvertrag wurde am 15. 9. 1960 vollzogen, LKA-KA SpA 17394. Entsprechend wird 1961 mit dem Lädchen Nr. 1 verfahren.

880 Evangelische Pflege Schönau an den Oberkirchenrat vom 29. März 1969, LKA-KA SpA 17394

881 Evangelischer Oberkirchenrat an die Pflege Schönau vom 4. Juni 1969, LKA-KA SpA 17394

882 Pflege Schönau am 8. Januar 1970, LKA-KA SpA17394

vertrat die Ansicht, dass man zwar einem vertretbaren Angebot der Stadt zustimmen würde, dass ein Preis von 85.000 DM aber aus den laufenden Mitteln nicht zu bestreiten sei. Deshalb schlug er vor, die Verhandlungen zu vertagen.[883] 1971 wurde die Frage erneut aufgegriffen. Der Oberkirchenrat bat die Pflege Schönau um Nachricht zu den Verhandlungen über die Lädchen.[884] Daraufhin teilte diese mit, dass die Verhandlungen zu den Lädchen wegen der schon zuvor erwähnten Gründe, insbesondere des Kaufpreises von 100000 DM, eingestellt wurden.[885] Die Eigentumsverhältnisse haben sich seitdem nicht wesentlich verändert.[886]

II. Baupflichten

Die Baulasten an der Heiliggeistkirche sind weiterhin auf verschiedene Verpflichtete verteilt. Dadurch stellen sich immer wieder Fragen zur Baulastverteilung, die auch kleinere Einzelgegenstände betreffen. So bedurfte es u.a. einer Feststellung des Evangelischen Kirchenbauamts Baden an das Pfarramt Heiliggeist vom 20. Juni 1974: „... *Baupflichtig für die Liedanzeigetafeln ist die Kirchengemeinde Heidelberg ...* “[887]

Ziel dieser Arbeit ist es indessen nicht, jeden denkbaren – auch zukünftigen – Fall zu entscheiden. Vielmehr werden im Folgenden die wichtigsten Baupflichten aufgezeigt und aufgrund der erheblichen grundsätzlichen Bedeutung in Rechtsprechung und Literatur das Problem der Kirchturmuhr vertieft erörtert.

---

883 Evangelischer Oberkirchenrat an die Pflege Schönau vom 24. April 1970, LKA-KA SpA 17394

884 Schreiben vom 29. April 1971, LKA-KA SpA Kirchliche Gebäude, Heidelberg, Heiliggeistkirche Band XVI

885 Stellungnahme vom 7. Juni 1971, LKA-KA SpA Kirchliche Gebäude, Heidelberg, Heiliggeistkirche Band XVI

886 So verlangte diese Rechtslage bei der Außenrenovierung der Heiliggeistkirche Anfang der 90iger Jahre eine Abstimmung mit der Stadt. Dabei wurde vom Evangelischen Oberkirchenrat in einem Schreiben an die Stadt Heidelberg vom 8. Januar 1991 darauf hingewiesen: „*Die Stadt Heidelberg ist Eigentümer folgender Lädchen: Nr. 3, 4, 5, 8, 9, 16, 17, 18, 18a, 19, 20.*“, LKA-KA SpA Kirchliche Gebäude, Heidelberg, Heiliggeistkirche Band XVI

887 LKA-KA Bauakten 83

1. Kirchengebäude allgemein

Der Unterländer Evangelische Kirchenfonds[888] ist baupflichtig zum Langhaus, zu Chor, Turm mit Glocken und Inngebäude. Auch diese Rechtslage ist Folge des Ablösungsvertrag vom 11. Mai 1936, in dem der Unterländer Evangelische Kirchenfonds die Baupflicht der katholischen Gemeinde Heidelberg und der Katholischen Kirchenschaffnei übernommen hat. Diese Rechtslage ist auch im Baupflichtbeschrieb der Heiliggeistkirche in Heidelberg festgeschrieben und ergibt sich aus § 4 Baugesetz der Evangelischen Landeskirche in Baden vom 15. April 2000, auf den im Folgenden vertieft eingegangen wird.

2. Orgel, Beleuchtung und Heizung

Die Baupflicht für die Orgel, die Beleuchtung und auch für die Heizung trägt 1936 die evangelische Kirchengemeinde Heidelberg. Diese Ausnahmeregelung beruhte auf mehreren Erlassen des Oberkirchenrats im Zusammenhang mit der Umsetzung des Ablösungsvertrags von 1936. Die Baupflicht für die Orgel ergibt sich aus einem Erlass vom 9. Juni 1938, Nr. A 13301. Zuvor war schon durch Erlass vom 1. Februar 1938, Nr. 02558 die Heizung von der allgemeinen Baupflicht des Evangelischen Unterländer Kirchenfonds ausgenommen worden.[889]

---

888 Der Unterländer Evangelische Kirchenfonds ist eine kirchliche Stiftung des öffentlichen Rechts, die durch die Evangelische Pflege Schönau in Heidelberg im Auftrag des Evangelischen Oberkirchenrats verwaltet und vertreten wird. In ihm wird das stiftungsgebundene Vermögen des Unterländer Evangelischen Kirchenfonds, des vormaligen St. Jakobsfonds Gernsbach, der vormaligen Evangelischen Kirchenschaffnei Rheinbischofsheim und der vormaligen Evangelischen Stiftsschaffnei Lahr zusammengefasst. Stiftungszweck ist u.a. die bauliche Unterhaltung bestimmter Kirchen und Pfarrhäuser nach historischen Baupflichtbeschrieben. Historischer Ursprung des Unterländer Evangelischen Kirchenfonds ist die kurpfälzische Ordnung der Kirchengüterverwaltung von 1576. Diese erklärte das bei der Reformation eingezogene Vermögen der vormals katholischen Kirchen, Klöster und Stifte zum reformierten allgemeinen Kirchengut der Kurpfalz. Nach § 3 der Beilage D zur Unionsurkunde von 1821 wurde aus dem nach der Kirchenteilung von 1705 und 1707 verbliebenen Kirchengut der Unterländer Evangelische Kirchenfonds gebildet. Vgl. dazu insbesondere die Satzung des Unterländer Evangelischen Kirchenfonds vom 26. Oktober 1979 und Niens, S. 42 ff. 71 ff.

889 Aufgrund der finanziellen Situation der Kirchengemeinde war der Unterländer Evangelische Kirchenfonds aber weiterhin in die Unterhaltung einbezogen. So kam es zu einem Bauvertrag über die Ausführung von Heizungsarbeiten zwischen dem Unterländer Evangelischen Kirchenfonds, vertreten durch die Finanzabteilung beim Evangelischen Oberkirchenrat als Auftraggeber und einer Heizungsbaufirma über

Durch einen Erlass vom 10. März 1937, Nr. A 3621 wurde der Kirchengemeinde auch die Baupflicht an der Beleuchtung übertragen.[890]

Bis zum 1. Januar 2001 galt die Bauordnung der Evangelischen Landeskirche in Baden vom 2. Oktober 1990, durch die in diesem Zeitraum einige Veränderungen zu beachten waren.[891] Nach § 13 Bauordnung war *„der für ein Lastengebäude Baupflichtige im Rahmen seiner Baupflicht zur Befriedigung altvorhandener Bedürfnisse mit neuartigen Mitteln (z.B. Stromversorgungsanlage für die Kirche, elektrischer Motor für die Orgel, elektrische Läuteanlage, elektrischer Uhrenaufzug) auf seine Kosten verpflichtet. Bei Auftreten neuartiger Bedürfnisse (z.B. Heizungsanlage einer Kirche und Baumaßnahmen zugunsten von Behinderten) übernimmt der Baupflichtige 60%, die Kirchengemeinde 40% des zur Befriedigung dieses Baubedürfnisses erforderlichen Aufwandes."*

Trotz der Regelung in Satz 1 zur Baupflicht an der Orgel ergab sich hieraus für die Heiliggeistkirche keine Veränderung. Denn der Baupflichtige, also der Unterländer Evangelische Kirchenfonds, war *„im Rahmen seiner Baupflicht"* nicht verpflichtet, die Kosten für die Orgel zu tragen. Diese wurde durch den Erlass vom 9. Juni 1938 gerade von der Baupflicht ausgenommen.

Anders erschien die Rechtslage zur Heizung, da sie nach Satz 2 unter die neuartigen Bedürfnisse subsumiert wurde. Danach wären die Kosten zwischen der evangelischen Gemeinde Heidelberg und dem Unterländer Kirchenfonds aufzuteilen gewesen. Die Baupflicht an der Heizung war ursprünglich durch den Erlass vom 1. Februar 1938 der Kirchengemeinde übertragen worden.[892] Insofern war entscheidend, ob es sich bei der Heizungsanlage in der Heiliggeistkirche um ein altvorhandenes oder ein neuartiges Bedürfnis handelte. Die Bekanntmachung,

---

die Lieferung und Montage von Materialien zur Ergänzung der Niederdruckdampfheizungsanlage , 20. Mai 1942, LKA-KA SpA 4063

890 Diese Rechtslage, insbesondere zur Heizung, wurde immer wieder bestätigt, so u.a. im Schreiben des Evangelischen Oberkirchenrats an den evangelischen Kirchengemeinderat vom 20. Januar 1975: *„... Für Orgel, Heizung, Beleuchtung und für die künstlerische Verglasung der Chorfenster ist die Kirchengemeinde baupflichtig. ..."*, LKA-KA Bauakten 83, vgl. auch LKA-KA SpA Kirchliche Gebäude, Heidelberg, Heiliggeistkirche, Band XVI, der einige Schreiben zur Heizungserneuerung in den Jahren seit 1978 enthält, wonach die Pflege Schönau die Kosten grundsätzlich nur vorfinanziert und an der Baupflicht der Kirchengemeinde zur Heizung grundsätzlich nichts geändert werden soll.

891 Früher abgedruckt in Niens, Textsammlung, 510.100; heute aufgehoben und ersetzt durch das Baugesetz der Evangelischen Landeskirche in Baden (Kirchenbaugesetz) vom 15. April 2000, abgedruckt in Niens, Textsammlung, 510.100

892 So auch noch Evangelisches Pfarramt Heiliggeist an den Präsidenten der Landessynode der Evangelischen Landeskirche in Baden vom 3. Juli 1974: *„... Baupflichtig ist im Falle der Heizung die Kirchengemeinde Heidelberg ..."*, LKA-KA Bauakten 83

Baupflicht an kirchlichen Gebäuden betr. vom 12. September 1956[893], definiert Baubedürfnisse als solche kirchlichen Bedürfnisse, zu deren Befriedigung bauliche Maßnahmen notwendig sind mit der Folge, dass die entsprechenden Sachen wesentliche Bestandteile des Kirchengebäudes werden. Altar, Kanzel, Kirchengestühl, Orgel, Kirchenglocken und Kirchenuhr gelten, falls sich die staatliche Pflicht im Einzelfall auf sie erstreckt, als Baubedürfnis. [894] Unterschieden wird bei den Baupflichten in der Bekanntmachung zwischen altvorhandenen Bedürfnissen, die mit neuartigen Mitteln befriedigt werden, und neuartigen Bedürfnissen.[895] Auch legt die Bekanntmachung die Stromversorgungsanlagen für die Kirchen, den elektrischen Motor für die Orgel, die elektrische Läuteanlage für die Kirchenglocken und den elektrischen Uhrenaufzug mit den dazugehörigen Leitungen als neuartige Mittel zur Befriedigung altvorhandener Baubedürfnisse fest.[896] Im Gegensatz dazu stelle die Heizungsanlage einer Kirche ein neuartiges Bedürfnis dar, wenn sie der baulichen Erhaltung des Kirchengebäudes dient oder wenn sie zum Schutze der Gesundheit der Teilnehmer am Gottesdienst erforderlich ist.[897]

Auch wenn das Gesetz eine Heizungsanlage als neuartiges Bedürfnis definierte, so fiel eine bereits eingebaute Heizung unter die altvorhandenen Bedürfnisse. Bei dieser Betrachtung musste eine defekte, aber schon Anfang des 20. Jhd. eingebaute Heizung einer seit jeher vorhandenen Orgel entsprechen, bei welcher z.B. der Motor Reparaturmaßnahmen erfordern würde. Anders war die Rechtslage wohl zu bewerten, wenn eine vollständig neue Heizungsanlage notwendig geworden wäre, die den modernen Ansprüchen entsprochen hätte. In diesem Fall hätte man darin das *„Auftreten neuartiger Bedürfnisse“* sehen müssen, die nach § 13 Satz 2 KBO eine Kostenverteilung im Verhältnis von 60% bei dem Unterländer Evangelischen Kirchenfonds und 40% bei der Kirchengemeinde nach sich gezogen hätte. Der Unterländer Evangelische Kirchenfonds war im Rahmen seiner Baupflicht deshalb nicht baupflichtig zur Heizungsanlage, soweit es sich um

893 Abgedruckt in Niens, Textsammlung, 700.500
894 § 1 Bekanntmachung, Baupflicht an kirchlichen Gebäuden betr.
895 § 2 Bekanntmachung, Baupflicht an kirchlichen Gebäuden betr.
896 § 3 Abs. 2 Bekanntmachung, Baupflicht an kirchlichen Gebäuden betr.
897 § 4 Abs. 3 Bekanntmachung, Baupflicht an kirchlichen Gebäuden betr.; § 5: Bei dem elektrischen Liedanzeiger, dem Lautsprecher, der Schwerhörigenanlage und den Lampen handelt es sich nicht um Baubedürnisse. – § 6: Ob ein künftig neu auftauchendes Baubedürfnis durch ein neuartiges Mittel (§3) zu befriedigen war bzw. als neuartiges Baubedürfnis (§ 4) zu behandeln ist, wird von Fall zu Fall im Wege der Ergänzung dieser Vereinbarung geklärt.

eine Erneuerung oder Reparatur der bestehenden Heizung in der Heiliggeistkirche gehandelt hätte.[898]

Entsprechendes galt beim Einbau einer zuvor nicht vorhandenen WC-Anlage, bei Beleuchtung, Beschallung oder Baumaßnahmen zugunsten Behinderter.[899]

Die durch die Bauordnung von 1990 entstandene – vorstehend aufgezeigte – Problematik wurde beendet durch das Baugesetz der Evangelischen Landeskirche in Baden vom 15. April 2000[900]. Dieses Kirchenbaugesetz trat am 1. Januar 2001 in Kraft und hob gleichzeitig die Bauordnung auf. Das neue Baugesetz regelt in § 4 die Baupflicht. Nach § 4 Abs. 1 Baugesetz umfasst die Baupflicht die Verpflichtung, ein Gebäude zu unterhalten, umzubauen oder wiederaufzubauen. Abs. 2 Satz 1 regelt, dass die Baupflicht sich insbesondere auf das Eigentum an Grundstücken und Gebäuden gründet. Nach Abs. 2 Satz 2 gründet sich die Baupflicht bei Lastengebäuden auf das Eigentum von Vermögen (Grundstücke, Geldvermögen), dessen Erträge zur Unterhaltung oder zum Neubau eines Gebäudes widmungsgemäß bestimmt sind, auf Vertrag oder auf sonstige Rechtstitel. Demnach ist der Unterländer Evangelische Kirchenfonds nach § 4 Abs. 2 Satz 2 Baugesetz grundsätzlich baupflichtig zum Chor, Turm mit Glocken und Inngebäude. Diese Verpflichtung ergibt sich sowohl aus dem Stiftungszweck als auch aus dem Ablösungsvertrag von 1936. Demgegenüber stellen die oben angeführten Erlasse aus den Jahren 1936 und 1938 sonstige Rechtstitel dar, die nach § 4 Abs. 2 Satz 2 eine Baupflicht begründen. Die Baupflicht für die Orgel, die Beleuchtung und die Heizung trägt deshalb die Kirchengemeinde vollständig. Eine Aufteilung, wie sie nach der Bauordnung von 1990 vorgesehen war, findet so nicht mehr statt.

3. *Ein gestiftetes Fenster*

Bei der Feststellung der Baupflichten ist weiterhin ein Erlass vom 23. August 1884, Nr. 7188, zu beachten.[901] Dieser bezieht sich auf ein gestiftetes, gemaltes

898 Tatsächlich einigen sich die Beteiligten – so auch in der Vergangenheit bei der Heiliggeistkirche – aufgrund der angespannten Haushaltslage regelmäßig auf eine Kostenteilung, da die Kirchengemeinden zu diesen Unterhaltspflichten nur geringe Beiträge leisten können.

899 Baulastfragen können sich bei vielen Einzelgegenständen stellen. So bestätigte das Evangelische Kirchenbauamt Baden dem Pfarramt Heiliggeist am 20. Juni 1974: „... *Baupflichtig für die Liedanzeigetafeln ist die Kirchengemeinde Heidelberg. ...*“, LKA-KA Bauakten 83

900 Niens, Textsammlung, 510.100

901 LKA-KA SpA 4046

Kirchenfenster[902], das von der Kirchengemeinde zu unterhalten ist. Denn das Kirchenärar sei nur zur Unterhaltung eines Fensters in gewöhnlichem Glas verpflichtet.[903] Allerdings sieht der Erlass weiterhin vor, dass die Herstellung und Unterhaltung des zum Schutze desselben angebrachten Drahtgeflechts vom Kirchenärar, heute demnach dem Unterländer Evangelischen Kirchenfonds, übernommen werden muss. Mit dem Wegfall des gemalten Fensters würde die Verpflichtung zur Unterhaltung des Drahtgeflechts wegfallen. Die Unterhaltspflicht zur Herstellung eines Fensters mit gewöhnlichem Glas würde dann aber wieder aufleben.[904]

4. *Kirchturmuhr*

a) *Allgemeines*

Eine weitere Baupflichtfrage ergibt sich aus einem Sitzungsbeschluss des Evangelischen Oberkirchenrats vom 31. Juli 1888, Nr. 6347. Danach sei die weltliche Gemeinde verpflichtet, die Baulast der Kirchenuhr der Heiliggeistkirche zu tragen. Auf der Grundlage dieses Sitzungsbeschlusses und Art. 13 Kirchenbauedikt von 1808 verfasste der Evangelische Oberkirchenrat am 27. Februar 1957 folgende Aktenbemerkung[905]: *„Ob die Formulierung in der dem eigentlichen Vertrag*[906] *vorangestellten Festellung „... Die vertragsschließenden Parteien sind sich darüber einig, ... dass alle Rechte und Pflichten anderer Rechtspersonen an*

902 Vorausgegangen war ein diesbezüglicher Bericht der Pflege Schönau vom 14. August 1884, LKA-KA SpA 4046

903 Vgl. auch der Evangelische Kirchengemeinderat Heidelberg an den Ältestenkreis bei Heiliggeist am 18. Juni 1975: „... *Da die Pflege Schönau im Rahmen ihrer Baupflicht grundsätzlich nur für die Normalverglasung aufkommt* ... ", LKA-KA Bauakten 83

904 Bei einer Fenstererneuerung 1989 differenzierte der Evangelische Oberkirchenrat in einem Schreiben an den Evangelischen Kirchengemeinderat vom 4. Dezember 1989 wie folgt: *„Es ist richtig, dass eine umfassende Baupflicht des Unterländer Fonds für das Kirchengebäude besteht. Diese umfasst auch die Kirchenfenster, allerdings nur die Normal-, d.h. Einfachverglasung. Der Kostenanteil der Kirchengemeinde bezieht sich auf die zusätzliche Isolierverglasung; er ist wie bei allen sog,. neuartigen Baubedürnissen als 40% iger Anteil ermittelt, während der baupflichtige Fonds 60 % trägt. Diese Kostenverteilung gilt auch in diesem Fall.* ", LKA-KA SpA Kirchliche Gebäude, Heidelberg, Heiliggeistkirche, Band XVI; Hier wurde demnach schon eine Kostenteilung vorgenommen, wie sie § 13 Bauordnung der Evangelischen Landeskirche in Baden vorsieht.

905 LKA-KA SpA 4073

906 Ablösungsvertrag vom 11. Mai 1936

der Heiliggeistkirche aufhören ...“ auch die in den Vorverhandlungen nicht erwähnte Baupflicht der politischen Gemeinde an der Uhr eingeschlossen hat, ist nicht eindeutig erkennbar. Nach Mitteilung des Bauamts (Baurat Toth) erfolgt jedoch die Regulierung der Uhr durch die Stadt Heidelberg. Auch ist aus unseren Akten zu entnehmen, dass (ausser der Reparatur der Uhr- und Schlagwerkzuleitung – verursacht durch Hochwinden des abgesackten Glockenstuhls-) keine Rechnungen für die Uhr durch den Fonds bezahlt wurden. Hieraus ist zu schliessen, dass die Stadt nach wie vor für die Unterhaltung der Uhr aufkommt.“

Wie sich aus der hier vorgenommenen und dargestellten Auswertung der Aktenlage zu den Verhandlungen über den Kauf der Chorkirche ergibt, war die Unterhaltung der Kirchturmuhr zu keinem Zeitpunkt Gegenstand der Verhandlungen. Die Einbeziehung der Stadt Heidelberg als Vertragspartei in den notariellen Kaufvertrag beruhte auf den Regelungen, die nicht unmittelbar die Heiliggeistkirche betrafen.

b) Rechtsgutachten von Klein *vom 18. Februar 1970*

Die heutige Praxis wird nach einem Rechtsgutachten des Referendars Klein vom 18. Februar 1970 gehandhabt. Dieses hat die Verpflichtung der Stadt Heidelberg zur Unterhaltung der Kirchturmuhren im Stadtgebiet zum Gegenstand.[907] Der Kaufvertrag von 1936 wird entsprechend den obigen Feststellungen nicht erwähnt.

Hintergrund des angeforderten Gutachtens war, dass sich die Ausgaben der Stadt Heidelberg für öffentliche Uhren erheblich erhöht hatten. Ursache war die Überholung der Turmuhrenanlage in der Heiliggeistkirche, für die 1969 ein Betrag von 6.500 DM angesetzt war. Bei der Erstellung des Gutachtens, das sämtliche Kirchturmuhren der Stadt Heidelberg umfasst, wurden ein Bericht des Hochbauamtes, die Gemeinderats- bzw. Stadtratsakten der Stadtgemeinde Heidelberg sowie die Akten des Hochbauamts betr. öffentliche Uhren herangezogen.

Zunächst wurde Bezug genommen auf frühere Stellungnahmen zu dieser Frage. So hatte u.a. der Oberrechtsrat Amberger am 5.5.1941 festgestellt: *„Nach den aktenmäßigen Feststellungen ist ein Teil der Turmuhren Eigentum der Gemeinde. In diesem Falle ist das Rechtsverhältnis klar und einfach: Die Kirchengemeinde hat keinerlei Recht an der Uhr; allerdings gehen die Kosten der Unterhaltung und Bedienung zu Lasten der Stadt. Der Stadt steht es frei, die Bedienung einzustellen; aber sie hat keine Möglichkeit , die Kirchengemeinde zu zwingen, die Unterhaltung und Bedienung zu übernehmen. Ein anderer Teil der Uhren steht im Eigentum der Kirchengemeinde. In solchen Fällen hat die Stadt*

907 Erstellt von Eckard Klein, StAHD AA 80, 17

durch die Vertragsbestimmungen oder durch Ortsgebrauch die Kosten der Unterhaltung und Bedienung zu übernehmen. Hier kann m.A. nach die Stadt sich vom Vertrag loslösen, selbst dann, wenn er auf „ewige Dauer" geschlossen ist. Jedoch kann die Stadt andererseits einer Kirchengemeinde nicht die Verpflichtung zur Bedienung der Uhr auferlegen oder diese Verpflichtung irgendwie erzwingen. Falls die Stadt die Bedienung nicht mehr weiter übernehmen will, steht es im freien Ermessen der Kirchengemeinde, ob sie die Uhr in Gang halten will oder nicht".

Zudem hatte sich auch Stadtsyndikus Dr. Burkhardt am 29. 4. 1959 in einem Schreiben an das Hochbauamt in dieser Sache geäußert: „ *Kirchturmuhren sind öffentliche Einrichtungen der Gemeinde, und zwar gleichgültig, ob sie im Gemeindeeigentum stehen oder von der Stadt nur unterhalten werden. Die Stadtverwaltung ist nicht gehindert, die Kirchturmuhren aufzugeben. Soweit die Stadt den Kichengemeinden gegenüber vertraglich zur Unterhaltung verpflichtet ist, kommt eine Kündigung der Vereinbarung in Betracht, falls die Kirchturmuhren nicht mehr erforderlich sind. Es wird daher empfohlen, zunächst einmal zu überprüfen, ob sämtliche Kirchturmuhren benötigt werden und verneinendenfalls mit den betreffenden Kirchengemeinden über ihre Beseitigung zu verhandeln. Sofern weiterhin die Notwendigkeit der Uhren bejaht wird, sollte versucht werden, die Unterhaltung auf die Kirchengemeinden abzuwälzen."*

Auf Anfrage des Finanzausschusses erklärte weiterhin das Hochbauamt Heidelberg am 5.1.1968: *„... Die Beantwortung der Frage nach der Zuständigkeit der Stadtverwaltung für die Instandhaltung und Wartung der Kirchturmuhren ist in der Vergangenheit zu suchen. Die Turmuhr hatte für die Abhaltung des Gottesdienstes keine Bedeutung, wohl aber für die Gemeinde, die ein Interesse daran hatte, ihren Bürgern an gut sichtbarer Stelle die Uhrzeit zu zeigen. Ein großer Teil der Turmuhren ging deshalb damals in das Eigentum der Stadt über (Peterskirche, Heiliggeistkirche), ein anderer Teil steht im Eigentum der Kirchengemeinde und die Stadt ist vertraglich oder durch Ortsgebrauch zur Übernahme der anfallenden Kosten verpflichtet. Die Turmuhren sind somit zu öffentlichen Einrichtungen der Gemeinde geworden, wobei es gleichgültig ist, ob sie Gemeindeeigentum sind oder von der Stadt nur unterhalten werden."*

Aufgrund der Aktenlage wurde im Gutachten festgestellt, dass die Uhr der Heiliggeistkirche zumindest seit 1834 von der Stadtgemeinde Heidelberg zu unterhalten sei . *Denn bereits 1834 wird – neben der Uhr auf dem Universitätstürmchen – diese Uhr als von der Stadt zu besorgende öffentliche Uhr genannt. Den Akten ist zu entnehmen, dass 1866 eine neue Turmuhr auf Kosten der Stadt aufgestellt wurde. Anfällige Reparaturen wurden jedenfalls in der Folge widerspruchslos von der Stadt bzw. einem vertraglich hierzu der Stadt gegenüber verpflichteten Uhrmacher durchgeführt. Am 10. 2. 1958 teilt das Bauverwaltungs-*

amt dem HBA mit: „Die Turmuhr der Friedenskirche in Handschuhsheim und die Turmuhr der Heiliggeistkirche sind Eigentum der Stadt. ... Die Instandsetzung der betreffenden Uhren ist Sache der Stadt". 1962 wurde von der Fa. Schneider/Schonach für Rechnung der Stadt eine vollautomatische elektrische Uhr zu 5780 DM geliefert. So wird daher davon auszugehen sein, dass die Uhr Eigentum der Stadt ist; daraus ergibt sich die Unterhaltungslast.

So kommt *Klein* zu folgender rechtlicher Wertung: *„Dem Eigentum der Stadt an den unter a) genannten Kirchturmuhren (auch Heiliggeistkirche) stehen die §§ 93, 94 Abs. 2 BGB nicht entgegen. Was die Uhren betrifft, die im Eigentum der Stadt stehen, gilt grundsätzlich die Regel des § 903 BGB, wonach der Eigentümer mit der ihm gehörigen Sache nach Belieben verfahren darf. Jedoch könne sich aus dem Bauedikt von 1808 etwas anderes ergeben."*[908] Dann nimmt er aber fälschlicherweise an, dass *„nicht davon ausgegangen werden (kann), dass das Gesetz vom 26. 4. 1808 fortgilt."*

Ein Herkommen sei nicht zu bejahen. Aber aus der Gemeindeordnung ergebe sich, dass Kirchturmuhren öffentliche Einrichtungen seien. Öffentliche Einrichtungen seien nämlich diejenigen Veranstaltungen, die eine Gemeinde für das wirtschaftliche , soziale und kulturelle Wohl ihrer Einwohner schafft. Dieses Motiv läge in den meisten Fällen ausdrücklich oder stillschweigend der Entschließung der Stadt zugrunde. Von kirchlicher Seite sei des öfteren darauf abgehoben worden , dass die Uhr für kirchlich-liturgische Zwecke ohne Belang sei. Eine öffentliche Uhr sei aber auch heute noch notwendig, woraus sich eine Pflicht der Gemeinde ergebe. Die Kirchturmuhr sei insofern Teil der Daseinsvorsorge. Nicht für jede Uhr würde dies gelten, vielmehr stünde es im pflichtgemäßen Ermessen der Gemeinde, über die Notwendigkeit der einzelnen Kirchenuhr zu entscheiden. Daneben könne sich aus dem Eigentum an einer Uhr nach § 78 GO eine Unterhaltspflicht ergeben.

c) Meinungsstand in Literatur und Rechtsprechung zur Kostenbeteiligung politischer Gemeinden an Kirchturmuhren

Die Kostenbeteiligung der politischen Gemeinden an Kirchenuhren und übergreifend an den Kirchtürmen sowie den Glocken wurde in den letzten 50 Jahren häu-

---

908 § 13 Bauedikt lautet: *Für nothwendiges Inngebäude gelten nur die Kanzel, die Stühle und ein anständiger Hauptaltar ohne besondere Verzierungen, diese letzte, so wie die Nebenaltäre, Orgel, Glocken und Uhr gehören nicht zu jener Klasse des Inngebäudes, und müssen daher, so weit nicht geeignete Stiftungen dafür vorhanden sind, von der Gemeinde, und zwar die Uhr von der weltlichen Ortsgemeinde, die übrigen Stücke aber so wie der Thurm von der ganzen Kirchspiels-Gemeinde besorgt werden*; abgedruckt in Stempf, S. 1 ff., 10

fig Gegenstand von Streitigkeiten zwischen Kirchengemeinden und politischen Gemeinden.[909] Knappe Kassen verhinderten die im 19. Jahrhundert häufig gefundenen einvernehmlich vertraglichen Regelungen. So kam es vermehrt zu gerichtlichen Auseinandersetzungen, die die Literatur immer wieder beschäftigt haben.[910]

Dabei war im konkreten Einzelfall regelmäßig schon die Anspruchsgrundlage für eine Kostenbeteiligung der politischen Gemeinde umstritten, da die Ursprünge häufig mehrere hundert Jahre zurückreichen oder nicht mehr zu verfolgen waren.[911] Sofern eine Anspruchsgrundlage gefunden war, wurde erörtert, ob sich die Kirchenbaulast der politischen Gemeinde aufgrund der veränderten Verhältnisse geändert hat oder weggefallen ist. Die zweite Frage ist in der Rechtsprechung und dem Schrifttum umstritten. An dieser Stelle können lediglich zusammenfassend die Rechtsgrundlagen kommunaler Baulastverpflichtungen und mögliche Beendigungsgründe aufgezeigt werden.

Im Baulastrecht ist zunächst zu unterscheiden zwischen der staatlichen Baulast und der kommunalen Baulast, die hier behandelt wird.[912] Die staatliche Baulast entstand im Wesentlichen im Zuge der Säkularisation des Kirchenvermögens[913], durch die Baulasten von Klöstern und Stiften auf den Staat übergingen.[914]

Im Gegensatz dazu können sich kommunale Kirchenbaulasten aus verschiedenen Rechtsgrundlagen ergeben.[915] Zu unterscheiden sind solche mit normativem Charakter, wie Gesetz und Gewohnheitsrecht oder Observanz und solche aus Rechtsgeschäft oder einem rechtsgeschäftsersetzenden Tatbestand, wie Vertrag, Anerkenntnis oder Herkommen.[916] Daneben kommen auch die erwerbende

---

909 Siehe allgemein zu den finanziellen und vermögensrechtlichen Beziehungen zwischen politischer Gemeinde und kirchlicher Gemeinde, Hollerbach, FS Plöchl, S. 511, 526 ff.

910 Frisch, ZevKR 1999, S. 244, 255 mit einem umfassenden Nachweis zu Literatur und Rechtsprechung; vgl auch Frisch, VBlBW 1996, S. 249 ff.; Renck, BayVBl 1996, S. 554 ff.; ders. DÖV 2001, S. 103 ff.; Sperling, ZevKR 1982, S. 384 ff; Zängl, BayVBl 1988, S. 609 ff., 649 ff.; Sperling/Weidemann, DÖV 1973, S. 269 ff.; vgl auch die Dissertationen von Link und Wiesenberger

911 Siehe auch Böttcher, FS Obermayer, S. 155

912 Vgl. aber zu Art. 138 Abs. 1 WRV bei kommunalen Leistungsträgern Isensee, HdbStKirchR, Band 1, S. 1031 ff. mwN

913 Insbesondere durch den Reichsdeputationshauptschluss vom 25. Februar 1803; im Einzelnen Lindner, S. 54 ff.; vgl auch Mörsdorf, Band 2, S. 328; Isensee, HdbStKirchR, Band 1, S. 1008 ff, 1023

914 Vgl. auch Baldus, JR 1970, S. 52, 53, differenzierend Lindner, S. 139 ff., 144 ff.

915 Lindner, S. 114 ff.; Wiesenberger, S. 40 ff.; Böttcher, FS Obermayer, S. 159 ff.

916 Zu den Definitionen der verschiedenen Anspruchsgrundlagen vgl. u.a. Michler, BWGZ 1996, S. 219 ff.

Verjährung als echte Anspruchsgrundlage und die unvordenkliche Verjährung, die nach überwiegender Auffassung als Beweisregel für die Vermutung einer Anspruchsgrundlage anzusehen ist[917], in Betracht.

Abhängig von der Rechtsgrundlage wird eine mögliche Beendigung der Baulastverpflichtung unterschiedlich beurteilt.[918] Unstreitig ist, dass Gesetz, Gewohnheitsrecht und Observanz außer Kraft treten, wenn sie durch Rechtsnormen, wie eine gemeindliche Satzung, aufgehoben werden. Unterschiedlich wird beurteilt, ob Rechtsgrundlagen mit normativem Charakter durch eine völlige Veränderung der Verhältnisse aufgehoben werden können. Dies wurde in einer Entscheidung des Bundesverwaltungsgerichts vom 3. November 1967[919] angenommen. Die Sachlage könne einen Fall der normativen Kraft des Faktischen darstellen. Die Aufhebung begründe sich aus dem Funktionswandel eines Kirchturms.

Das Urteil ist auf erhebliche Kritik gestoßen, insbesondere im Blickwinkel von Art 140 GG iVm Art. 138 Abs. 2 WRV.[920] In einer weiteren Entscheidung vom 23. April 1971[921] hat das Bundesverwaltungsgericht eine entsprechende verfassungsrechtliche Würdigung vorgenommen. Danach können Baulasten zumindest unter dem Gesichtspunkt einer veränderten Kirchensteuergesetzgebung nicht nach dem Grundsatz clausula rebus sic stantibus wegfallen.[922] Die Möglichkeit der Beendigung einer Baulastverpflichtung mit normativer Rechtsgrundlage wegen einer völligen Veränderung der Verhältnisse wurde aber nicht grundsätzlich abgelehnt.[923] Dieser Auffassung wird bis heute in der Literatur entgegengetreten.[924] Im Wesentlichen wird darauf verwiesen, die clausula rebus sic stantibus als ungeschriebener Verfassungsgrundsatz sei nur als Ausnahme vom Rechtssatz

---

917 Michler, BWGZ 1996, S. 220, dessen Beitrag zugleich Anmerkung zu zwei Entscheidungen des Verwaltungsgerichtshofs Baden Württemberg vom 19.12.1995, abgedruckt S. 231 ff, 235 ff., ist

918 Siehe Lindnder, S. 222 ff., Wiesenberger, S. 188 ff.

919 BVerwGE 28, 179 = ZevKR 1968/69, S. 375 ff = KirchE 9, 269; dazu auch Böttcher, FS Obermayer, S. 163

920 U.a. Scheuner, ZevKR 1968, S. 353 ff., 359 ff.; ders., Festgabe Flatten, S. 391 ff.; Wiesenberger, S. 200 ff.; ; vgl. auch Hollerbach, FS Plöchl, S. 528; grundsätzlich zur Kirchengutsgarantie siehe u.a. Kästner, HdbStKirchR, Band 1, S. 891 ff., die auch Baulasten erfasst, S. 898

921 BverwGE 38, 76 = DVBl 1972, S. 332 ff

922 Vgl. auch Kästner, HdbStKirchR, Band 1, S. 903, 904

923 Vgl. dazu Papier in MüKo, Art. 132 EGBGB Rn 3, der aber nur zwischen kirchlichen und dinglichen Baulastverpflichtungen unterscheidet; Merten in Staudinger, 1998, Art. 132 EGBGB Rn 15

924 Frisch, ZevKR 1999, S. 244 ff

pacta sunt servanda zu sehen und deshalb auf vertragliche Ansprüche beschränkt.[925]

Sofern es sich um einen vertraglichen Anspruch handelt, ist die Heranziehung der clausula rebus sic stantibus[926] oder des Wegfalls der Geschäftsgrundlage zwar grundsätzlich anerkannt, die Voraussetzungen sind aber wiederum umstritten. Beide ursprünglich zivilrechtlichen Grundsätze gelten spätestens seit der Entscheidung des Bundesverfassungsgerichts vom 30. Januar 1973[927] auch im öffentlichen Recht und haben u.a. in § 60 VwVfG ihren Niederschlag gefunden.[928] Die Rechtsinstitute werden häufig synonym verwendet, auch wenn sie in ihren Voraussetzungen nicht identisch sind.[929]. Die clausula rebus sic stantibus ist wohl auf Baulasten von Kirchtürmen, Kirchenuhren – und Glocken eher anwendbar. Sie setzt eine wesentliche Veränderung der Verhältnisse voraus, die ein Festhalten am Vertrag unzumutbar macht. Der Bedeutungswandel des Kirchturms, der Glocken und der Uhr kann unter diesem Gesichtspunkt diskutiert werden. Eine gemeinsame Geschäftsgrundlage als subjektive Komponete wird sich aufgrund des langen Zeithorizonts regelmäßig nicht auf eine solche Veränderung bezogen haben.[930]

Ob ein Funktionswandel vorliegt, dieser eine wesentliche Veränderung der Verhältnisse darstellt und zudem ein Festhalten an der Baulast unzumutbar ist, wird sehr unterschiedlich beurteilt. Die Voraussetzungen sind am Einzelfall zu beurteilen und zwar im Gegensatz zu *Michler*[931] nicht anhand der Besonderheiten einer einzelnen Gemeinde, sondern getrennt für jede einzelne Kirche. So wird für die Kirchturmuhr angenommen, dass sie als Zeitanzeige für die Bürger das einzige Mittel gewesen sei. Heute hätten diese Funktion Taschen- und Armbanduhren sowie Zeitansagen in Funk und Fernsehen übernommen.[932]

---

925 Scheuner, Festgabe Flatten, S. 393 f.; Frisch, ZevKR 1999, S. 245, 249, der die wichtigen Meinungen aus der Literatur, beschränkt auf die Anspruchsgrundlagen mit normativem Charakter, zusammenfasst.; zum Streitstand auch Lindner, S. 261 ff.

926 Neuere Untersuchungen zum Außerkrafttreten von Gesetzen aufgrund einer wesentlichen Änderung der Verhältnisse: siehe Baumeister; Köbler; Lindner, S. 261 ff; Löwer: Heckmann

927 BverfGE 34, 216, siehe dazu auch Lindner, S. 232 f.

928 Bonk in Stelkens/Bonk/Sachs, VwVfG, § 60 Rn 1 ff.; Lindnder, S. 234 ff. zu § 60 VwVfG als sedes materiae für Wegfall und Anpassung der auf Vertrag bzw. Herkommen beruhenden Kirchenbaulasten.

929 Vgl. Michler, BWGZ 1996, S. 220, 221; Lindner, S. 232

930 Dazu auch Wiesenberger, S. 199

931 Michler, BWGZ 1996, S. 222 mit einer ausführlichen Darstellung möglicher Gründe für die Annahme von veränderten Verhältnissen und dem Vorliegen eines Funktionswandels.

932 Siehe dazu auch Lindnder, S. 242 f.

Sofern eine clausula rebus sic stantibus bei Kirchenbaulasten angenommen werden kann, so ist die Rechtsfolge ein Wegfall der Baulast oder eine Anpassung der Unterhaltskosten an die heutige Bedeutung. Dabei kann einem Funktionsverlust auch ein Funktionsgewinn gegenüberstehen, da Kirchturm, Uhr oder Glocken teilweise eine Ersatzfunktion bei der Prägung des Stadtbildes übernommen haben.

d) Stellungnahme

Den Ausführungen im Gutachten von *Klein* und seinem Ergebnis kann nicht gefolgt werden. Eine Unterhaltspflicht ergibt sich nicht aus § 10 GOBW.[933] Wie *Klein* ausführt, müsste es sich bei der Kirchturmuhr an der Heiliggeistkirche um eine öffentliche Einrichtung handeln. Dies setzt voraus, dass sie den Einwohnern der Gemeinde und nicht einem beliebigen Kreis weiterer Benutzer gewidmet ist.[934] Eine Kirchturmuhr ist jedermann zugänglich und die Zeitangabe soll nicht nur den Einwohnern dienen. Aus diesem Grund stellt eine Kirchturmuhr keine öffentliche Einrichtung iSv 10 Abs. 2 GOBW dar. Eine Verpflichtung zur Unterhaltung im Sinne der Daseinsvorsorge trifft die Stadt Heidelberg deshalb nicht. Auch aus der Pflicht, das Gemeindevermögen pfleglich und wirtschaftlich zu verwalten[935], lässt sich keine Baupflicht an der Turmuhr der Heiliggeistkirche herleiten. Denn diese erstreckt sich nur auf ein Vermögen zur Aufgabenerfüllung.[936] Die Kirchturmuhr ist aber gerade nicht Gegenstand einer Aufgabe der Gemeinde. So müsste sie aus diesem Gesichtspunkt die Uhr nicht anschaffen, damit auch nicht unterhalten, vielmehr könnte die Gemeinde die Turmuhr wieder

---

933 Insofern unrichtig in der rechtlichen Beurteilung und den möglichen Beendigungsmöglichkeiten ist ein Schreiben des Rechtsamts an den Oberbürgermeister vom 10. März 1970 die Unterhaltung der Kirchturmuhren betreffend: „... *Es ist davon auszugehen, dass es sich bei den Kirchturmuhren, zumindest soweit sie städtisches Eigentum sind, um öffentliche Einrichtungen im Sinne von § 10 Abs. 2 GO handelt. Ihm ist auch darin beizupflichten, dass die Gemeinde heute zur Unterhaltung der Kirchturmuhren gesetzlich nicht mehr verpflichtet ist. Soweit keine vertragliche Bindung besteht, kann die Gemeinde nach pflichtgemäßem Ermessen entscheiden, ob die Kirchturmuhren weiterhin beibehalten oder beseitigt werden sollen. Die Beseitigung von Kirchturmuhren unterliegt als Aufgabe einer öffentlichen Einrichtung der Beschlussfassung des Gemeinderats (§ 39 Abs. 2 Nr. 11 GO). Solange die Uhren nicht beseitigt werden oder über ihre Unterhaltung eine vertragliche Regelung getroffen wird, verbleibt die Unterhaltungslast der Kirchturmuhren bei der Gemeinde.*"

934 Vgl. zur öffentlichen Einrichtung u.a. Reichert/Baumann, Kommunalrecht, S. 209 f.

935 § 78 GOaF, § 91 GOnF

936 Gern, Kommunalrecht, 2001, S. 383

verkaufen. Insofern ist es zumindest hiernach keine Ermessensentscheidung der Stadt Heidelberg, ob sie die Turmuhr in Heiliggeist weiter unterhält oder nicht.

Die Aktenlage zur Umsetzung der Düsseldorfer Religionsdeklaration von 1705 ergab[937], dass schon damals die Baupflicht am Turm umstritten war und die geistliche Administration die Unterhaltung der politischen Gemeinde übertragen wollte. Zunächst wurden die Kosten aber im Verhältnis 2/7 zu 5/7 zwischen den Katholiken und den Reformierten aufgeteilt.[938] Diesbezügliche Auseinandersetzungen hatten 1733 zu einem Verfahren geführt, das mit einem Urteil des Hofgerichts Mannheim vom 9. Juli 1737 beendet wurde.[939] Dabei wurde die Baupflicht am Turm offengelassen, die Baupflicht für die Kirchturmuhr an der Heiliggeistkirche obläge aber der politischen Gemeinde. Den Akten ist nicht zu entnehmen, ob das Gericht sich dabei auf eine normative Rechtsgrundlage beruft. Seitdem ist aus den Akten kein Hinweis ersichtlich, dass von kirchlicher Seite ein Beitrag zur Unterhaltung der Uhr geleistet wurde. Vielmehr wurden sämtliche notwendigen Aufwendungen von der politischen Gemeinde Heidelbergs getragen. Deshalb kommt als Anspruchsgrundlage für die Baulast der Stadt Heidelberg nur ein lokales Gewohnheitsrecht (Observanz) oder Herkommen in Betracht. Eine Unterscheidung ist notwendig, da beide Rechtsinstitute jeweils unterschiedlichen Beendigungsmöglichkeiten unterliegen.

Der Begriff des Gewohnheitsrechts wird sehr klar in einer Entscheidung des Bundesverwaltungsgerichts von 1959 definiert[940]: *„Einmal bedarf es regelmäßiger Übung, wobei zwar eine bestimmte Zeitdauer und eine bestimmte Häufigkeit dieser Übung nicht vorgeschrieben, sondern je nach dem Einzelfall verschieden sein werde. ... Zum anderen muss sich eine bestimmte Norm herausbilden. Es genügt nicht ein bestimmtes Brauchtum, eine Gewohnheit oder eine Verkehrssitte, es muss vielmehr zu einer gesetzesgleichen Regelung der Materie durch Gewohnheit kommen. Schließlich ist auch die Überzeugung aller Beteiligten in der Richtung erforderlich, dass die zur Anwendung kommende Übung wirklich Recht ist.“* Die Observanz ist dem Gewohnheitsrecht gleichzusetzen, allerdings mit der zusätzlichen Komponente einer örtlichen Begrenzung.[941] Demgegenüber begründet ein Herkommen ein besonderes Rechtsverhältnis zwischen zwei Beteiligten,

937 Siehe B. III. 4. c) cc)
938 Siehe B. III. 4. c) cc), Fn 411
939 Siehe B. III. 4. c) cc), Fn 414, 415, 416
940 BverGE 8, 317, 321 f.
941 U.a. Gröpper, DVBl 1969, S. 945, 946

das durch eine über einen langen Zeitraum angewendete Übung einen Vertrag oder ein Anerkenntnis ersetzt.[942]

Die Stellungnahmen der Beteiligten bei den einzelnen Unterhaltungsmaßnahmen der Kirchturmuhr der Heiliggeistkirche im 19. und 20. Jahrhundert zeigen nicht, dass die Stadt Heidelberg von einem besonderen Rechtsverhältnis ausgegangen ist. Vielmehr tragen sie die Rechtsüberzeugung, dass für den Bereich der Kirchturmuhr die Rechtsbeziehungen durch einen ungeschriebenen Rechtssatz geordnet sind.[943] Dieser wurde in ständiger und gleichmäßiger Übung angewandt.[944] Auch die umfassende Baupflicht an Kirchturmuhren im Stadtgebiet

---

942 Siehe auch die Definition des VG Kassel ZevKR 1980, S. 413, 414, das in einem Kirchenbaulastfall für ein Herkommen ein Einzel-Rechtsverhältnis voraussetzt.; vgl auch die Abgrenzung bei Lindnder, S. 119 ff; Merten in Staudinger, Art. 132 Rn 8

943 Vgl. vor allem oben das Gutachten von Klein aber auch u.a. Stadtwerke Heidelberg AG an Ev. Kirchenbauamt Karlsruhe vom 20. November 1970: *„Als Betreuer der Turmuhranlage führten wir 1969 mit Herrn Oberbaurat Hampe Besprechungen über anfallende Arbeiten im oberen Turmbereich der Heiliggeistkirche ... Für die Uhrenanlage sehen wir eine Erneuerung bzw. Überholung der Zeigerwerke und Ziffernblätter vor. Minutenwellen, Stundenrohre und Zeigerholme werden in korrosionsbeständigem Material ausgeführt. Desgleichen die Ziffernblattbefestigungen und Ziffernblattverstärkungen. Diese Arbeiten werden von der Stadtverwaltung Heidelberg finanziert und von der Stadtwerke Heidelberg Aktiengesellschaft ausgeführt.“*; Evangelisches Kirchenbauamt Baden an Evangelische Pflege Schönau vom 23. August 1971: *„Um die gleichzeitige Instandsetzung der Turmuhranlage durch die Stadtwerke Heidelberg werden wir besorgt sein. Die entstehenden Kosten werden von der Stadt Heidelberg getragen.“*; Evangelisches Kirchenbauamt Baden an den Evangelischen Oberkirchenrat vom 22. Januar 1971: *„Die Stadtwerke in Heidelberg haben sich laut der anliegenden Schreiben bereit erklärt, die Turmuhren-Anlage einschließlich der 4 Zeigerwerke und Zifferblätter instandzusetzen ... Die Kosten werden von den Stadtwerken übernommen.“*, LKA-KA SpA Kirchliche Gebäude, Heidelberg, Heiliggeistkirche, Band XVI; Evangelisches Orgel- und Glocken – Prüfungsamt, Schreiben vom 24. März 1952: *„Es wird höflichst ersucht, bei der Stadtverwaltung, die für die Uhr pflichtig ist, die Korrektur des Schlagwerks zu beantragen.“*, LKA-KA SpA 4073; Aktennotiz des Evangelischen Kirchenbauamts Baden an den Evangelischen Oberkirchenrat vom 10. August 1962: *„Durch die Stadtwerke Heidelberg, die z.Zt. die Uhrenanlage mit Schlagwerk an der Heiliggeistkirche erneuern, ...“* LKA-KA SpA 17394; Aktenvermerk zur Unterhaltung der Turmuhren des Technischen Dezernats vom 15. April 1971, hier die Heiliggeistkirche bertreffend: Aus den Akten gehe hervor, dass wahrscheinlich im Jahr 1866 eine neue Uhr auf Kosten der Gemeinde aufgestellt worden sei. In einem Schreiben an den Gemeinderat vom 23. 5. 1867 habe sich die kath. Kirchenschaffnei darüber beschwert, dass gelegentlich der Aufstellung der neuen Uhr verschiedene bauliche Veränderungen ohne Wissen und Genehmigung der turmbaupflichtigen Schaffnei vorgenommen worden seien; StAHD AA 80, 17

944 Neben den Angaben in der vorherigen Fn zeigen dies auch: Schreiben des Katholischen Oberstiftungsrats vom 10. Mai.1867, nach dem die Gemeinde Arbeiten an der

Heidelberg, wie sie schon *Klein* dargelegt hat, zeigt, dass es sich nicht um ein Einzel-Rechtsverhältnis handelt. Vielmehr leitet sich die Baupflicht der Stadt Heidelberg an der Heiliggeistturmuhr aus einem örtlichen Gewohnheitsrecht, einer Observanz, ab. Eine Observanz kann nach der Literatur durch ein neues, derogatives und damit praktisch nicht vorstellbares Gewohnheitsrecht[945] oder durch eine Rechtsnorm, z.B. eine ablösende gemeindliche Satzung aufgehoben werden. Beides liegt bei der Heiliggeistkirche nicht vor.

Die Observanz könnte auch eine bestehende gesetzliche Regelung wie das Bauedikt von 1808 verdrängen.[946] Jedoch ergibt sich im Bezug auf die Kirchturmuhr aus § 13 Bauedikt keine andere Regelung.[947] Deshalb beziehen sich die Beteiligten richtigerweise zu keinem Zeitpunkt auf § 13 Bauedikt. Dieses ist nämlich nach § 31 Bauedikt nur auf strittige Fälle anwendbar. Die Baupflicht der politischen Gemeinde an der Heiliggeistturmuhr war aber schon vor 1808 unbestritten. Zudem würde § 13 auch durch § 1 Bauedikt (Baufaktum) verdrängt.[948]

Weiterhin schuf Ziffer 9 Erstes Konstitutionsedikt keine neue Rechtsgrundlage[949], die heute einer Observanz entgegenstehen könnte. Zwar wurde in der Literatur vertreten, dass einer *„Observanz als anspruchsbegründender Rechtsgrundlage kaum eine selbständige Bedeutung zukommen (kann), da durch die Gewähr des I. Bad. Konstitutionsedikts von 1807 etwaige auf Herkommen begründete Rechte mitumfaßt wurden."*[950] Dabei werden aber zwei Fragen außer Acht gelassen. Zum einen spricht Ziffer 9 von Bauansprachen und meint damit wohl solche obligatorischer Natur.[951] Die Literaturmeinung unterlässt in diesem Zusammenhang die rechtlich notwendige Unterscheidung zwischen Herkommen und Observanz. Da Rechtsgrund für die Turmuhrbaulast an der Heiliggeistkirche eine Observanz ist, muss schon die Anwendbarkeit von Ziffer 9 Erstes Konstitutionsedikt bezweifelt werden. Zum anderen – und dies ist entscheidend – wurde das Erste Konstitutionsdedikt durch § 17 des Gesetzes vom 9. Oktober 1860, die rechtliche Stellung der Kirchen und kirchlichen Vereine im Staat betreffend, aufgehoben und eine anderweitige Regelung nicht getroffen.[952]

Turmuhr vorgenommen habe; Schreiben an Stadtrat Heidelberg vom 10. August 1875, dass Reparaturen vorgenommen werden sollten; Auftragserteilung zur Turmuhrreparatur im Schreiben des Stadtrats vom 18. August 1875, StAHD AA 81, 10

945 Lindner, S. 127, 227 f.

946 Gröpper, DVBl 1969, S. 945, 946

947 Vgl. Fn 844

948 Dazu vgl. E. II. 3. b) bb); auch Stempf, S. 63, 68

949 Siehe C. II. 2. b)

950 Steinberg, S. 38

951 So auch Steinberg, S. 38

952 Siehe C. III. 1.; vgl dazu auch Schmitt, Simultankirchenrecht, S. 81 ff.;

Die Observanz zur Regelung der Turmuhrbaulast an der Heiliggeistkirche könnte also nur nach dem Rechtsgrundsatz der clausula rebus sic stantibus weggefallen sein. Selbst wenn man diesen Beendigungsgrund entgegen der hM auch für Rechtsgrundlagen mit normativem Charakter annimmt[953], müssten deren Voraussetzungen bei der Heiliggeistkirche vorliegen. Ob durch die Existenz von Armbanduhren ein entscheidender Funktionswandel eingetreten ist, kann zumindest bezweifelt werden.[954] Durch die verschiedenen Zeitansagen könnte die Kirchturmuhr heute lediglich ihre Monopolstellung verloren haben.[955] Ein Bedürfnis für eine allgemeine Zeitanzeige besteht aber weiterhin, wie auch das anhaltende Aufstellen von städtischen Uhren oder auch Bahnhofsuhren zeigt. Die Kirchturmuhr dient an zentraler Stelle weiterhin als unabhängige Zeitangabe, losgelöst von der individuellen Zeitüberwachung des Einzelnen.[956] So ist die Kirchturmuhr an der Heiliggeistkirche im Zentrum der Altstadt weithin sichtbar. Durch diese örtliche Besonderheit ist hier jedenfalls eine wesentliche Veränderung nicht anzunehmen. Selbst wenn man einen geringfügigen Funktionswandel annehmen wollte, wäre es für die Stadt Heidelberg nicht unzumutbar, die Baulastverpflichtung für die Turmuhr an der Heiliggeistkirche beizubehalten. Denn der Funktionswandel wäre dann nicht erst heute, sondern spätestens im Zuge der häufigen Existenz von Taschenuhren in der zweiten Hälfte des 19. Jhd. eingetreten. Zu diesem Zeitpunkt wurde von der baupflichtigen Stadt Heidelberg die Verpflichtung nicht angezweifelt. Eine clausula rebus sic stantibus kann deshalb nicht angenommen werden. Eine Anpassung durch Kostenverteilung ist aus diesem Grund nicht möglich.

---

953 Die clausula rebus sic stantibus könnte unzweifelhaft bei einem Herkommen die Turmuhrbaulast beenden

954 Siehe auch Lindner, S. 246 ff. mwN

955 Wohl aA Merten in Staudinger, 1998, Art. 132 EGBGB, Rn 15

956 Vgl. auch Hollerbach, FS Plöchl, S. 529, der ein *„öffentliches Interesse an der Zeitansage durch Glockenschlag"* nicht von vornherein verneint

H. Schluss

I. Beendigung der Umbauarbeiten nach dem Mauerfall

Die Umbau- und Renovierungsarbeiten an der Heiliggeistkirche begannen unmittelbar nach dem Fall der Scheidemauer. Soweit sie allein die entfernte Scheidewand betrafen, waren sie schon bis zum Universitätsjubiläum 1936 fertiggestellt worden. Die eigentliche Restaurierung begann aber erst im Anschluss an die Feierlichkeiten. Zunächst waren dabei Baurat Rösch von der Bauabteilung des Evangelischen Oberkirchenrats und der staatliche Konservator für die kirchlichen Baudenkmäler Sauter in Zusammenarbeit mit einigen Sachverständigen federführend tätig. Durch den Krieg wurden die Bauarbeiten 1941 unterbrochen.

Danach beauftragte der Evangelische Oberkirchenrat Professor Bartning, den Bau fortzuführen. Im Stil der mittelalterlichen Werkhütten schuf dieser im Pfarrhaus und dessen Hof eine Bauhütte. Trotz der Kriegsjahre liefen die Arbeiten weiter. Nach dem Krieg wurde die vollständige Wiederherstellung, bei der Schäden bis zurück aus dem Jahr 1693 behoben wurden, im Auftrag des Evangelischen Kirchenbauamts fortgeführt. Die Währungsreform 1948 führte lediglich zu einer gewissen Verlangsamung, der Evangelische Oberkirchenrat war aber ständig um Fortsetzung bemüht. Nachdem sich die Finanzlage verbessert hatte, arbeitete man mit Nachdruck weiter. Im Frühjahr 1947 konnte der instandgesetzte Chor in Gebrauch genommen werden. Zum Reformationsfest 1948 fand dann die Einweihung der ganzen Kirche statt.[957]

Mit der Wiedereröffnung des gotischen Westportals der Heiliggeistkirche im November 1957 war ein großer Schritt zur vollständigen Wiederherstellung getan. Denn seit dem Brand von Stadt und Kirche 1693, bei dem die Glocken aus dem Glockenstuhl gebrochen waren und das Turmgewölbe durchschlagen hatten, war dieser Teil der Kirche besonders zerstört gewesen. Durch das von *Edzard Hobbing* neu gestaltete Hauptportal war ein wichtiger Bauabschnitt beendet. Eine weitere große Aufgabe sollte die Erneuerung der rein handwerklichen Ornamentverglasung der Kirchenfenster aus dem 19. Jhd. werden.[958]

---

957 Zur Wiederherstellung der Heiliggeistkirche vgl. u.a. Bartning/Hampe/Tóth („Bauhütte bei Heiliggeist"), Die wiederhergestellte Heiliggeistkirche, Heidelberger Fremdenblatt, 11/1950, S. 2 ff.

958 Siehe dazu u.a. Hampe, Das Hauptportal der Heiliggeistkirche als Abschluss zwanzigjähriger Wiederherstellungsarbeiten, Ruperto Carola 1958, S. 24 ff.; Petersen,

II. Der „Fensterstreit“

Die Verglasung der Kirchenfenster von Heiliggeist wurde zu einer schwierigen Aufgabe. Zwar konnte durch den Kauf der Chorkirche 1936 die Situation konfessionell verschiedener Berechtigter und Verpflichteter aufgehoben werden. Natürlich gab es aber weiter verschiedene Entscheidungsträger innerhalb der Evangelischen Landeskirche. Zudem wurden von Seiten der Behörden auch Gesichtspunkte des Denkmalschutzes eingebracht und damit ein Beteiligungsrecht beansprucht. Weiterhin waren die Heiliggeistfenster Gegenstand kommunalpolitischer Interessen geworden. So entzündete sich an den Kirchenfenstern eine Auseinandersetzung, die überregional als „Heidelberger Fensterstreit“ bekannt wurde.

Begonnen hatte man mit der Erneuerung der Kirchenfenster zunächst 1965 mit dem Einbau des großen Westfensters, das von Hans-Gottfried von Stockhausen gestaltet worden war. In den siebziger Jahren verschaffte sich die Kirchenbaubehörde einen Überblick über die zeitgenössischen Glasmaler und man entschied sich, ein erstes Gestaltungskonzept von Johannes Schreiter anfertigen zu lassen. Vom Ältestenrat der Heiliggeistgemeinden und vom Evangelischen Oberkirchenrat war eine Neuverglasung der unteren Langhausfenster geplant. Der Auftrag für den Entwurf eines Langhausfensters an Schreiter erfolgte am 8. März 1977.[959]

Schreiter entwickelte seine Idee aus der Grundfunktion der Heiliggeistkirche zum Zeitpunkt ihrer Entstehung bis zum Jahr 1622 – der Heiliggeistkirche als Standort der Bibliotheca Palatina. Die Kirche war damals Mittelpunkt des religiösen, geistlichen und wissenschaftlichen Lebens und Ort des in Schriftform niedergelegten Wissens der Zeit. So wollte Schreiter *„im Langhaus der Kirche das Wissen unserer Zeit dokumentieren, und zwar ebenfalls in Schriftform, in Form faksimilierter Originaldokumente ...“*[960] Aus der Gesamtplanung nahm er als ersten Entwurfsvorschlag ein Börsenbericht- und Ökonomiefenster heraus. Der Ansatz seines Konzepts wurde zunächst zurückhaltend bewertet. Landesbischof Heidland bat um einen weiteren Entwurf eines Chorfensters. Schreiter legte daraufhin eine Skizze vor, die den Theologen Karl Barth und Dietrich Bonhoeffer gewidmet war. Da Schreiter mit seinen anspruchsvollen Vorstellungen nicht alle Beteiligten überzeugen konnte, vielmehr sich Auseinandersetzungen abzeichneten, beauftragte der Evangelische Oberkirchenrat weitere Künstler, Vorschläge einzureichen. Daneben wurde eine „Fensterkommission“ eingesetzt, der jeweils

---

Hilde, Das erneuerte gotische Westportal von Heiliggeist, Heidelberger Fremdenblatt, Ausgabe 15 1957/58, S. 2 f.

959 Schwarz, B., S. 118

960 Siehe im Einzelnen zum Konzept Schreiters, Gercke, S. 113 ff. mwN

Vertreter des Evangelischen Oberkirchenrats, der Pflege Schönau, der Gesamtkirchengemeinde und der Pfarrgemeinden an Heiliggeist angehörten. Man entschloss sich trotz anderweitiger Ideen, die Entwurfsvorschläge von Schreiter weiter zu verfolgen.[961]

1980 und 1981 gerieten die Gespräche ins Stocken. Erst im Januar 1982 traf die Fensterkommission mit Schreiter zu weiteren Verhandlungen zusammen. Es wurde auf Anregung Schreiters beschlossen, ihn durch einen theologischen Gesprächskreis zu unterstützen. Daraufhin stimmten die Beteiligten zu, das Gesamtprojekt mit Schreiter fortzusetzen, so dass der Evangelische Oberkirchenrat am 30. Juni 1982 die Genehmigung erteilen konnte, Schreiter mit dem Entwurf aller Langhaus- und Chorfenster zu beauftragen.[962]

In den Folgejahren legte Schreiter verschiedene weitere Entwürfe vor. Er plante ein Literatur – und Philosophiefenster, ein Musikfenster, ein Computerfenster, ein Medienfenster, ein Physikfenster, ein Ökonomiefenster, ein Chemiefenster, ein Biologiefenster, ein Medizinfenster und ein Verkehrsfenster.[963] Im gleichen Zeitraum (1983) errechnete die Fensterkommission einen Kostenaufwand von 411.000 DM für die Langhausfenster, dem auch zugestimmt wurde. Weiterhin entschloss man sich, der in der Zwischenzeit entbrannten öffentlichen Diskussion durch den Einbau eines Probefensters entgegenzutreten, das die Entscheidungsfindung „erhellen" sollte. Auch wurde nunmehr die Stadt als Denkmalschutzbehörde einbezogen.[964]

Diese notwendigen Entscheidungen vergrößerten die Vielfalt der Diskussion.[965] Der Kreis der formell ordnungsgemäß Beteiligten und der aus eigener Kompetenz Berufenen erweiterte sich , wodurch der Weg einer sachlichen Entscheidungsfindung erschwert wurde. Dabei wurden auch die schon früher diskutierten rechtlichen Zuständigkeiten strittig.[966] Die öffentliche Diskussion verstärkte sich in den Jahren 1984 und 1985 fortwährend. Auch der Einbau des Probefensters, des sog. Physikfensters mit dem Datum des Atombombenabwurfs auf

961 Schwarz, B. S. 121

962 Schwarz, B. S. 122

963 Siehe die Erläuterungen zu den einzelnen Fenstern bei Gercke, S. 188 ff.

964 Schwarz, B., S. 124

965 Ein großer Teil der Diskussion wurde über Leserbriefe und Briefe an die Beteiligten geführt, die hier in ihrer Vierlfalt nicht aufgezeigt werden können. Zu den anderweitigen Veröffentlichungen siehe u.a. Dumbeck, Bruno, Neue Fenster für die Heiliggeistkirche in Heidelberg, Ruperto Carola 1986; Mertin, Andreas, Der Heidelberger Fensterstreit – Ein bürgerliches Trauerspiel in fünf Akten in Mertin, Andreas/ Schwebel, Horst (Hrsg.), Kirche und moderne Kunst, Frankfurt a.M., 1988, S. 99 ff.

966 Unterschiedliche Meinungen wurden u.a. zur Zuständigkeit der Denkmalschutzbehörde vertreten, vgl. §§ 8, 11 Denkmalschutzgesetz vom 25. Mai 1971

Hiroshima und der Formel $E=mc^2$, konnte trotz zunächst positiver Wertungen die Verhärtung der Fronten nicht verhindern.

Die Diskussion musste einer Entscheidung zugeführt werden. Diese sollte in der „Fensterkommission" einstimmig gefasst werden. Also musste der Ältestenrat der beiden Pfarrgemeinden Heiliggeist zustimmen, dem bei seiner Entscheidung die Gemeindeversammlung beratend zur Seite stehen konnte. Außerdem mussten der Kirchengemeinderat und der Evangelische Oberkirchenrat ihr Einverständnis erklären.[967]

Schon am 2. Februar 1986 wurden die Fensterentwürfe von Schreiter von der Gemeindeversammlung mit einer Mehrheit von ungefähr 2/3 der Stimmen abgelehnt. Im Juni versagte auch der Gesamtkirchengemeinderat mit 34 gegen 19 Stimmen bei einer Enthaltung die Zustimmung, obwohl sich zu diesem Zeitpunkt eine positive Entscheidung des Ältestenrats abzeichnete. Der Evangelische Oberkirchenrat wandte gegen diese Entscheidung trotz seiner befürwortenden Haltung nichts ein.[968] Damit waren die Entwürfe Schreiters im Sommer 1986 gescheitert.[969] Wiederum war die Heiliggeistkirche in den Mittelpunkt religiöser, wissenschaftlicher und politischer Interessen gerückt. Das Probefenster – das Physikfenster – wird dauerhaft an den „Heidelberger Fensterstreit" erinnern.

Schließlich hat man sich bei fünf Fenstern für eine andere Künstlerin entschieden: Hella Santarossa. Die Gestaltung der Kirchenfenster durch die Berliner Künstlerin ist nicht minder aktuell. Allerdings hat Santarossa die Ikonographie der Fenster aus biblischen Texten entwickelt. Dies forderte wohl eine Kontroverse, wie sie das Konzept Schreiters ausgelöst hatte, nicht heraus. Am 11. Februar 2001 wurde das fünfte Fenster aus der Hand dieser Künstlerin in die Heiliggeistkirche eingebaut.[970]

III. Gesamtwürdigung

Die Ausführungen zu den Rechtsverhältnissen der Heiliggeistkirche haben vor allem gezeigt: Die Kirche wirft in ihrer historischen Entwicklung unterschiedlichste rechtliche Fragen auf, die inhaltlich sehr voneinander abweichen und erfor-

967 Schwarz, B. S. 135 ff.

968 Schwarz, B. S. 140

969 Vgl. Schreiter, Johannes, Kunstlosigkeit, das Dilemma der christlichen Kirchen heute – aber warum? – Die Heidelberger Fensterentwürfe – ein Beispiel in Das Münster, 1988, S. 31 ff., zum Scheitern seiner Entwürfe in Redeform.

970 Riedl, Peter Anselm, Die Entwürfe und das vollendete Fenster von Hella Santarossa in der Heiliggeistkirche in Keller, Werner (Hrsg.), Die Heiliggeistkirche zu Heidelberg, 1398 - 1998, Heidelberg 1999

dern, dass zur Beurteilung Rechtsgrundlagen aus den verschiedensten Bereichen herangezogen werden. Diese lassen sich nicht schematisieren und keineswegs auf das Kirchenrecht beschränken. In ihrer Vielfalt zeigen sie vielmehr eine geschichtliche Entwicklung des Rechts auf und haben einen inneren Zusammenhang: Die Rechtsverhältnisse der Heiliggeistkirche spiegeln die kirchlichen, politischen oder rechtlichen Themen der jeweiligen Zeit wieder.

Die Grundsteinlegung der Heiliggeistkirche stand im direkten Zusammenhang mit der Gründung der Universität Heidelberg. Aus dieser Verbindung entstand das Heiliggeiststift, dessen rechtliche Grundlagen Voraussetzung für die wirtschaftliche Ausstattung der Universität und damit den wissenschaftlichen und kulturellen Fortschritt waren. Das Heiliggeiststift war in seiner Ausgestaltung eine neue Rechtsform und stand im Zusammenhang mit einer europäischen Entwicklung, wie die Universitätsstifte von Prag und Wien zeigen.

Die Reformation schlägt sich in den ständig wechselnden Rechtsverhältnissen nieder, die sich bis 1705 fortsetzen. Dabei zeigt sich auch an der Heiliggeistkirche der Wechsel vom Episkopal- zum Territorialprinzip. Aus dem landesherrlichen Kirchenregiment folgt schließlich die Scheidemauer aufgrund der Düsseldorfer Religionsdeklaration von 1705, deren Rechtsfolgen bis in die Neuzeit reichen. Die tatsächliche sowie rechtliche Aufteilung der Heiliggeistkirche vereint in sich die politische und kirchliche Lage in der Kurpfalz. Am ersten Fall der Scheidemauer 1719/20 wird zudem die Einschränkung der Rechte des Landesherrn aufgrund der europäischen Machtverhältnisse deutlich.

Auch bedeutende allgemeine Entwicklungen des 19. Jahrhunderts haben auf die Heiliggeistkirche großen Einfluss. Die Folgen des Reichsdeputationshauptschlusses und die entstehende Idee einer Trennung von Staat und Kirche schufen neue Rechtsgrundlagen, die sich auf die Rechtsverhältnisse von Heiliggeist auswirkten.

Neben den staats- und staatskirchenrechtlichen Verhältnissen sind die innerkirchlichen Veränderungen zu nennen. Der Einzug der Altkatholiken in die Chorkirche und die damit verbundenen veränderten Nutzungsrechte folgen aus dem Ersten Vatikanischen Konzil. In den gleichen Zeitraum fällt aber auch ein einsetzender Ausgleich zwischen der katholischen und der evangelischen Kirche, ohne den eine vereinte Heiliggeistkirche zum Universitätsjubiläum 1886 nicht möglich gewesen wäre. Aus der Annäherung erwächst aber zunächst Konfrontation und diese führt zum Rechtstreit, der 1891 mit dem Urteil des Reichsgerichts endet. Der damit veranlasste Wiederaufbau der Scheidemauer ist Sinnbild für die Probleme, die auf dem Weg zur heutigen ökumenischen Offenheit aufgetreten sind.

Ein Zwischenergebnis dieses Fortschritts ist der Ablösungsvertrag von 1936, der zugleich die Schwierigkeiten aufzeigt, die bei der Behandlung historisch gewachsener Rechtsverhältnisse entstehen. Aufgrund der Anzahl der Berechtigten und Verpflichteten und der unterschiedlichsten Eigentums- und Nutzungsrechte sowie Baulasten konnte dieser Vertrag nur durch das Verständnis der rechtshistorischen Zusammenhänge entstehen und zu einer dauerhaften Regelung führen.

Auch die heutigen Baupflichten können nur unter Heranziehung der Rechtsentwicklung beurteilt werden. Das Baulastrecht der Heiliggeistkirche beginnt 1705 und unterliegt gleichzeitig einem Fortbestand und einer Weiterentwicklung. Schon in den Verfahren von 1917 und 1924 mussten das Bauedikt von 1808 und die veränderte Rechtslage durch das Altkatholikengesetz beachtet werden. Auch die Ausführungen zum heutigen Baulastrecht beruhen auf einem Zusammenspiel von Rechtsgrundlagen, die über Jahrhunderte gewachsen sind und solchen, die dem modernen Rechtsverständnis entstammen. Ein rechtshistorisches Verständnis erleichtert den Blick für die heutige schnelle Rechtsentwicklung und ist teilweise sogar unentbehrlich. Dieser Idee dient die Untersuchung der Rechtsverhältnisse der Heiliggeistkirche in Heidelberg.

Schriften zum Staatskirchenrecht

Herausgegeben von Axel Frhr. von Campenhausen und Christoph Link

Band 1 Christoph Link: Staat und Kirche in der neueren deutschen Geschichte. Fünf Abhandlungen. 2000.

Band 2 Andreas Franitza: Der Allgemeine Hannoversche Klosterfonds und die Klosterkammer Hannover. Untersuchung zur rechtsgeschichtlichen Entwicklung. 2000.

Band 3 Reinald Willenberg: Rundfunk unter kirchlicher Trägerschaft. 2001.

Band 4 Martin Fischer: Kirchliche Beiträge im Fernsehen. Darstellung eines abgestuften Mitgestaltungsmodells kirchlicher Beteiligung im Fernsehen. 2001.

Band 5 Bernd Albrecht von Garmissen: Landwirtschaftliches Grundvermögen in kirchlicher Hand. Dargestellt am Beispiel der Evangelischen Kirche in Deutschland und unter besonderer Berücksichtigung der Evangelisch-lutherischen Landeskirche Hannovers. 2001.

Band 6 Berend Lindner: Entstehung und Untergang von Körperschaften des öffentlichen Rechts. Unter besonderer Berücksichtigung der Religions- und Weltanschauungsgemeinschaften. 2002.

Band 7 Gesa Dirksen: Das deutsche Staatskirchenrecht - Freiheitsordnung oder Fehlentwicklung? 2003.

Band 8 Im Dienste der Sache. Liber amicorum für Joachim Gaertner. Herausgegeben von Ricarda Dill, Stephan Reimers, Christoph Thiele. 2003.

Band 9 Arnd Diringer: Scientology. Verbotsmöglichkeit einer verfassungsfeindlichen Bekenntnisgemeinschaft. 2003.

Band 10 Konstantin v. Notz: Lebensführungspflichten im evangelischen Kirchenrecht. 2003.

Band 11 Matthias Schwara: Die Heiliggeistkirche in Heidelberg im Wandel der Zeiten. Ein Beitrag zur Rechtsgeschichte Südwestdeutschlands. 2003.

Band 12 Axel Frhr. von Campenhausen (Hrsg.): Deutsches Staatskirchenrecht zwischen Grundgesetz und EU-Gemeinschaftsrecht. Symposion im Kirchenamt der Evangelischen Kirche in Deutschland am 25. und 26. April 2002 in Hannover. 2003.

Band 13 Thomas Bauer: Die GmbH als Rechtsform karitativer Einrichtungen der Kirche. 2003.

Band 14 Anne-Ruth Glawatz: Die Zuordnung privatrechtlich organisierter Diakonie zur evangelischen Kirche. Unter besonderer Berücksichtigung von unternehmerischen Umstrukturierungen in der Diakonie. 2003.

FSC
www.fsc.org
MIX
Papier | Fördert gute Waldnutzung
FSC® C083411

Kolibri 360 GmbH
Ferdinand-Jühlke-Straße 7
99095 Erfurt, Deutschland
produktsicherheit@kolibri360.de

Druck:
CPI Druckdienstleistungen GmbH
im Auftrag der
Kolibri 360 GmbH
Ferdinand-Jühlke-Str. 7
99095 Erfurt